D0652617

PANTAGRUEL

POCKET CLASSIQUES

collection dirigée par Claude AZIZA

FRANÇOIS RABELAIS

PANTAGRUEL

Édition bilingue

Traduction en français moderne,
préface et commentaires de
Marie-Madeleine FRAGONARD

© Pocket, 1997, pour la traduction, la préface, les commentaires et le dossier historique et littéraire.

© Pocket, 1998, pour « Au fil du texte » *in* « Les clés de l'œuvre ».

ISBN 2-266-08581-6

SOMMAIRE

* Pour approfondir votre lecture, *Au fil du texte* vous propose une sélection commentée :
   • de morceaux « classiques » devenus incontournables, signalés par ●◆ (droit au but).
   • d'extraits représentatifs de l'œuvre, signalés par ∽◆ (en flânant).

PRÉFACE

Un premier livre est une chose hasardeuse : devenir Rabelais, l'auteur symbole de la Renaissance, ou rester l'écrivain anonyme d'un livret populaire, qui peut savoir la suite ? Écrire son seul livre, ou son premier livre ? Un livre isolé ou le début d'un cycle narratif ? Pour nous qui savons la suite, notre regard fausse l'imprudence originelle d'une telle entreprise. Ni Rabelais ni son éditeur, Claude Nourry, ne savent qu'ils entrent dans vingt ans d'écriture, et dans une gloire jamais démentie. Ils croient tout bonnement profiter du succès des anonymes *Chroniques de Gargantua*, annexer une petite part des lecteurs pour la foire de Lyon de 1532.

Nous ne savons rien des motifs qui poussent Rabelais, moine franciscain devenu bénédictin, secrétaire d'évêque plus ou moins défroqué devenu médecin, médecin à l'hôtel-Dieu de Lyon devenu correcteur chez l'éditeur Gryphe, à devenir auteur. Ses travaux éditoriaux sur Hippocrate, non plus que sa vie antérieure, ne le prédisposent à l'écriture de fictions. Rabelais reste, jusqu'à plus ample informé, l'écrivain dont la vie et l'œuvre sont les plus improbables au regard de la vie et de l'œuvre moyenne humaine de la Renaissance (et d'après) ! Il n'y a pas une créativité qu'il n'atteste et une dominante qu'il ne viole. Trop savant au regard du populaire, trop farcesque au regard des doctes, capable de mettre côte à côte la lettre de Gargantua et le procès fatrasique de Baisecul et Humevesne... Au demeurant le meilleur fils du monde. Pardon, cela, il ne l'a pas encore écrit.

Du populaire pour fin lettré

Par contre, il est clair que son projet de premier livre s'inscrit non comme une inauguration mais comme une continuité, très exactement une « continuation », au sens médiéval où un texte exploite systématiquement la narration d'un autre. Version simple d'une réécriture [1] qui peut en cacher d'autres. Rabelais prend ouvertement la suite d'un livret dont on ignore la provenance et l'auteur, au point qu'on pense parfois qu'il a dû lui-même y collaborer. Ce livret concentre autour d'un personnage de légende, Gargantua, un récit qui tient de la légende arthurienne, de la farce, des traditions géographiques et des histoires d'ogres. Rabelais lui donne une suite par généalogie : après le père, dont nous avons lu les aventures, le fils.

Dans le cadre de cette publication, à laquelle il annonce lui-même des continuations pour les prochaines foires de Francfort, il se donne apparemment un contexte sociologique, un public, et un style, symbolisés par le pseudonyme qui désigne le narrateur. Alcofrybas Nasier, « indiciaire » ou historiographe du roi Pantagruel, a un bien beau nom, sans doute un bien beau nez, et un bien beau métier d'alchimiste, abstracteur de quinte essence (distillateur), quelque chose entre la science sublime et le charlatanisme. Sa préface de bonimenteur présente l'ouvrage comme le remède et divertissement miraculeux contre tous les ennuis. Et clamant la vérité de ses vertus, il clame aussi la vérité de ses récits, d'autant plus fort qu'ils sont très improbables. Comme il le dira plus tard, un bon lecteur croit toujours ce qui est écrit ! La présentation en lettres gothiques, qui est encore celle des textes honorables (théologie) autant que celle des livrets (théâtre), n'est pas très soignée : ce livre relativement bon marché n'a pas de prétention à l'épaisseur et au soin des in-folio et des pensées profondes. A priori, comme il le pro-

1. G. Genette, *Palimpsestes*, éd. du Seuil, 1981.

clame, les hauts secrets sont joyeux et parodiques, gigantesquement ludiques.

Pourtant le lecteur remarque bien vite les différences entre cette continuation et le livret des *Chroniques*. La fiction n'est pas située dans le passé légendaire, elle est actuelle, française, avant de nous embarquer pour les lointains orientaux. Le texte nouveau se situe aussi au carrefour d'autres textes en tout genre : philosophie antique, narration parodique moderne, théâtre, avec une bonne dose de Bible et d'Homère, il est une librairie à lui tout seul, un concentré culturel. Et même si l'on ne se soucie pas de reconnaître les vraies sources utilisées (Érasme, par exemple), les personnages ne cessent de se réclamer d'ouvrages et d'auteurs qui appartiennent à une culture très poussée, pas du tout populaire. Qu'il se moque des juristes réputés (14 noms cités) ou des théologiens parisiens des trente dernières années (16), soit. Encore faut-il les connaître au moins de nom. Il y rajoute, et sans se moquer, la culture humaniste, fortement marquée de grec (11 Latins et 22 Grecs) : avez-vous lu, à part Platon, Plutarque, Virgile et Cicéron, élémentaires, Pythagore, Jamblique, et Apollonius ? Il vous bluffe, mais la drôlerie de la situation n'est perceptible qu'au lecteur cultivé. Quand Pantagruel médite avant la dispute par signes, il énumère de beaux et bons traités de sémiotique, mais aussi les œuvres (perdues ?) d'un mime. Ajoutez pêle-mêle les commentateurs hébraïques de la Bible, Zoroastre, Villon et Thomas More... mélange détonant qui ne présage pas des lectures reposantes au sein des vieilles légendes. *Pantagruel* est un livre piège.

Le dédoublement des héros

La force de Rabelais est d'avoir d'emblée écarté l'unicité de héros caractéristiques des *Chroniques*. Il garde un géant, un héros, et même une dynastie de géants héroïques : le romanesque traditionnel est présent. Mais Rabelais invente le couple de personnages

qui assure au roman une sorte de sens dialectique, dyna-
mique, ambigu. Ce que l'un pose, l'autre le contredit.
Et pourtant « Pantagruel rencontra Panurge, lequel il
aima toute sa vie ». Un couple d'amis bien disparate,
le géant et l'homme, le jeune homme et l'homme fait,
le roi et le héros de la gueuserie.

Inséparables, ils sont contradictoires et de surcroît
constamment à contre-emploi. Dans un premier temps
de lecture, on attendrait qu'en Pantagruel l'héroïsme
et le savoir, même médiéval et parodique, fasse son
emploi, alors que Panurge consacre son industrie à
l'escroquerie et aux récits fantasmatiques. Or l'épreuve
inverse leurs capacités. C'est Panurge qui se substitue
à Pantagruel pour la dispute théologique et le premier
combat, Panurge qui fait rôtir les chevaliers ennemis
comme levrauts au lieu de se battre, Panurge qui encou-
rage Pantagruel devant Loup-Garou, et vient à son
secours. C'est Pantagruel qui doit chercher la sagesse,
et qui s'esclaffe aux pires tours comme aux bien bonnes
histoires. Certains mauvais esprits diraient même que
les vertus indéniables de Pantagruel seraient bien peu
efficaces en ce monde sans Panurge.

Pantagruel et Panurge forment un couple dyna-
mique, réjouissant, mais bien peu rassurant. Héritiers
de mythes provenus de formes culturelles et de
« morales » différentes, malgré la joie collective, tous
deux sont des réservoirs potentiels de peur et puissance
destructrice.

« Toujours l'Afrique engendre des monstres » :
Pantagruel l'Africain est au sens du XVIᵉ siècle un
monstre, puisqu'il est un géant. De ce réservoir de terre
africaine mal explorée, brûlée, viendra plus tard la
grande jument de Gargantua envoyée par le roi de
Numidie. L'Afrique est terre excessive, Pantagruel est
l'excès, de force, de taille, de boisson, de feu : il y naît
même en un temps d'épuisement par excès solaire, roi
et maître de la soif.

Accompagné de prodiges à sa naissance, cet héritier
est produit par trois catastrophes : le lointain meurtre

d'Abel qui « engrosse » la terre de sang qui fait enfler,
la « récente » chute de Phaéton qui manque embraser
l'univers, la mort de sa mère. Cet enfant n'a rien de
bien banal. Il naît un vendredi où la terre sue. Il est
le signe de la Canicule par excellence, avec tous les dangers : sa date de naissance, donnée au *Tiers Livre*
(chap. LI), le dit né au lever de l'étoile Sirius, c'est-à-
dire à l'entrée du signe du Lion, sans doute le 24 juillet.
Même s'il perd au fil du récit (et surtout dans le *Tiers
Livre*) ses propriétés inquiétantes, ses premiers exploits
sont de dévorer une vache, et de démembrer un ours.
Bacchus en frénésie en faisait bien moins que ce nour-
risson tout velu.

Pour les amis comme les ennemis, il est le déclen-
cheur de forces incoercibles, primitives, corporelles :
« Je crois que l'ombre de Monseigneur Pantagruel
engendre les alterez, comme la lune fait les catarrhes »
(chap. X). Il vous tient à la gorge, jusqu'à la boisson
ou jusqu'à l'étouffement.

« *À propos truelle* », si Pantagruel naît pour les
*quatre cent quatre-vingt-quarante-quatre ans (524 ?) de
son père, si nous admettons que son « jeune âge » en
a vingt pour la rencontre de Panurge qui revient de
Mytilène après 1502, il devrait naître en 1482 ? Ce n'est
pas loin d'une naissance bien connue. Et son père
naîtrait alors un peu avant l'an mil. Le drame est que*
Gargantua *nous donne d'autres chiffres : feu Thubal
Holoferne, régent, meurt en 1420, alors que Gargantua a environ cinquante ans, né alors vers 1370. Son
fils naîtrait donc en 1894 ? Le temps rabelaisien est
encore plus élastique que la taille de ses personnages,
qui vous ont un monde dans la gorge, mais s'en vont
visiter les échopes parisiennes exiguës.*

Pour inventer son géant-fils, Rabelais a suivi d'assez
loin les *Chroniques*, avec la tentation de surimposer à
son récit d'autres récits, d'autres héros. Ainsi un élément ambigu retient l'attention : l'enfant naît, comme
on vient de le dire, un vendredi où la terre sue, réali-
sant la prédiction de la sibylle Érythrée relative à la

naissance du Messie ; de grands bouleversements se produisent dans le ciel ; il a une généalogie complète en soixante générations depuis Adam, racontée suivant une rythmique qui est celle de l'évangile de saint Matthieu. Quel est son modèle littéraire, sinon celui qui dit « j'ai soif » et changea l'eau en vin ? Des sortes de cacophonies de références se produisent ainsi, dès que le lecteur a conscience des ressemblances mythiques, au lieu de lire les apprentissages d'un étudiant comme les autres, ou même d'un géant exotique.

Face à ce monstre, Panurge est tout à fait humain. Nous ne saurons de sa naissance que l'impression favorable qu'il fait de loin (une bonne race qui transparaît malgré la pauvreté). Nous lui connaîtrons une histoire datée : il a été fait prisonnier à la prise de Mytilène en 1502. D'environ trente-cinq ans (qui seront confirmés dans *Le Tiers Livre* au milieu d'autres précisions « biographiques »), il est d'âge presque paternel pour ce gamin de géant qui n'en est qu'à ses universités.

Là aussi Rabelais mélange diverses histoires. Pour une fois, les métaphores filées empruntées à la littérature épique ancienne, toutes ironiques qu'elles soient, sont cohérentes et révélatrices. Panurge, échoué dans la misère comme Ulysse l'aventurier devant le roi généreux des Phéaciens, raconte ses aventures, mentant peut-être quelque peu, sophiste jusqu'aux dents comme d'autres sont clercs, s'assumant descendant de Zopyre. Il devient l'Achates inséparable de cet Énée (qui doit quitter une Didon parisienne), de cet Achille, de ce Roland. Toutes sortes d'aventuriers et de bavards l'entourent de ressemblances.

Outre sa visible marginalité, sa première présentation met en œuvre son langage, et le premier drame sémiotique du récit. Le plurilinguisme qu'il choisit, au lieu de parler son langage naturel, ne lui sert qu'à dire une chose : « La pauvreté se voit, qu'est-ce qu'il peut bien demander d'autre que l'aumône ? » Tout le langage superflu se déploie luxueusement en pure perte, puisque les autres ne comprennent rien. Puis il devient en bonne langue maternelle un bavard impénitent. Ses récits graveleux sont sans cesse relancés, habilement amenés pour que l'auditeur pose une question : « Et alors ? », avide d'un nouveau rebondissement.

Mais que verrons-nous de lui ? Une aptitude illimitée à réaliser la teneur de son nom : Panurgos, le créateur-bricoleur, apte à tout, avec une prédilection cependant pour la malfaisance ordinaire, le chapardage, les farces désagréables. Malgré son humanité, il est l'héritier d'un mythe universel, celui du *trickster*, diable ou dieu facétieux qui dérange tout, qu'attestent toutes les mythologies ; entre autres Hermès-Mercure, voleur, menteur, guérisseur, initiatique. C'est aussi, vanterie ou non, un grand amateur de femmes, ou du moins de sexe (plutôt goujat), le seul en définitive des récits rabelaisiens.

Nos deux personnages sont les figures de deux formes de morales qui révèlent deux formes de « modernités ». En les faisant amis, Rabelais souligne l'unité de ce que nous avons tendance à dissocier : XVe et XVIe siècles, Villon et Érasme, religion dévote et sarcasme, honnêteté et farce, alliance de la ruse et de la force qui fait les bons rois. Nous avons du mal à assumer ces coexistences, l'amitié du raisonnable et du facétieux, des conduites idéalistes et des conduites subversives. Pour tous ceux qui se sont préoccupés de l'irrationalité, ou de ce moment crucial où la rationalité n'est plus en prise, Panurge est une mine (comme le XVe siècle qu'on devrait retrouver avec plus de sympathie qu'on ne le fait).

Les réactions des lecteurs à travers le temps sont instructives : Panurge paraît maintenant le plus moderne, parce qu'il est un personnage du paraître, du langage menteur, de l'illusion et de l'invention, de la dérision des choses, Pantagruel est trop sérieux et même pas vraiment méchant quand il noie une foule d'ennemis. Si l'on a pu comparer Panurge et Hamlet, après Panurge et Hermès, c'est qu'on a été sensible à l'angoisse d'un personnage instable (et qui va se déformer radicalement au *Tiers Livre* et surtout au *Quart Livre*). L'optimisme du pantagruélisme, affirmé de façon croissante par Rabelais, heurte de façon criante notre sens des réalités.

J'entends, mais quoi ?

Le texte de Rabelais n'est pas simple à lire, hier comme aujourd'hui.

Pantagruel, texte fondateur, est sans doute le plus énigmatique : les intentions de l'auteur, le « message » permettant de situer plaisanteries et choses sérieuses, d'identifier une pragmatique, un camp, un clan, un imaginaire, sont évanescents. Non pas absents, mais souvent mis en péril. Ainsi la belle épître de Gargantua, tissu de déclarations érasmiennes et religieuses, respectables et pures, s'insère entre deux passages bouffons. La prière à Dieu avant le combat, suivie d'un prodige céleste, prélude à une bataille où Loup-Garou sert de massue, où l'on prend le vin pour l'urine, et l'urine pour le sang. Plus marqué — très ostensiblement — que les autres ouvrages par un intertexte proprement médiéval (tardif s'entend, et peut-être pour lui est-ce aussi moderne), plus systématiquement marqué de dérision, *Pantagruel* échappe à une lecture simple. On peut avec sérieux lui appliquer nos propres doctes réflexions sur la polysémie et la polyphonie. (Nous renvoyons, sur ces notions, à notre introduction du *Gargantua*.) Mais plus encore qu'avec les autres tomes, le lecteur se trouve hilare, et floué. Heureux d'une dérive dans des non-sens et parodies successifs, floué parce qu'il doute de l'issue du jeu. « J'entends, mais quoi ? » s'exclame Thaumaste en dispute avec Panurge sur les hauts mystères. Phrase elle-même d'ailleurs équivoque : « Qu'entends-je ? J'entends mais je ne comprends pas ? J'entends, mais j'objecte »... Encore quelques signes, et il s'exclame ravi : « Ah, le grand secret ! » L'Alchimie, la Création divine, ou la grande braguette de Panurge ? L'essentiel est certes qu'il soit content de la réponse muette... Ce qu'aucune de nos réponses n'interdit.

Il n'est pas nécessaire qu'un texte donne un message normatif, « faites/ne faites pas », « ceci est bien/ceci est mal ». Généralement même, un texte réussi est un texte qui laisse à penser au lecteur, au-delà d'une répartition des valeurs, que la complexité des personnages et des faits excède le sens premier. Mais ce premier texte de Rabelais ne se contente pas de polysémie ou de polyphonie, ou de partager sa propre forme en temps alternés. Il a tendance à donner pour positif ce que le sens commun sait négatif : la tromperie, le délire, l'ineptie. Panurge se charge de ce méli-mélo, mais il n'est pas seul. Pantagruel même, héros principal ostensible, est au fil du récit dépouillé de tout ce qui en ferait un modèle. Apprend-il ? C'est pour fréquenter Saint-Victor. Sait-il du droit ? C'est pour mettre d'accord Baisecul et Humevesne.

Plus fréquemment que dans les autres textes, on peut trouver ici la trace des rites et des textes du Carnaval. Ce roman, qui démarque le chevaleresque déjà trivialisé par les chroniques, emprunte ses épisodes aux pratiques des textes de la basoche, sotties, causes grasses, farces. Panurge marie les vieilles femmes, et tous parlent beaucoup des charmes des jeunes. Les excréments, les barbouillages, la boisson aident au désordre, à agresser les autorités constituées, sergents du guet, théologiens, conseillers du Parlement. On fait rôtir son repas au feu des ennemis rôtis. Et même Alcofrybas s'égare dans la vaste bouche du géant. Carnaval et monde à l'envers ? Plutôt peut-être un monde où il n'y a pas d'endroit. Morale ? vertu ? savoir ? « *Et ubiprenus ?* » répond Panurge.

Et ubiprenus ?

Lorsque Pantagruel s'étonne des mœurs de Panurge et affirme que Paris est plein de femmes très honnêtes, Panurge s'exclame : « *Et ubiprenus ?* » : « Où va-t-il chercher ça ? » Même s'il se vante (en jurant qu'il n'invente pas !), les femmes sont faciles, même les

« théologiennes » et autres dévotes. Tous les curés y sont passés. Les conseillers de la Cour sont prétentieux et vains, les conseillères bonnes à faire des bavettes aux mules, les juristes merdeux, les sergents bons à pendre, les escholiers débauchés, les papes corrompus, les pardons inopérants, l'escroquerie pontificale encore plus grande que les vols de Panurge à ses dépens.

Le lecteur aimerait se rassurer en songeant qu'il s'agit là d'une part de thèmes satiriques traditionnels, d'autre part que les agressions contre l'Église officielle sont le fait des meilleurs chrétiens d'alors. Il se rappelle aussi que le Carnaval même, qui met le monde à l'envers et permet d'agresser les puissances et les valeurs ordinaires, est bien une institution acceptée (temporaire) du consentement général de ces mêmes puissances.

Les discordances pourtant mettent à mal des valeurs considérables. Quoi qu'en dise la lettre, l'éducation donnée à Pantagruel n'est pas celle de la génération des collèges et des précepteurs, moins encore celle des universités, dont on se moque mais qui sont le lieu incontournable où les étudiants nomades prennent ou ne prennent pas science et grades. Les traces de la bonne religion érasmienne sont réelles et restreintes (ses ennemis caricaturés dans Saint-Victor, l'allusion au supplice de Berquin, les prières de Pantagruel et surtout son vœu de faire prêcher partout la vraie Parole de Dieu). Le texte n'exalte pas non plus le temps des bons rois : même si on veut en voir l'allégorie dans l'apologue du lion et du renard, et même si l'opposition de Pantagruel et d'Anarche est juste, la valeur morale du pouvoir politique ne tient pas tant de place que le rapport de force.

L'aide divine même est l'objet d'une attitude étrange. Pantagruel le dit nettement au rescapé de la rôtisserie : « Aide-toi le ciel t'aidera, c'est aide-toi, le diable est là. » Il faut mettre sa confiance dans le Seigneur. Soit, ce message est parfaitement évangélique. Et avant son combat avec Loup-Garou, Pantagruel prie bien dévotement en ce sens : « Dieu seul donne la victoire. »

« *Non nobis, Domine* » (« Ce n'est pas à nous que revient la gloire, mais à ton nom seul », (Psaume 115). Puis il s'en va se battre avec le présomptueux Loup-Garou, l'achevant avec un bon coup de pied dans le ventre et le prenant par les pattes pour s'en faire une massue. *Et ubiprenus* la chevalerie ? Et où situer les ruses de Panurge, passé avant que le ciel ne vienne en aide, pour mettre des diurétiques dans la boisson de Pantagruel, et des détersifs dans les confitures destinées au roi Anarche ?

Que reste-t-il des valeurs sociales et morales : le droit, la vertu, le courage ? Que reste-t-il du savoir multiplement ridiculisé en tous ses représentants ? Peut-être simplement l'invention de ce qui n'est pas encore une vraie valeur : la liberté, en Panurge, de ne pas suivre les chemins tracés avec un fond de désespérance gaie. Mytilène est perdue, les Turcs ne sont pas loin, l'argent est parti au diable. L'errance pauvre s'achève, dans un Paris des monarchies, des professeurs, des inquisiteurs.

Ce monde est encadré d'autres mondes encore moins rassurants : des Turcs vaguement anthropophages, des Dipsodes et des géants aux armures de pierres. Dans la gorge de Pantagruel, dans un monde tout pareil à celui-ci (une moitié du monde ne sait pas comment l'autre vit), on meurt de la peste par monceaux. Heureusement le monde de dessous terre seul est TRÈS sympathique, peuplé de diables gentils compagnons, où règne la justice enfin réalisée... Vive l'Enfer qui rectifie l'Histoire.

Rabelais cultive ici un art de la discordance, parasité sur des textes déjà discordants (théâtre, parodie), en les collant entre eux, toutes philosophies et époques mêlées. Au sens propre du XVIᵉ siècle il s'agit d'un art grotesque, où le plaisir de la décoration, les créatures hybrides, les formes qui n'existent pas dans la réalité s'épanouissent à qui mieux mieux. Le réel est trop limité. Non que Rabelais les ignore, mais les valeurs positives inattaquables sont ici exclues parmi l'ensemble d'un fonctionnement globalement autre. Par-ci, par-là, on se dit qu'il démolit quelque valeur essentielle et qu'il le fait exprès. Or l'intention polémique n'est pas claire, compte tenu du fait que critique et parodie sont aussi institutionnelles que les institutions.

On voit d'ailleurs que Rabelais a progressivement découvert comment le rire gras carnavalesque peut devenir un rire dangereux au service d'une cause claire. Examinons ses retouches entre 1532 et 1542 à la liste de la bibliothèque de Saint-Victor. Imputer à nos maîtres les théologiens des textes scatologiques, voilà qui est normal, du moins en Carnaval ! Dire qu'ils sont tous ignares est déjà satirique, mais rentre dans un cadre connu : celui des déplorations moralistes sur le fait que le monde ne va plus comme il devrait. Mais sélectionner dans nos maîtres certains d'entre eux, puis renforcer dans la liste les noms des maîtres proches ou lointains qui justement se sont signalés hors du Carnaval et dans l'exercice sérieux de leurs fonctions par leur action répressive dans un seul clan, on peut douter, quelques noms sont disséminés ; dix ans après il n'y a plus de doute, le système globalisé fonctionne comme une déclaration de guerre, dont la netteté s'est accentuée aussi parce qu'en dix ans les petites querelles sont devenues belles et grandes guerres.

Gargantua sera plus simple : même si le message normatif y est parfois mis en danger, il existe, et sans discrétion. Il y a bien des mauvais et des bons rois, lois, fois, justice et injustice, piété et impiété.

Pantagruel est un texte triste et gai : dominé par l'inventivité panurgienne qui remodèle à son gré le respectable et l'irrévérencieux, il ruine sans doute plus qu'il ne construit. Il illustre autrement ces « classiques » que sont *La Nef des fous* de Sébastien Brant [1] et l'*Éloge de la folie* d'Érasme, deux textes qui, résolument, affir-

---

1. Poète et humaniste alsacien (1457-1521). *La Nef des fous* fut éditée à Bâle en 1494.

ment qu'il n'y a nulle sagesse en ce monde. Mais, à leur différence, il n'en appelle ni à la méditation coupée du monde, ni à l'enthousiasme de la « folie de la croix », deux formes de sagesse chrétienne. Le gigantesque appétit de Pantagruel et l'universelle aptitude de Panurge, ni tout à fait fols, ni tout à fait sages, ne satisfont ni les mystiques ni les rationalistes : ils sont ailleurs, dans le vacillement des références. Comme Thaumaste, le lecteur décrétera grands mystères ou futilités les signes qu'il aperçoit. S'il veut vraiment un sens, qu'il l'y apporte. Pour Rabelais, dans ce premier chaos d'écriture, la création commençait tout juste ses premiers jeux de forme et de plaisir, alors, pourquoi choisir ?

NOTE SUR LA PRÉSENTE ÉDITION

Nous avons utilisé le **texte de 1532**, dont l'édition savante de référence est procurée par V.L. Saulnier chez Droz (édition augmentée en 1965).

La **traduction** est bien une traduction : elle perd une grande part des effets poétiques, dus aux décalages linguistiques et aux sonorités, une part aussi de la truculence ; il a bien fallu bricoler la traduction des calembours, mais nous n'avons pas pris d'autres libertés. Une adaptation en langue moderne équivalente aurait réclamé autant de notes probablement que le texte de base.

Ceci n'est pas une édition savante. Les notes sont volontairement restreintes pour ne pas occuper plus de place que le texte. Au demeurant, éclaircir bien des allusions, contestations et débats n'est possible que si on peut alléguer des textes plus clairs et (ou) un contexte plus connu que Rabelais lui-même, ce qui est douteux. Une bibliographie détaillée « en situation » invite à suppléer ces manques.

PANTAGRUEL
LES HORRIBLES ET ÉPOUVANTABLES FAITS
ET PROUESSES DU TRÈS RENOMMÉ
PANTAGRUEL
ROI DES DIPSODES,
FILS DU GRAND GÉANT GARGANTUA
COMPOSÉS NOUVELLEMENT PAR
MAÎTRE ALCOFRIBAS NASIER.

PROLOGUE DE L'AUTEUR

Tresillustres et treschevaleureux champions, gentilz hommes et aultres[1], qui voluntiers vous adonnez à toutes gentillesses et honnestetez, vous avez n'a gueres veu, leu, et sçeu les *Grandes et inestimables Chronicques de l'enorme geant Gargantua*[2], et, comme vrays fideles, les avez creues tout ainsi que texte de Bible ou du sainct Evangile, et y avez maintesfoys passé vostre temps avecques les honorables dames et damoiselles, leur en faisans beaux et longs narrez, alors que estiez hors de propos : dont estez bien dignes de grand louenge.

Et à la mienne volunté que ung chascun laissast sa propre besoingne, et mist ses affaires propres en oubly, affin de y vacquer entièrement sans que son esprit feust de ailleurs distraict ny empesché jusques à ce que l'on les sceust par cueur, affin que, si d'aventure l'art de imprimerie cessoit, ou en cas que tous livres perissent, au temps advenir ung chascun les puisse bien au net enseigner à ses enfans : car il y a plus de fruict que par adventure ne pensent ung tas de gros talvassiers tous croustelevez, qui entendent beaucoup moins en ces petites joyeusetez que ne faict Raclet en l'*Institute*[3].

---

1. Le Prologue s'adresse à des lecteurs qu'on flatte : leur statut social, leur intelligence, et leur qualité de bon lecteur sont des modèles. L'éloge du livre est plus grand encore : parole qui réconforte, parole qui guérit. Sur les prologues de *Pantagruel* et *Gargantua* et leur valeur, voir M. Bahktine, *L'Œuvre de François Rabelais et la culture populaire...*, Gallimard, 1970, p. 162 sq.
2. L'éloge du *Pantagruel* passe d'abord par l'éloge des *Chroni-*

PROLOGUE DE L'AUTEUR

Très illustres et très chevaleresques champions,
gentilshommes et autres, qui vous adonnez volontiers
aux pratiques nobles et mondaines, vous avez récemment
vu, lu et connu les *Grandes et Inestimables Chroniques de l'énorme géant Gargantua*, et comme de vrais
dévots, les avez crues tout ainsi qu'un texte de la Bible
ou du Saint Évangile, et vous y avez maintes fois passé
votre temps avec les honorables dames et demoiselles,
leur en faisant beaux et longs récits, quand vous en
aviez fini avec votre propos habituel ; par quoi vous
êtes digne de grande louange.

Et si cela ne dépendait que de moi, chacun laisserait
sa propre besogne et mettrait ses affaires en oubli, pour
s'y adonner entièrement sans que son esprit fût distrait
ou empêché par le monde extérieur, jusqu'à ce qu'on
les sût par cœur, pour que si, par hasard, il advenait
que l'art d'imprimerie cesse, ou au cas où tous les livres
périraient, chacun les puisse dans l'avenir bien clairement enseigner à ses enfants : car il y a plus de profit
que peut-être ne le pensent un tas de gros fanfarons,
tout couverts de chancres, qui comprennent moins bien
ces petites joyeusetés que Raclet ne comprend l'*Institute* de Justinien.

---

ques de Gargantua*, inscrivant le texte nouveau dans un genre et un
type de lecture qui n'est peut-être pas adapté au public ci-dessus
évoqué. Sur les *Chroniques de Gargantua*, voir notre édition de *Gargantua*, Pocket, 1992, dossier, p. 445 sq.

3. Raclet est un juriste moderne, commentateur du code Justinien
(recueil de droit romain) et, suppose le texte, un commentateur qui
n'y comprend rien.

◆◗ Voir *Au fil du texte*, p. IX.

J'en ay congneu de haultz et puissans seigneurs en bon nombre, qui, allans à chasse de grosses bestes ou voller pour faulcon : s'il advenoit que la beste ne feust rencontrée par les brisées, ou que le faulcon se mist à planer, voyant la proye gaingner à tyre d'esle, ilz estoient bien marryz, comme entendez assez ; mais leur refuge de réconfort, et affin de ne se morfondre, estoit à recoler les inestimables faictz dudict Gargantua.

D'aultres sont par le monde (ce ne sont pas fariboles) qui, estans grandement affligez du mal des dentz, après avoir tous leurs biens despenduz en medecins, ne ont trouvé remede plus expedient, que de mettre les-dictes *Chronicques* entre deux beaulx linges bien chaulx, et les applicquer au lieu de la douleur, les sina-pizant avecques ung peu de pouldre d'oribus.

Mais que diray je des pauvres vérollez et goutteux ? O, quantesfois nous les avons veu, à l'heure qu'ilz estoient bien oingtz et engressez à point [1], et le visaige leur reluysoit comme la claveure d'ung charnier, et les dents leurs tressailloient comme font les marchettes d'ung clavier d'orgues ou d'espinette quand on joue dessus, et que le gousier leur escumoit comme à ung verrat que les vaultrez et lévriers ont chassé sept heures : que faisoient-ilz alors ? Toute leur consolation n'estoit que de ouyr lire quelque page dudict livre. Et en avons veu qui se donnoient à cent pippes de diables, en cas qu'ilz n'eussent senty allegement manifeste à la lecture dudict livre, lors qu'on les tenoit ès lymbes, ny plus ny moins que les femmes estans en mal d'enfant quand on leurs leist la vie de saincte Marguerite [2].

Est ce riens cela ? Trouvez moy livre, en quelque langue, en quelque faculté et science que ce soit, qui ait telles vertuz, proprietez, et prerogatives, et je payeray chopine de trippes. Non, Messieurs, non. Il

---

1. Le traitement de la syphilis, mal qui fait alors des ravages, consiste en une onction de mercure mélangée à la graisse de porc, assortie de séances d'étuve : on « sue » sa vérole. Le traitement, brutal, est très éprouvant.

J'ai connu beaucoup de hauts et puissants seigneurs qui, lors d'une chasse au gros gibier, ou à la chasse au faucon, s'il arrivait que la bête ne soit pas rencontrée sur sa piste, ou que le faucon se mette à planer pendant que la proie s'en allait à tire-d'aile, étaient bien marris comme vous pouvez le comprendre : mais leur refuge pour se réconforter et ne pas se morfondre était de se remémorer les inestimables faits dudit Gargantua.

Il y en a d'autres par le monde (ce n'est pas des fariboles !) qui, étant grandement affligés du mal de dents, après avoir dépensé tous leurs biens avec les médecins, n'ont pas trouvé de remède plus efficace que de mettre lesdites *Chroniques* entre deux beaux linges bien chauds, et de les appliquer où ils avaient mal, en cataplasme avec un peu de poudre d'oribus.

Mais que dirai-je des pauvres vérolés et goutteux ? Ô combien de fois les avons-nous vus, à l'heure où ils étaient pommadés et graissés à point (que le visage leur en reluisait comme la serrure d'un garde-manger, que les dents leur tressaillaient comme font les pédales d'un clavier d'orgue ou d'épinette, et que le gosier leur écumait comme à un sanglier que les dogues et lévriers ont pourchassé sept heures !) ; que faisaient-ils ? Leur unique consolation était d'entendre lire quelque page dudit livre. Et nous en avons vu qui se donnaient à cent tonneaux de diables, au cas où ils n'auraient pas senti de soulagement manifeste à la lecture dudit livre, quand on les tenait aux étuves, ni plus ni moins que les femmes en mal d'enfant quand on leur lit la vie de sainte Marguerite.

Est-ce que ce n'est rien ? Trouvez-moi un livre, en quelque langue, en quelque faculté et science que ce soit, qui ait telles vertus, propriétés et prérogatives, et je vous paie une chope de tripes. Non, messieurs, non,

2. Superstition très respectée.

n'y en a point. Et ceulx qui vouldroient maintenir que si, reputez-les abuseurs, et séducteurs.

Bien vray est il que l'on trouve en d'aulcuns livres dignes de memoire certaines proprietez occultes, en nombre desquelz l'ont mect *Robert le Diable, Fierabras, Guillaume sans paour, Huon de Bourdeaulx, Monteville,* et *Matabrune* [1] ; mais ilz ne sont pas à comparer à celuy dont nous parlons. Et le monde a bien congneu par expérience infallible le grand émolument et utilité qui venoit de ladicte *Chronicque Gargantuine* : car il en a esté plus vendu des imprimeurs en deux moys, qu'il ne sera achepté de Bibles de neuf ans.

Voulant doncques moy, vostre humble esclave [2], accroistre voz passetemps davantaige, je vous offre de present ung aultre livre de mesmes billon, sinon qu'il est ung peu plus equitable et digne de foy que n'estoit l'aultre. Car ne croyez pas, si ne voulez errer à vostre essient, que j'en parle comme les Juifz de la Loy. Je ne suis pas nay en telle planette, et ne m'advint oncques de mentir ou asseurer chose que ne feust veritable : *agentes et consentientes,* c'est à dire, qui n'a conscience de rien. J'en parle comme sainct Jehan de l'Apocalypse : *quod uidimus testamur.* C'est des horribles faictz et prouesses de Pantagruel, lequel j'ay servy à guaiges dès ce que je fuz hors de page, jusques à present, que par son congié m'en suis venu ung tour visiter

---

1. Liste de romans médiévaux tardifs ou remaniés, dont certains ont des prétentions à être « historiques » : *Robert le Diable*, par exemple, ou *Guillaume* (d'Orange). Bien que les humanistes s'en moquent — et critiquent leur prétention à raconter une histoire vraie à travers nombres d'épisodes merveilleux —, ils sont très lus dans tous les groupes sociaux.

Fierabras, roi sarrasin converti, est un ancêtre de Pantagruel, voir p. 36.

Matabrune est le nom de la méchante grand-mère du Chevalier au Cygne (cycle de Godefroy de Bouillon).

Monteville reste mystérieux : peut-être s'agit-il des voyages de Jean de Mandeville ?

il n'y en a point. Et ceux qui voudraient maintenir que si, tenez-les pour trompeurs et séducteurs.

Il est bien vrai qu'on trouve en certains livres dignes de mémoire certaines propriétés occultes : on peut y compter *Robert le Diable, Fierabras, Guillaume sans peur, Huon de Bordeaux, Monteville,* et *Matabrune.* Mais ils ne sont pas comparables à celui dont nous parlons. Et le monde a bien connu par expérience infaillible le grand bénéfice et utilité tiré de la *Chronique Gargantuine* : car les imprimeurs en ont vendu plus en deux mois qu'il ne sera acheté de Bibles en neuf ans.

Voulant donc, moi, votre humble esclave, accroître davantage vos passe-temps, je vous offre à présent un livre de même métal, sinon qu'il est un peu plus équitable et digne de foi que n'était l'autre. Car ne croyez pas, si vous ne voulez pas vous tromper exprès, que j'en parle comme les Juifs de la Loi. Je ne suis pas né sous cette planète, et il ne m'advint jamais de mentir ou d'assurer chose qui ne soit véritable, ni par action ni par consentement, c'est-à-dire, sans m'en rendre compte. J'en parle comme saint Jean de l'Apocalypse : « Ce que nous avons vu, nous l'attestons. » J'atteste donc des horribles faits et prouesses de Pantagruel, dont j'ai été le serviteur depuis que je suis sorti de l'enfance jusqu'à maintenant, où, par sa permission,

Voir Jean Céard, « Rabelais lecteur et juge des romans de Chevalerie », *Études rabelaisiennes*, XXI, 1988, p. 139.

2. Intervention du narrateur qui est un témoin : non plus un arrangeur, mais quelqu'un qui peut prétendre au statut d'historien, et, étant au service du Prince, d'indiciaire ou d'historiographe princier, fonction importante des cours « modernes ». Le pacte de lecture proposé (un récit vrai) contraste évidemment avec le contenu. Comparant son témoignage à celui de saint Jean, il fait de son livre une nouvelle révélation qui complète les Évangiles traditionnels par une prophétie inspirée. Ce qui permet de foudroyer d'avance les incrédules.

mon pays de vache, et sçavoir s'il y avoit encores en
vie nul de mes parens.

Pourtant, affin que je face fin à ce prologue, tout
ainsi comme je me donne à cent mille panerées de
beaulx diables, corps et ame, trippes et boyaulx, en cas
que j'en mente en toute l'histoire d'un seul mot : pareillement, le feu sainct Antoine vous arde [1], mau de terre
vous vire, le lancy, le maulubec vous trousse, la caque-
sangue vous viengne [2],

> *Le mau fin feu de ricqueracque,*
> *Aussi menu que poil de vache,*
> *Tout renforcé de vif argent,*
> *Vous puisse entrer au fondement,*

et, comme Sodome et Gomorre, puissez tomber en
soulphre, en feu et abysme, en cas que vous ne croyez
fermement tout ce que je vous racompteray en ceste
présente *Chronicque* !

---

1. Le saint est souvent représenté avec des flammes à ses pieds :
il soigne le « mal saint-Antoine » ou mal des ardents provoqué par
l'ergot du seigle. Dans la religion populaire, les saints peuvent envoyer
et soigner la maladie.
2. La malédiction finale est d'une absolue vulgarité. Pour dire que
l'ouvrage est vérité d'Évangile, le contraste est total...

je m'en suis revenu visiter mon pays de vaches et savoir s'il reste encore de mes parents en vie.

Aussi, pour terminer ce prologue, je me donne à cent mille panerées de beaux diables, corps, âme, tripes et boyaux, si je vous mens d'un seul mot en toute l'histoire ; mais aussi inversement que le feu de saint Antoine vous brûle, l'épilepsie vous chavire, la foudre et l'ulcère vous tordent, la dysenterie vous prenne,

> *Le mauvais fin feu de la luxure*
> *Aussi dru que du poil de vache*
> *Tout renforcé de bon mercure*
> *Vous puisse entrer au fondement,*

et comme en Sodome et Gomorrhe, puissiez-vous tomber dans l'abîme de soufre, si vous ne croyez pas fermement tout ce que je vous raconterai dans cette Chronique.

CHAPITRE I

De l'origine et antiquité
du grand Pantagruel

Ce ne sera chose inutile ne oysifve, de vous remembrer la premiere source et origine dont nous est nay le bon Pantagruel : car je voy que tous bons historiographes ainsi ont traicté leurs *Chronicques*, non seulement des Grecz, des Arabes et Ethnicques, mais aussi les auteurs de la Saincte Escripture, comme monseigneur sainct Luc mesmement, et sainct Matthieu [1].

Il vous convient doncques noter que, au commencement du monde, ung peu après que Abel fut occis par son frere Cayn, la terre, embue du sang du juste, fut, une certaine année, si tresfertile en tous fruictz qui de ses flans nous sont produyctz, et singulierement en mesles, que l'on l'appella de toute memoire l'année des grosses mesles [2] : car les troys en faisoient le boysseau.

Au moys de octobre, ce me semble, ou bien de septembre (affin que je ne erre) fut la sepmaine, tant renommée par les annales, qu'on nomme la sepmaine des troys Jeudys : car il y en eut troys, à cause des

---

1. Toute révérence gardée, l'Évangile sert à nouveau de cadre de référence (*Matthieu*, I, 1-17). Mais il s'agit aussi d'un rituel des éloges : le héros vaut d'abord par la lignée dont il est issu. Villes, nations et familles nobles se trouvent des ancêtres lointains et divins. Notre héros pose cependant un problème : son gigantisme. Rien en soi ne s'oppose à la croyance aux géants : les récits attestent des géants mythologiques, bibliques, ou même, disent certains, les premiers hommes ont été géants, eux dont on retrouve des ossements immenses (la paléontologie n'est pas encore une science !). Mais il nous faut

CHAPITRE I

De l'origine et antiquité
du grand Pantagruel

Il ne sera pas inutile ni oiseux de vous remettre en mémoire la première source et origine d'où nous est né le bon Pantagruel : car je vois que tous les bons historiographes ont ainsi organisé leurs chroniques, non seulement les Grecs, Arabes et païens, mais aussi les auteurs de l'Écriture Sainte, comme Monseigneur saint Luc surtout et saint Matthieu.

Il vous faut donc noter qu'au commencement du monde, un peu après qu'Abel eut été tué par son frère Caïn, la terre, imbibée du sang du juste, fut, cette année précise, si fertile en tous les fruits qui sont produits de ses flancs, et surtout en nèfles, que l'on l'appela aussi loin qu'on puisse remonter « l'année des grosses nèfles », car avec trois on remplissait un boisseau.

Au mois d'octobre, il me semble, ou bien de septembre (pour éviter toute erreur), il y eut la semaine, si renommée dans les annales, qu'on appelle « semaine des trois jeudis » : car il y en eut trois, à cause des

---

un géant qui n'ait pas dégénéré : d'où une réflexion de type naturaliste, sur la spécificité de la race gigantale (non humaine), née d'une variation des natures sous l'influence d'un prodige (et même de plusieurs : les variations astrales sont bien inquiétantes).

Voir J. Céard, « La querelle des Géants », p. 43, dans *La Nature et les prodiges*, Droz, 1976.

2. Les nèfles sont un produit assez commun, possédant un fruit rond et légèrement mou quand il est mûr. Sa forme toute anatomique (qui l'apparente aussi aux fèves) motive sans doute sa fécondité.

irreguliers bissextes, que la lune varia de son cours plus de cinq toizes.

Le monde voluntiers mangeoit desdictes mesles : car elles estoient belles à l'œil, et délicieuses au goust. Mais, tout ainsi que Noë, le sainct homme) à qui nous sommes tant obligez et tenuz, de ce qu'il nous planta la vigne, dont nous vient celle nectareicque, precieuse, celeste et deificque liqueur, qu'on nomme le piot), fut trompé en le beuvant : car il ignoroit la grande vertu et puissance d'iceluy, — semblablement, les hommes et femmes de ce temps-là mangeoient en grand plaisir de ce beau et gros fruict.

Mais il leurs en advint beaucoup d'accidents. Car à tous survint au corps une enfleure bien estrange : mais non à tous en ung mesme lieu. Car les ungs enfloient par le ventre, et le ventre leur devenoit bossu comme une grosse tonne ; desquelz il est escript : « *Ventrem omnipotentem* [1] ». Et de ceste rasse nasquit sainct Pansart et Mardygras.

Les aultres enfloient par les espaules, et tant estoient bossuz qu'on les appelloit *montifères*, comme *porte-montaignes* : dont vous en voyez encores par le monde en divers sexes et dignitez. Et de ceste rasse yssit Esopet [2] : dont vous avez les beaulx faictz et dictz par escript.

Les aultres enfloient en longitude, par le membre qu'on appelle le laboureur de nature : en sorte qu'ilz le avoyent merveilleusement long, grand, gras, gros, vert, et acresté, à la monde antique, si bien qu'ilz s'en servoient de ceincture, le redoublant à cinq ou six foys par le corps ; et s'il advenoit qu'il feust en point et eust vent en pouppe, à les veoir vous eussiez dit que c'estoient gens qui eussent leurs lances en l'arrest pour jouster à la quintaine. Et de ceulx-là s'est perdue la

---

1. Le Ventre tout-puissant remplace le Père Tout-Puissant du *Credo*. Saint Pansart, comme son nom l'indique, est un saint fictif invoqué au Carnaval.

bissextiles irréguliers, où la lune varia de son cours de plus de cinq toises.

Les gens volontiers mangeaient desdites nèfles : car elles étaient belles à regarder et délicieuses au goût. Mais tout ainsi que Noé, le saint homme (à qui nous devons tant de gratitude et d'obligation pour ce qu'il nous planta la vigne, d'où nous vient la liqueur, vrai nectar, précieuse, céleste et qui nous fait Dieu, qu'on nomme le vin), fut trompé en le buvant, parce qu'il en ignorait la grande vertu et puissance — de la même façon les hommes et les femmes de ce temps-là mangeaient avec plaisir ce beau et gros fruit. Mais il leur en arriva beaucoup d'accidents. Car s'il leur vint à tous une enflure bien étrange, ce ne fut pas à tous au même endroit. Car les uns enflaient par le ventre, et le ventre leur devenait bossu comme un gros tonneau ; ventre duquel il est écrit « ventre omnipotent ». Et de cette race naquirent saint Pansart et Mardi Gras.

Les autres enflaient par les épaules, et ils étaient si bossus qu'on les appelait « montifères », c'est-à-dire « porteurs de montagnes » : vous en voyez encore par le monde dans divers sexes et divers rangs. Et de cette race naquit Ésope dont vous avez les beaux faits et dits par écrit.

Les autres enflaient en longitude par le membre qu'on appelle le laboureur de nature : ils l'avaient si merveilleusement long, grand, gras, gros, vert, et levant haut la tête, à la mode antique, qu'ils s'en servaient de ceinture, l'enroulant cinq ou six fois autour du corps. Et s'il advenait qu'il fût à point et eût le vent en poupe, à les voir vous auriez dit que c'étaient des gens qui avaient mis leur lance en arrêt pour jouer à la quintaine. Et de ceux-là s'est perdue la race, comme

2. Ésope le fabuliste était bossu.

rasse, comme disent les femmes : car elles lamentent continuellement qu'

Il n'en est plus de ces gros, etc. [1]

vous sçavez le reste de la chanson.

D'aultres croissoyent par les jambes, et à les veoir eussiez dit que c'estoient grues, ou bien gens marchans sus des eschasses. Et les petitz grymaulx les appellent en grammaire *Jambus*.

D'aultres par les aureilles, lesquelles ilz avoient si grandes que de l'une en faisoient pourpoint, chausses, et sayon : et de l'aultre se couvroient comme d'une cappe à l'hespaignole. Et dit lon que en Bourbonnoys encores en a de l'heraige : dont sont dictes aureilles de Bourbonnoys.

Les aultres croissoient en long du corps : et de ceulx là sont venuz les Géans, et par eulx Pantagruel [2].

Et le premier fut Chalbroth,

Qui engendra Sarabroth,

Qui engendra Faribroth,

Qui engendra Hurtaly, qui fut beau mangeur de souppes et régna au temps du déluge,

Qui engendra Nembroth,

Qui engendra Athlas, qui avecques ses espaules guarda le ciel de tumber,

Qui engendra Goliath,

Qui engendra Eryx,

Qui engendra Titius,

Qui engendra Eryon,

Qui engendra Polyphemus,

Qui engendra Cacus,

Qui engendra Etion,

---

1. Petite chanson obscène attestée hors du texte de Rabelais : elle se plaint de la dégénérescence de la race... Version facétieuse des regrets sur le temps qui passe et les neiges d'antan...

2. La liste des ancêtres montre une race très mêlée : divers calembours, des noms bibliques et des noms de la mythologie grecque, des héros de romans, des noms carnavalesques. La chronologie, si tant

disent les femmes, car elles se lamentent continuellement qu'

    Il n'en est plus de ces gros..., etc.,

vous savez le reste de la chanson.

D'autres croissaient par les jambes, et à les voir vous auriez dit que c'étaient des grues, ou bien qu'ils avaient des échasses. Et les petits grimauds grammairiens les appellent « Iambes ».

D'autres par les oreilles, qu'ils avaient si grandes que de l'une ils faisaient pourpoint, chausses et mantelet : et de l'autre ils se couvraient comme d'une cape. Et l'on dit qu'en Bourbonnais, il y a encore de leurs descendantes, d'où elles sont dites oreilles de Bourbonnais.

Les autres croissaient en longueur de corps : et de ceux-là sont venus les géants, et par eux Pantagruel ;

Et le premier fut Chalbroth,

Qui engendra Sarabroth,

Qui engendra Faribroth,

Qui engendra Hurtaly, qui fut beau mangeur de pain trempé et régna au temps du déluge,

Qui engendra Nembroth,

Qui engendra Atlas, qui avec ses épaules empêcha le ciel de tomber,

Qui engendra Goliath,

Qui engendra Éryx,

Qui engendra Titius,

Qui engendra Éryon,

Qui engendra Polyphemus,

Qui engendra Cacus,

Qui engendra Étion,

---

est que cette notion importe aux légendes, n'est pas forcément cohérente : Olivier et Ogier sont contemporains et pairs de Charlemagne.

Voir A. Lefranc, « La généalogie de Pantagruel », *Revue des Études rabelaisiennes*, V, 1907, p. 194.

Qui engendra Enceladus,
Qui engendra Ceus,
Qui engendra Typhoeus,
Qui engendra Aloeus,
Qui engendra Othus,
Qui engendra Ægeon,
Qui engendra Briareus, qui avoit cent mains,
Qui engendra Porphyrio,
Qui engendra Adamastor,
Qui engendra Anteus,
Qui engendra Agatho,
Qui engendra Porus, contre lequel batailla Alexandre le Grand,
Qui engendra Aranthas,
Qui engendra Gabbara,
Qui engendra Goliath de Secundille,
Qui engendra Offot, lequel eut terriblement beau nez à boire au baril,
Qui engendra Artachées,
Qui engendra Oromedon,
Qui engendra Gemmagog, qui fut inventeur des souliers à poulaine,
Qui engendra Sisyphus,
Qui engendra les Titanes : dont nasquit Hercules,
Qui engendra Enay,
Qui engendra Fierabras, lequel fut vaincu par Olivier, pair de France, compaignon de Roland,
Qui engendra Morguan,
Qui engendra Fracassus : duquel a escript Merlinus Coccaius :
Dont nasquit Ferragus,
Qui engendra Happemousche,
Qui engendra Bolivorax,
Qui engendra Longys,
Qui engendra Gayoffe,
Qui engendra Maschefain,
Qui engendra Bruslefer,
Qui engendra Engoulevent,
Qui engendra Galehault,

Qui engendra Encelade,
Qui engendra Céus,
Qui engendra Typhoeus,
Qui engendra Aloéus,
Qui engendra Othus,
Qui engendra Égéon,
Qui engendra Briarée qui avait cent mains,
Qui engendra Porphyrio,
Qui engendra Adamastor,
Qui engendra Antéus,
Qui engendra Agatho,
Qui engendra Porus, contre lequel batailla Alexandre le Grand,
Qui engendra Aranthas,
Qui engendra Gabarra,
Qui engendra Goliath de Secondille,
Qui engendra Offot, qui eut un très beau nez à force de boire au tonneau,
Qui engendra Artaches,
Qui engendra Oromédon,
Qui engendra Gemmagog, qui fut l'inventeur des souliers à poulaines,
Qui engendra Sisyphe,
Qui engendra les Titanes : dont naquit Hercule,
Qui engendra Énay,
Qui engendra Fierabras, lequel fut vaincu par Olivier, pair de France, compagnon de Roland,
Qui engendra Morguan,
Qui engendra Fracassus, duquel a écrit Merlin Coccaie,
Dont naquit Ferragus,
Qui engendra Happemouche,
Qui engendra Bolivorax,
Qui engendra Longys,
Qui engendra Gayoffe,
Qui engendra Maschefoin,
Qui engendra Brûlefer,
Qui engendra Engoulevent,
Qui engendra Galehaut,

Qui engendra Myrelangault,

Qui engendra Galaffre,

Qui engendra Falourdin,

Qui engendra Roboastre,

Qui engendra Sortibrant de Connimbres,

Qui engendra Brushant de Mommière,

Qui engendra Bruyer, lequel fut vaincu par Ogier le Dannoys, pair de France,

Qui engendra Mabrun,

Qui engendra Foutasnon,

Qui engendra Hacquelebac,

Qui engendra Vitdegrain,

Qui engendra Grandgousier,

Qui engendra Gargantua,

Qui engendra le noble Pantagruel, mon maistre.

J'entends bien que, lysant ce passaige, vous faictes en vous mesmes ung doubte bien raisonnable. Et demandez comment est il possible que ainsi soit : veu que au temps du deluge tout le monde perit, fors Noë et sept personnes avecques luy dedans l'Arche, au nombre desquelz n'est point mys ledict Hurtaly [1] ?

La demande est bien faicte, sans doubte, et bien apparente ; mais la responce vous contentera. Et, par ce que n'estoys pas de ce temps là pour vous en dire à mon plaisir, je vous allegueray l'auctorité des Massoretz, interpzès des sainctes lettres hébraicques : lesquelz disent que sans point de faulte ledict Hurtaly n'estoit point dedans l'Arche de Noë ; aussi n'y eust il peu entrer, car il estoit trop grand ; mais il estoit dessus l'Arche à cheval, jambe deçà, jambe delà, comme les petitz enfans sus des chevaulx de boys. Et en ceste façon, saulva ladicte Arche de périller : car il luy bailloit le bransle avecques les jambes, et du pied la tournoit où il vouloit, comme on faict du gouvernail d'une

---

1. Le géant Hurtaly (Hapalit, ou Og) qui survit au déluge qui tue le reste de sa race (et de qui aura-t-il ses fils ?) vient d'une légende rabbinique.

Qui engendra Myrelangaut,

Qui engendra Galaffre,

Qui engendra Falourdin,

Qui engendra Roboastre,

Qui engendra Sortibrant de Conimbre,

Qui engendra Bruhant de Mommière,

Qui engendra Bruhier, lequel fut vaincu par Ogier le Danois, pair de France,

Qui engendra Mabrun,

Qui engendra Foutasnon,

Qui engendra Hacquelebac,

Qui engendra Vitdegrain,

Qui engendra Grandgousier,

Qui engendra Gargantua,

Qui engendra le noble Pantagruel, mon maître.

Je comprends bien, qu'en lisant ce passage, vous émettez en vous-mêmes un doute bien raisonnable. Vous vous demandez comment il est possible qu'il en soit ainsi, vu qu'au temps du Déluge tout le monde périt, excepté Noé et sept personnes avec lui dans l'Arche, au nombre desquelles on ne met pas ledit Hurtaly.

La demande est bien posée, certes, et plausible ; mais la réponse vous contentera. Et parce que je n'étais pas là en ce temps-là pour vous en raconter ce qu'il me plairait, je vous alléguerai l'autorité des Massorets, interprètes des saintes lettres hébraïques. Ils disent que certainement ledit Hurtaly n'était pas dans l'Arche de Noé ; il n'aurait d'ailleurs pas pu y entrer, car il était trop grand ; mais il était à cheval sur l'Arche, jambe deçà, jambe delà, comme les petits enfants sur les chevaux de bois. Et de cette façon il sauva ladite Arche du péril : car il lui donnait du mouvement avec ses jambes, et du pied la tournait où il voulait, comme on se sert du gouvernail d'un navire. Et ceux du dedans

navire. Et ceulx du dedans luy envoyoient des vivres par une cheminée à suffisance, comme gens bien recongnoissans le bien qu'il leur faisoit. Et quelque foys parlementoient ensemble, comme faisoit Icaromenippus à Jupiter, selon le raport de Lucian [1].

1. Lucien de Samosate est l'auteur de dialogues facétieux dont Rabelais s'inspire largement (voir notre dossier, p. 335) ; mais chez Lucien, Icaroménippe, un philosophe, arrive à monter devant l'assemblée des Dieux : là il voit comment Jupiter peut entendre les prières des hommes par des petites trappes aménagées spécialement. Les Dieux sont désagréablement surpris qu'un mortel arrive directement au ciel.

lui envoyaient des vivres suffisants par une cheminée, en personnes qui étaient conscientes du bien qu'il leur faisait. Et quelquefois ils parlaient ensemble, comme faisait Icaroménippe à Jupiter comme le rapporte Lucien.

CHAPITRE II

De la nativité du tresredoubté Pantagruel

Gargantua, en son aage de quatre cens quatre vingtz quarante et quatre ans, engendra son filz Pantagruel de sa femme, nommée Badebec, fille du roy des Amaurotes en Utopie[1], laquelle mourut de mal d'enfant : car il estoit si grand et si lourd qu'il ne peust venir à lumière, sans ainsi suffocquer sa mère.

Mais, pour entendre pleinement la cause et raison de son nom, qui luy fut baillé en baptesme, vous noterez que, celle année, il y avoit une si grand seicheresse[2] en tout le pays de Africque, pour ce qu'il y avoit passé plus de XXXVI moys, sans pluye, avec chaleur de soleil si vehemente, que toute la terre en estoit aride. Et ne fut point au temps de Helye[3] plus eschauffée que fut pour lors. Car il n'y avoit arbre sus terre qui eust ny fueille ny fleur ; les herbes estoient sans verdeur, les rivières taries, les fontaines à sec ; les pauvres poissons, délaissez de leurs propres élémens, vagans et cryans par la terre horriblement ; les oyseaulx tumbans de l'air par faulte de rosée ; les loups, les regnars, cerfz, sangliers, daims, lièvres, connilz, bellettes, foynes, blereaulx et aultres bestes, l'on trouvoit

---

1. Le peuple (les Invisibles) et le pays sont empruntés à l'*Utopie* de Thomas More, parue en 1516.
2. La sécheresse paraît comme un danger céleste, et surtout avec la référence au prophète Élie. L'atmosphère prodigieuse annonce l'arrivée d'un dieu de la Soif à la période de la canicule. C'est aussi un fait historique qui actualise le récit : en 1504, puis en 1528-1532,

CHAPITRE II

De la nativité
du très redouté Pantagruel

Gargantua, à l'âge de quatre cent quatre-vingt-quarante et quatre ans, engendra son fils Pantagruel de sa femme nommée Badebec, fille du roi des Amaurotes en Utopie, et elle mourut à l'accouchement, car il était si grand et si lourd qu'il ne put voir le jour sans suffoquer sa mère.

Mais pour comprendre complètement la cause et la justification du nom qui lui fut donné au baptême, vous noterez que cette année-là, il y avait une sécheresse dans le pays d'Afrique, parce qu'il s'était passé plus de trente-six mois sans pluie avec une chaleur de soleil si violente, si grande que toute la terre en était aride. Au temps d'Élie, elle n'était pas plus échauffée qu'elle n'était alors. Car tous les arbres avaient perdu feuilles et fleurs, les herbes étaient sans verdeur, les rivières taries, les fontaines à sec ; les pauvres poissons, abandonnés par leur propre élément, vaguant et criant par la terre horriblement ; les oiseaux tombant de l'air par manque de rosée ; on trouvait dans les champs les loups, renards, sangliers, daims, lièvres, lapins, belettes, fouines, blaireaux, et autres bêtes, morts, la gueule

la sécheresse sévit en France. La canicule est la période de l'année où le soleil est dans le signe du Lion et où l'étoile Sirius est visible, soit du 10 juillet au 20 août environ : cette période est réputée dangereuse par les effets qu'elle a sur l'organisme.

3. Le prophète Élie obtint de Dieu trois années de sécheresse pour punir l'idolâtrie des rois d'Israël (Rois I, 17 et 18).

par les champs mortes, la gueulle baye. Et au regard
des hommes, c'estoit la grande pitié. Vous les eussiez
veuz tirans la langue, comme lévriers qui ont couru
six heures. Plusieurs se gettoient dedans les puys ;
d'aultres se mettoient au ventre d'une vache pour estre
à l'umbre : et les appelle Homère *Alibantes*. Toute la
contrée estoit à l'ancre : c'estoit pitoyable cas de veoir
le travail des humains pour se guarentir de ceste horrificque altération. Car il y avoit prou affaire de saulver
l'eau benoiste par les esglises qu'elle ne feust desconfite : mais l'on y donna tel ordre, par le conseil de messieurs les cardinaulx et du Sainct Pere, que nul n'en
osoit prendre que une venue. Encores, quand
quelqu'ung entroit en l'esglise, vous en eussiez veu à
vingtaines, de pauvres alterez, qui venoient au derrière
de celluy qui la distribuoit à quelqu'ung, la gueulle
ouverte pour en avoir quelque petite goutelette, comme
le maulvais Riche, affin que rien ne se perdist. O que
bienheureux fut en ceste année celuy qui eut cave
fraische et bien garnie !

Le Philosophe racompte (en mouvant la question,
pourquoy c'est que l'eau de la mer est salée ?) que, au
temps que Phébus bailla le gouvernement de son chariot lucificque à son filz Phaeton [1], ledict Phaeton,
mal apris en l'art, et ne sçavant ensuyvre la ligne éclip-
ticque entre les deux tropicques de la sphère du Soleil,
varia de son chemin : et tant approcha de la terre, qu'il
mist à sec toutes les contrées subjacentes, bruslant une
grand partie du ciel, que les Philosophes appellent *Via
lactea*, et les lifrelofres nomment *le chemin Sainct
Jacques*. Adonc la terre fut tant eschauffée, qu'il luy
vint une sueur énorme, dont elle tua toute la mer, qui
par ce est sallée : car toute sueur est sallée ; ce que vous
direz estre vray, si voulez taster de la vostre propre :
ou bien de celle des vérollez, quand on les faict suer ;
ce me est tout ung.

---

1. Certains récits mythologiques attribuent la création de la Voie
lactée à l'aventure de Phaéton qui ne maîtrise plus le char du soleil.

béante. Quant aux hommes, c'était grande pitié. Vous les auriez vus tirant la langue, comme des lévriers qui ont couru six heures. Plusieurs se jetaient dans les puits, d'autres se mettaient au ventre d'une vache pour être à l'ombre : Homère les appelle Alibantes. Toute la contrée était en cale sèche : c'était pitoyable de voir la peine des humains pour se garantir de cette horrifique altération. Car il y avait beaucoup à faire pour sauver l'eau bénite des églises de l'assèchement : mais on y donna tel ordre par l'avis de messieurs les cardinaux et du Saint-Père, que nul n'osait en prendre plus d'une fois. Encore, quand quelqu'un entrait dans l'église, vous auriez vu des pauvres altérés par vingtaines, qui venaient derrière celui qui la donnait à quelqu'un, la gueule ouverte pour en avoir quelque gouttelette, comme le Mauvais Riche, afin que rien ne se perdît. Ô quelle fut la béatitude de celui qui, cette année-là, avait sa cave fraîche et bien garnie !

Le Philosophe raconte (en traitant de la question : « Pourquoi l'eau de mer est-elle salée ? ») qu'au temps où Phoebus donna son char porteur de lumière à conduire à son fils Phaéton, ledit Phaéton, mal instruit en cet art et ne sachant pas suivre la ligne écliptique entre les deux tropiques de la sphère du soleil, sortit de sa route : il s'approcha tellement de la terre, qu'il mit à sec toutes les contrées sous lui, brûlant une grande partie du ciel, que les philosophes appellent Voie lactée et que les philolitres nomment le chemin de saint Jacques. La terre fut donc si échauffée qu'il lui vint une sueur extraordinaire, dont elle sua toute la mer, qui est donc salée (car toute sueur est salée, ce que vous attesterez si vous voulez essayer de votre sueur à vous, ou bien de celle des vérolés quand on les fait suer, c'est pareil pour ma démonstration).

Sa clarté (d'ordinaire imputée au lait de Junon, blanc) est ici déchiffrée comme l'effet inversé du feu : sur un fond clair, sa trace est noire, sur un fond sombre, il produit une trace claire.

Quasi pareil cas arriva en ceste dicte année : car, ung jour de vendredy que tout le monde s'estoit mis en dévotion, et faisoit une belle procession avecques forces létanies et beaux preschans, supplians à Dieu omnipotent les vouloir regarder de son œil de clemence en tel desconfort, visiblement fut veu de la terre sortir grosses gouttes d'eau, comme quand quelque personne sue copieusement. Et le pauvre peuple se commença à esjouyr, comme sy ce eust esté chose à eulx proffitable : car les aucuns disoient que de humeur il n'y en avoit point en l'air, dont on esperast de avoir pluye, et que la terre supplioit au deffault. Les aultres gens sçavans disoient que c'estoit pluye des Antipodes, comme Senecque narre au quart livre *Questionum naturalium*, parlant de l'origine et source du fleuve du Nile. Mais ilz y furent trompez : car, la procession finée, alors que chascun vouloit recueillir de ceste rousée, et en boire à plain godet, trouvèrent que ce n'estoit que saulmure, pire et plus salée que n'est l'eau de la mer.

Et par ce que en ce propre jour nasquit Pantagruel, son père luy imposa tel nom : car *panta*, en grec, vault autant à dire comme *tout* ; et *gruel*, en langue hagarène, vault autant comme *altéré* : voulant inférer que, à l'heure de sa nativité, le monde estoit tout alteré, et voyant, en esperit de prophetie, qu'il seroit quelque jour dominateur des alterez[1]. Ce que luy fut monstré à celle heure mesmes par aultre signe plus évident. Car, alors que sa mere Badebec l'enfantoit, et que les sages femmes attendoient pour le recevoir, issirent premier de son ventre soixante et huyt tregeniers, chascun tirant par le licol ung mulet tout chargé de sel ; après lesquelz sortirent neufz dromadaires chargez de jambons et langues de beuf fumées ; sept chameaulx chargez d'anguillettes ; puis, vingt et cinq charrettes de porreaulx, d'aulx, d'oignons, et de cibotz : ce qui espo-

---

1. L'imposition du nom, qui doit définir la nature exacte d'un individu, est fondatrice du récit. Le mélange de grec et d'arabe est assez

Une situation presque identique se produisit cette année-là. Car un jour de vendredi où tout le monde s'était mis en dévotion et faisait une belle procession avec force litanies et beaux répons, suppliant Dieu omnipotent de les vouloir regarder de son œil de clémence en telle misère, on vit bien visiblement sortir de la terre de grosses gouttes d'eau comme quand on sue copieusement. Et le pauvre peuple commença à se réjouir, comme si c'était une chose profitable pour eux : car certains disaient qu'il n'y avait plus d'humidité dans l'air dont on puisse espérer avoir de la pluie et que la terre suppléait à ce manque. Les autres personnes savantes disaient que c'était de la pluie des Antipodes, comme Sénèque le raconte au Livre IV des *Questions naturelles* en parlant de l'origine et de la source du Nil. Mais ils furent bien trompés : car la procession finie, alors que chacun voulait recueillir de cette rosée et en boire à plein verre, ils trouvèrent que ce n'était que saumure plus salée et pire que l'eau de mer.

Et parce que Pantagruel naquit ce jour-là, son père lui donna son nom : car *Panta* en grec veut dire *Tout*, et *gruel* en langue arabe veut dire *altéré* : voulant signifier qu'à l'heure de sa naissance, le monde était tout altéré, et voyant par esprit de prophétie qu'il serait quelque jour le maître des altérés. Ce qui lui fut montré à ce moment même par un autre signe plus évident. Car, pendant que Badebec sa mère le mettait au monde et que les sages-femmes attendaient pour le recevoir, sortirent d'abord de son ventre soixante-huit muletiers, chacun tirant par le licol un mulet tout chargé de sel ; puis sortirent neuf dromadaires chargés de jambons et langues de bœuf fumées, sept chameaux chargés d'anguilles salées, puis vingt-cinq charrettes de poireaux, ails, oignons, et ciboules. Cela épouvanta fort

compliqué ; la science étymologique demande normalement qu'une seule langue serve à expliquer le mot.

48

48

PANTAGRUEL

venta bien lesdictes saiges femmes, mais les aucunes d'entre elles disoient : « Voicy bonne provision. Cecy n'est que bon signe : ce sont agueillons de vin. »

Et, comme elles caquettoient de ces menuz propos entre elles, voicy sortir Pantagruel, tout velu comme ung ours, dont dist une d'elles en esperit prophéticque : « Il est né à tout le poil : il fera choses merveilleuses ; et, s'il vit, il aura de l'eage [1]. »

---

1. Les signes prophétiques de toutes natures se multiplient autour de l'enfant : ange annonciateur comme pour Jésus et Jean-Baptiste, préliminaires monstrueux cosmiques, préliminaires monstrueux dans l'accouchement même, enfant velu, ce que le folklore tient pour signe de force (ce qui fut vrai avec Hercule).

lesdites sages-femmes, mais certaines d'entre elles
disaient : « Voilà une bonne provision, c'est un très bon
signe ; tout cela aiguillonne la soif de vin. »

Et comme elles caquetaient ces menus propos, voici
sortir Pantagruel, tout velu comme un ours, ce dont
l'une d'elles en esprit prophétique s'exclama : « Il est
né avec tout son poil : il fera choses merveilleuses, et
s'il vit, il aura de l'âge. »

CHAPITRE III

Du dueil que mena Gargantua
de la mort de sa femme Badebec

Quand Pantagruel fut né, qui fut bien esbahy et per-
plex ? Ce fut Gargantua son père. Car, voyant d'ung
cousté sa femme Badebec morte, et de l'aultre son filz
Pantagruel né, tant beau et grand, il ne sçavoit que dire
ny que faire [1]. Et le doubte qui troubloit son entendement estoit, assavoir mon s'il debvoit pleurer pour le
dueil de sa femme, ou rire pour la joye de son filz.
D'ung costé et d'aultre il avoit d'argumens sophisticq-
ues qui le suffocquoient : car il les faisoit tresbien *in
modo et figura*, mais il ne les povoit souldre. Et, par
ce moyen, demeuroit empestré comme ung millan prins
au lasset.

« Pleureray je ? disoit il. Ouy, car pourquoy ? Ma
tant bonne femme est morte, qui estoit la plus cecy et
cela qui feust au monde. Jamais je ne la verray, jamais
je n'en recouvreray une telle : ce m'est une perte inestimable ! O mon Dieu, que te avoys je faict pour ainsi
me punir ? Que ne m'envoyas tu la mort à moy premier que à elle ? car vivre sans elle ne m'est que lan-
guir. Ha, Badebec, ma mignonne, m'amye, mon petit
con (toutesfois elle en avoit bien trois arpens et deux
sexterées), ma tendrette, ma braguette, ma savatte, ma
pantoufle, jamais je ne te verray. Ha, faulce mort, tant

---

1. Ce monologue mélange une parodie outrée de déploration funè-
bre (rendue grotesque par l'alliance du haut pathétique avec les fami-
liarités) et un débat *pro et contra* (faut-il rire, faut-il pleurer ?). Gar-

CHAPITRE III

Du deuil que mena Gargantua
pour la mort de sa femme Badebec

Quand Pantagruel fut né, qui fut bien ébahi et per- ∞
plexe ? Ce fut Gargantua son père. Car voyant d'un
côté sa femme Badebec morte, et de l'autre son fils Pantagruel né, si beau et si grand, il ne savait que dire, ni
que faire. Et le doute qui troublait son esprit était de
savoir s'il devait pleurer pour le deuil de sa femme, ou
rire pour la joie que lui causait son fils. Pour l'un et
l'autre, il avait assez d'arguments sophistiqués qui le
suffoquaient, car il les formulait très bien en forme de
syllogismes, mais il ne pouvait les résoudre. Et par cette
méthode, il demeurait empêtré comme un milan pris
au lacet.

« Pleurerai-je ? disait-il. Oui. Mais pourquoi ? Ma
femme si bonne est morte, qui était la plus ceci et la plus
cela qui jamais fut au monde. Jamais je ne la reverrai,
jamais je n'en retrouverai une pareille. Je fais une perte
inestimable ! Ô mon Dieu que t'avais-je fait pour tu
me punisses ainsi ? Que ne me donnas-tu la mort avant
elle, car vivre sans elle ne m'est que dépérir. Hé, Badebec, ma mignonne, m'amie, mon petit con (elle en avait
bien pourtant trois arpents et deux sexterées), ma tendrette, ma braguette, ma savate, ma pantoufle, jamais
je ne te reverrai. Ah, mort traîtresse, que tu me veux

gantua ne sort du débat rhétorique insoluble que par « ravissement »,
donc par une inspiration extatique qui lui révèle la bonne solution :
se remarier et bien boire.

∞ Voir *Au fil du texte*, p. IX.

tu me es malivole, tant tu me es oultrageuse, de me tollir celle à laquelle immortalité appartenoit de droict ! »

Et, ce disant, pleuroit comme une vache. Mais tout soubdain ryoit comme ung veau, quand Pantagruel luy venoit en mémoire. « Ho, mon petit filz, disoit il : mon couillon, mon peton, que tu es joly ! et tant je suis tenu à Dieu, de ce qu'il m'a donné ung si beau filz, tant joyeux, tant ryant, tant joly ! Hohohoho, que je suis ayse ! Beuvons, ho ! laissons toute melancholie ! Apporte du meilleur, rince les verres, boutte la nappe, chasse ces chiens, souffle ce feu, allume ceste chandelle, ferme ceste porte, envoyez ces pauvres. Tiens ma robbe, que je me mette en pourpoint pour mieulx festoyer les commères. »

Et en ce disant, il ouyt la letanie et les *Mementos* des prebstres qui portoient sa femme en terre : dont laissa son bon propos, et tout soubdain fut ravy ailleurs, disant : « Jésus, fault il que je me contriste encores ? Cela me fasche : le temps est dangereux, je pourray prendre quelque fiebvre, voy me là affollé. Foy de gentilhomme, il vault mieulx pleurer moins, et boire davantaige. Ma femme est morte, et bien, par Dieu, je ne la resusciteray pas par mes pleurs ; elle est bien, elle est en paradis pour le moins, si mieulx ne est ; elle prie Dieu pour nous ; elle est bien heureuse ; elle ne se soucie plus de noz misères et calamitez. Autant nous en pend à l'œil : Dieu gard le demourant ! Il me fault penser d'en trouver une aultre.

« Mais voicy que vous ferez, dist il ès saiges femmes : allez-vous en à l'enterrement d'elle, et ce pendant je berseray icy mon filz ; car je me sens bien fort altéré, et seroys en dangier de tomber malade ; mais beuvez quelque peu devant : car vous vous en trouverez bien, et m'en croyez, sur mon honneur. » A quoy obtemperant, allerent à l'enterrement et funerailles : et le pauvre Gargantua demoura à l'hostel. Mais ce pendant il fist l'epitaphe pour estre engravé en la manière que s'ensuyt :

de mal, que tu me fais d'outrage, en me prenant celle à qui l'éternité appartenait de droit ! »

Et en disant cela, il pleurait comme une vache. Mais soudain il riait comme un veau, quand il se rappelait Pantagruel. « Oh mon petit fils, disait-il, mon peton, mon couillon, que tu es joli ! et que je dois de mercis à Dieu qui m'a donné un si beau fils, si joyeux, si riant, si joli ! Hohohoho que je suis content ! buvons et laissons toute mélancolie ! Apporte du meilleur, rince les verres, mets la nappe, chasse les chiens, allume les chandelles, ferme cette porte, renvoyez ces pauvres. Enlève-moi mon manteau, que je me mette en pourpoint pour mieux festoyer les commères. »

Et en disant cela, il entendit la litanie et les prières commémoratives des prêtres qui portaient sa femme en terre. Il laissa donc son bon propos et soudainement fut emporté ailleurs : « Jésus, faut-il que je me contriste encore ? Cela m'est désagréable, le temps est dangereux, je pourrais prendre quelque fièvre, je suis presque fou. Foi de gentilhomme, il vaut mieux pleurer moins et boire plus. Ma femme est morte ? Eh bien par Dieu, je ne la ressusciterai pas par mes pleurs ; elle est bien, elle est au moins en Paradis, si non mieux. Elle prie Dieu pour nous. Elle est bienheureuse, elle ne se soucie plus de nos misères et de nos calamités. Autant nous arrivera un jour : Dieu protège le survivant ! Il me faut penser à en trouver une autre.

« Mais voici ce que vous ferez, dit-il aux sages-femmes : allez à son enterrement, et pendant ce temps je resterai à bercer mon fils. Car je me sens bien altéré et serais en grand danger de tomber malade. Mais buvez un peu avant, car vous vous en trouverez bien. Faites ce que je dis, sur mon honneur. » À quoi elles obtempérèrent et allèrent à l'enterrement. Et le pauvre Gargantua demeura en son hôtel. Mais il fit pendant ce temps cette épitaphe à graver sur la tombe :

Elle en mourut, la noble Badebec,
Du mal d'enfant, qui tant me sembloit nice :
Car elle avoit visaige de rebec[1]*,*
Corps d'Espaignole, et ventre de Souyce.
Priez à Dieu, qu'à elle soit propice,
Luy pardonnant, s'en riens oultrepassa.
Cy gist son corps, auquel vesquit sans vice,
Et mourut l'an et jour que trespassa.

---

1. Un rebec est un instrument de musique comme une viole, très ventru, en haut du manche duquel on sculptait souvent un visage.

Elle en mourut, la noble Badebec,
Du mal d'enfantement ; en elle étaient mes délices,
En son petit visage de rebec,
Sa taille d'Espagnole, son gros ventre de Suisse.
Or priez Dieu de lui être propice,
Et de lui pardonner, si jamais elle pécha.
Ci-gît son corps, où elle vécut sans vice
Et mourut l'an et jour auquel elle trépassa.

CHAPITRE IV

De l'enfance de Pantagruel

Je trouve, par les anciens historiographes et poetes, que plusieurs sont nez en ce monde en façons bien estranges, qui seroient trop longues à racompter : lisez le VIIe livre de Pline, si avez loysir. Mais vous n'en ouystes jamais d'une si merveilleuse comme fut celle de Pantagruel. Car c'estoit chose difficile à croire comment il creut en corps et en force en peu de temps. Et n'estoit riens de Hercules, qui, estant au berceau, tua les deux serpens : car lesdictz serpens estoient bien petitz et fragiles. Mais Pantagruel, estant encores au berceau, fist de cas bien espoventables [1].

Je laisse icy à dire comment, à chascun de ses repas, il humoit le laict de quattre mille six cens vaches. Et comment, pour luy faire ung paeslon à cuire sa bouillie, furent occupez tous les paesliers de Saumur en Anjou, de Villedieu en Normandie, de Bramont en Lorraine : et luy bailloit on ladicte bouillie en ung grand tymbre qui est encores de present à Bourges, aupres du palays ; mais les dentz luy estoient desjà tant crues et fortifiées, qu'il en rompit, dudict tymbre, ung grand morceau, comme tresbien apparoist.

Un certain jour, vers le matin, que on le vouloit faire tetter une de ses vaches (car de nourrisses il n'en eut jamais aultrement, comme dit l'histoire), il se deffit des liens qui le tenoient au berceau ung des bras, et vous

---

1. Les exploits de l'enfance typent aussi le héros. Mieux que Hercule, Pantagruel agit dans l'« épouvantable » : capacités ogresses, extermination du monstre (apprivoisé). Mieux que Samson (Juges, XVI, 8-12) exterminateur des Philistins, il brise les chaînes.

CHAPITRE IV

De l'enfance de Pantagruel

Je trouve dans les anciens historiographes et poètes que plusieurs personnes sont nées de façons bien étranges qu'il serait trop long de raconter : lisez le Livre VII de Pline, si vous en avez le temps. Mais vous n'avez jamais entendu parler d'une façon si merveilleuse que celle dont naquit Pantagruel. Car c'était chose incroyable comment il grandit en corps et en force en peu de temps.

Je laisse de côté comment, à chacun de ses repas, il humait le lait de quatre mille six cents vaches. Et comment, pour lui faire un poêlon à cuire sa bouillie, cela occupa tous les poêliers de Saumur en Anjou, de Villedieu en Normandie, de Bramont en Lorraine ; et on lui donnait ladite bouillie dans une grande auge qui est encore à présent à Bourges, près du palais de justice ; mais les dents lui avaient déjà tellement poussé et forci qu'il cassa un grand morceau de ladite auge, comme cela se voit très bien.

Un certain jour, vers le matin, où on voulait lui faire téter une vache (car il n'a jamais eu d'autre nourrice, comme on le raconte), il se défit un bras des liens qui le tenaient au berceau, et vous prend la vache par-

☜ Voir *Au fil du texte*, p. X.

prent ladicte vache par dessoubz le jarret, et luy mangea les deux tetins et la moytié du ventre, avecques le
foye et les roignons, et l'eust toute devorée, n'eust esté
qu'elle cryoit horriblement, comme si les loups la
tenoient aux jambes : auquel cry, le monde arriva, et
ostèrent ladicte vache des mains dudict Pantagruel ;
mais ilz ne sceurent si bien faire que le jarret ne luy
en demourast comme il le tenoit, et le mangeoit tresbien, comme vous feriez d'une saulcisse : et quand lon
luy voulut oster l'os, il l'avalla bien tost, comme ung
cormaran feroit un petit poisson, et après commença
à dire : « Bon, bon, bon » (car il ne sçavoit encores
pas bien parler), voulant donner à entendre que il
l'avoit trouvé fort bon, et qu'il n'en failloit plus que
autant. Ce que voyans, ceulx qui le servoient le lièrent
à gros cables, comme sont ceulx que lon faict à Tain
pour le voyage du sel de Lyon, ou comme sont ceulx
de la grand navire *Françoyse* qui est au port de Grace
en Normandie.

  Mays, quelquefoys que ung grand ours, que nour-
rissoit son pere, eschappa, et luy venoit lescher le visaige
(car les nourrisses ne luy avoient pas bien torché les
babines), il se deffit desdictz cables aussi facilement
comme Samson d'entre les Philistins, et vous print
Monsieur de l'Ours, et vous le mist en pièces comme
ung poulet, et vous en fist une bonne guorge chaulde
pour ce repas. Parquoy, craignant Gargantua qu'il se
gastast, fist faire quatre grosses chaines de fer pour le
lyer, et fist faire des arboutans à son berceau bien afus-
tez. Et de ces chaines en avez une à la Rochelle, que
l'on lyève au soir entre les deux grosses tours du havre.
L'aultre est à Lyon, l'aultre à Angiers. Et la quarte fut
emportée des diables pour lyer Lucifer, qui se deschai-
noit en ce temps là, à cause d'une colicque qui le tormentoit extraordinairement, pour avoir mangé l'ame
d'ung sergeant en fricassée à son desjeuner. Dont povez
bien croire ce que dit Nicolas de Lyra [1] sur le passaige

---

1. Og est le nom biblique du géant Hurtaly, dont il fut question

dessous le jarret, et lui mange les deux tétins et la moitié du ventre, avec le foie et les rognons. Et il l'aurait toute dévorée, si elle n'avait crié horriblement comme si les loups la tenaient aux jambes. À ce cri tout le monde arriva et on ôta la vache des mains de Pantagruel. Mais ils ne purent empêcher que le jarret ne lui reste comme il le tenait, et il le mangeait très bien, comme vous feriez d'une saucisse. Quand on voulut lui ôter l'os, il l'avala vite, comme un cormoran ferait d'un petit poisson, et après il commença à dire « bon, bon, bon » (car il ne savait pas encore bien parler), pour faire comprendre qu'il l'avait trouvé très bon, et qu'il ne fallait plus que le resservir. Ce que voyant, ceux qui le servaient le lièrent avec de gros câbles, comme ceux que l'on fait à Tain pour le transport du sel à Lyon, ou comme ceux du grand navire *La Françoise* qui est au Havre en Normandie.

Mais un jour, un grand ours que nourrissait son père s'échappa et vint lui lécher le visage (car les nourrices ne lui avaient pas bien torché les babines) : il se défit des câbles aussi facilement que Samson chez les Philistins, et vous prit Monsieur de l'ours, et vous le mit en pièces comme un poulet, et vous en fit une bonne bouchée toute crue en guise de repas. Par quoi, Gargantua craignant qu'il ne se fît du mal, fit faire quatre grosses chaînes de fer pour le lier, et fit faire des arcs-boutants à son berceau bien stabilisés au sol. Vous avez une de ces chaînes à La Rochelle, on la lève le soir entre les deux grosses tours. L'autre est à Lyon, l'autre à Angers, et la quatrième fut emportée par les diables pour lier Lucifer, qui se déchaînait en ce temps-là à cause d'une colique qui le tourmentait extraordinairement, parce qu'il avait mangé l'âme d'un sergent en fricassée à son déjeuner. D'où vous pouvez bien croire

---

ci-dessus. Il faut reconnaître que le respectable Nicolas de Lyre, auteur des commentaires de la Bible qui sont la somme de tous les autres et les plus lus, n'est pas convaincu de l'historicité d'Og (commentaire du Psaume 135).

du *Psaultier* où il est escript : *Et Og regem Basan* ; que ledict Og, estant encore petit, estoit si fort et robuste, qu'il le failloit lyer de chaines de fer en son berceau. Et ainsi demoura coy et pacifique Pantagruel : car il ne povoit rompre tant facilement lesdictes chaines, mesmement qu'il n'avoit pas espace au berceau de donner la secousse des bras.

Mais voicy que arriva, ung jour d'une grand feste, que son pere Gargantua faisoit ung beau banquet à tous les princes de sa court. Je croy bien que tous les officiers de sa court estoient tant occupez au service du festin, que l'on se soucioit point du pauvre Pantagruel : et demouroit ainsi à *reculorum*. Voicy qu'il fist. Il essaya de rompre les chaines du berceau avecques les bras ; mais il ne peust : car elles estoient trop fortes ; adonc il trepigna tant des piedz qu'il rompit le bout de son berceau, qui toutesfois estoit d'une grosse poste de sept empans en quarré, et, ainsi qu'il eut mys les pieds dehors, il se avalla le mieulx qu'il peust, en sorte que il touchoit des piedz en terre. Et alors avecques grand puissance se leva, emportant son berceau sur l'eschine ainsi lyé, comme une tortue qui monte contre une muraille. Et à le veoir sembloit que ce fust une grand caracque de cinq cens toneaux qui feust debout. En ce point, il entra en la salle où l'on banquetoit, et hardiment, qu'il espoventa bien l'assistence ; mais, par autant qu'il avoit les bras lyez dedans, il ne povoit riens prendre à manger, mais en grand peine se enclinoit pour prendre à tout la langue quelque lippée. Quoy voyant, son père entendit bien que l'on l'avoit laissé sans luy bailler à repaistre, et commanda qu'il feust deslyé desdictes chaines, par le conseil des princes et seigneurs assistans, ensemble aussi que les medecins de Gargantua disoient, que si lon le tenoit ainsi au berceau, qu'il seroit toute sa vie subject à la gravelle. Et lors qu'il fut deschainé, l'on le fist asseoir, et repeut fort bien, et mist son dict berceau en plus de cinq cens mille pieces d'ung coup de poing qu'il frappa au milieu, avecques protestation de jamais y retourner.

à ce que dit Nicolas de Lyre sur le passage du Psautier où il est écrit : *Et Og regem Basan*, que ledit Og, étant encore petit, était si fort et si robuste qu'il fallait le lier avec des chaînes de fer dans son berceau. Et ainsi Pantagruel demeura tranquille et pacifique, car il ne pouvait rompre si facilement les chaînes, surtout parce qu'il n'avait pas d'espace dans son berceau pour donner une secousse des bras.

Mais voici ce qui arriva un jour de grande fête, où Gargantua faisait un beau banquet à tous les princes de sa Cour. Je crois bien que tous les officiers de la Cour étaient si occupés au service du festin que l'on ne se souciait point du pauvre Pantagruel, et il demeurait ainsi dans les lieux déserts. Voici ce qu'il fit. Il essaya de rompre les chaînes du berceau avec les bras, mais il ne put, car elles étaient trop fortes. Adonc il trépigna tant des pieds qu'il rompit le bout de son berceau, qui était pourtant une grosse poutre de sept empans en carré, et dès qu'il eut mis les pieds dehors, il se laissa tomber le mieux qu'il put, en sorte que ses pieds touchaient terre. Et alors avec grande force il se leva, emportant son berceau sur le dos ainsi lié, comme une tortue qui se dresse contre une muraille. Et à le voir, il semblait que ce fût un grand vaisseau de 500 tonneaux qui fût debout. En cet état, il entra dans la salle où on banquetait, et hardiment, si bien qu'il épouvanta l'assistance. Mais parce qu'il avait les bras liés à l'intérieur, il ne pouvait rien prendre à manger, et il se baissait très difficilement pour prendre sur la langue quelque lippée. En voyant cela son père comprit qu'on l'avait laissé sans lui donner à manger, et commanda qu'il fût délié de ses chaînes, suivant le conseil des princes et seigneurs qui étaient là, et aussi des médecins qui disaient que si on le tenait ainsi au berceau il aurait toute sa vie des risques de gravelle. Et lorsqu'on l'eut déchaîné, on le fit asseoir et manger fort bien, et il mit son berceau en plus de cinq cent mille morceaux en un coup de poing au milieu, en jurant de ne jamais y retourner.

CHAPITRE V

Des faitz du noble Pantagruel
en son jeune eage

Ainsi croissoit Pantagruel de jour en jour, et proffitoit à veue d'œil, dont son pere s'esjouyssoit par affection naturelle. Et luy feist faire, comme il estoit petit, une arbeleste pour s'esbatre après les oysillons, qui est de présent en la grosse tour de Bourges. Puis l'envoya à l'escholle [1] pour apprendre et passer son jeune aage.

Et de faict vint à Poictiers pour estudier, et y proffita beaucoup ; auquel lieu, voyant que les escholliers estoient aulcunesfois de loysir et ne sçavoient à quoy passer temps, il en eut compassion. Et ung jour print, d'ung grand rochier, qu'on nomme Passelourdin, une grosse roche, ayant environ de douze toyzes en quarré, et d'espesseur quatorze pans. Et la mist sur quatre pilliers au milieu d'ung champ, bien à son ayse, affin que lesdictz escholliers, quand ils ne sçauroient aultre chose faire, passassent le temps à monter sur ladicte pierre, et là banquetter à force flacons, jambons et pastez : et escripre leurs noms dessus avec ung cousteau : et, de présent, l'appelle on la *Pierre levée*. Et, en mémoire de ce, n'est aujourd'huy nul passé en la matricule de ladicte université de Poictiers, sinon qu'il ait beu en

___

1. La tournée des universités peut-elle être une « escole » ? Le « jeune âge » du géant équivaut probablement à l'âge réel des étudiants, on ne sait trop (alors qu'il y a de minutieux calculs sur les temps d'apprentissage de Gargantua). La tournée vaut surtout

CHAPITRE V

Des faits du noble Pantagruel durant son jeune âge

Ainsi grandissait Pantagruel de jour en jour, et il profitait à vue d'œil, ce dont son père se réjouissait par affection naturelle. Et il lui fit faire, comme il était petit, une arbalète pour s'amuser à chasser les oisillons, qui est à présent dans la grosse tour de Bourges. Puis il l'envoya à l'école pour apprendre et passer son jeune âge.

Et de fait il vint à Poitiers pour faire ses études et il y profita beaucoup ; en ce lieu, voyant que les écoliers étaient parfois au repos et ne savaient comment passer le temps, il en eut pitié, et un jour, il prit d'un grand rocher, qu'on appelle Passelourdin, une grosse roche carrée d'environ douze toises de côté et quatorze pans d'épaisseur. Il la mit sur quatre piliers au milieu d'un champ, bien à son aise, afin que les écoliers, quand ils n'auraient rien d'autre à faire, passent le temps à monter sur cette pierre, pour y banqueter avec force flacons, jambons et pâtés, et pour y graver leur nom avec un couteau : et à présent on l'appelle la pierre levée. Et en mémoire de cela, personne aujourd'hui n'est inscrit à l'université de Poitiers qu'il n'ait bu en

comme premier élément de la satire universitaire, vue du côté des étudiants, par des clichés sur la vie étudiante, et des expressions toutes faites, avant d'être vue du côté des professeurs (que Pantagruel défiera à propos de toutes connaissances).

la fontaine Caballine de Croustelles, passé à Passelourdin, et monté sur la Pierre levée.

En après, lysant les belles chronicques de ses ances-
tres, trouva que Geoffroy de Lusignan, dit Geoffroy
à la grand dent [1], grand pere du beau cousin de la seur
aisnée de la tante du gendre de sa belle mere, estoit
enterré à Maillezays : dont print ung jour *campos* pour
le visiter comme homme de bien. Et, partant de Poictiers avecques aulcuns de ses compaignons, passèrent
par Legugé, par Lusignan, par Sansay, par Celles, par
Sainct-Lygaire, par Colonges, par Fontenay le Comte ;
et de là arrivèrent à Maillezays : où visita le sepulchre
dudict Geoffroy à la grand dent, dont il eut quelque
peu de frayeur, voyant sa protaicture, car il y est en
ymage comme d'ung homme furieux, tirant à demy son
grand malchus de la guainne. Et demandoit la cause
de ce. Les chanoines dudict lieu luy dirent qu'il n'y
avoit point d'aultre cause, sinon que *Pictoribus atque
Poetis, etc.* [2] : c'est à dire que les painctres et poetes
ont liberté de paindre à leur plaisir ce qu'ilz veullent.
Mais il ne s'en contenta pas de leur responce, et dist:
« Il n'est point ainsi painct sans cause. Et me doubte
que à sa mort lon luy a faict quelque tord, dont il
demande vengeance à ses parens. Je m'en enquesteray
plus au plain, et en feray ce que de raison. »

Ainsi s'en retourna, non pas à Poictiers, mais il
voulut visiter les aultres universitez de France ; dont,
passant à La Rochelle, se mist sur mer et s'en vint à
Bourdeaulx, mais il n'y trouva pas grand exercice, sinon
des guabarriers à jouer aux luettes sur la grave. De là
s'en vint à Thoulose, où il aprint fort bien à danser et
à jouer de l'espée à deux mains, comme est l'usance
des escholliers de ladicte université ; mais il n'y demeura

---

1. L'allusion à Geoffroy à la grand dent relie Pantagruel à un autre
cycle légendaire : celui des Lusignan nés de la fée serpente Mélusine.
Tous les fils de la fée ont une difformité physique. Mélusine est par
ailleurs une figure essentielle des mythologies gauloises.

la fontaine Caballine de Croustelles, passé à Passelourdin, et monté sur la pierre levée.

Ensuite, en lisant les belles chroniques de ses ancêtres, il trouva que Geoffroy de Lusignan, dit Geoffroy
à la grand dent, grand-père du beau cousin de la sœur
aînée de la tante du gendre de sa belle-mère, était
enterré à Maillezais. Il prit un jour de congé pour le
visiter, comme un homme poli. Partant de Poitiers avec
quelques compagnons, ils passèrent par Ligugé, Lusi-
gnant, Sansay, Celles, Saint-Ligaire, Colonges,
Fontenay-le-Comte, et de là arrivèrent à Maillezais, où
il visita le sépulcre de Geoffroy à la grand dent, dont
il eut quelque peu de frayeur, en voyant son portrait,
car il est représenté comme un homme furieux, tirant
à moitié de sa gaine son grand sabre. Et il demandait
pourquoi. Les chanoines dudit lieu lui dirent qu'il n'y
avait pas d'autre explication, sinon que *pictoribus atque
poetis*, etc., c'est-à-dire que les peintres et poètes ont
liberté de peindre ce qu'ils veulent comme ils veulent.
Mais il ne se satisfit pas de leur réponse, et dit : « Il
n'est pas peint ainsi sans raison. Et je me doute qu'à
sa mort on lui a fait quelque tort dont il demande vengeance à ses parents. Je m'en informerai plus complètement, et je ferai ce qu'il faut. »

Ainsi il s'en retourna, mais pas pour aller à Poitiers ;
il voulut visiter les autres universités de France. En passant à La Rochelle, il s'embarqua et vint à Bordeaux,
mais il n'y trouva pas grand exercice, sinon des patrons
de barques qui jouaient aux cartes sur la rive. De là
vint à Toulouse, où il apprit fort bien à danser et à jouer
de l'épée à deux mains comme c'est l'usage des écoliers
de ladite université. Mais il n'y resta guère, quand

2. Horace, *Art poétique*, 9-10.

guères quand il vit qu'ilz faisoient brusler leurs régens tous vifz comme arans soretz [1], disant : « Jà Dieu ne plaise que ainsi je meure : car je suis de ma nature assez altéré sans me chauffer davantaige. »

Puis vint à Montpellier [2], où il trouva fort bons vins de Mirevaulx et joyeuse compaignie ; et se cuida mettre à estudier en médecine : mais il considera que l'estat estoit fascheux par trop et mélancolique, et que les médecins sentoient les clysteres comme vieulx diables. Et par ce vouloit estudier en loix : mais, voyant que il n'y avoit que troys teigneux et ung pelé de légistes audict lieu, s'en partit. Et au chemin fist le pont du Guard en moins de troys heures : qui toutesfois semble œuvre plus divine que humaine. Et vint en Avignon, où il ne fut pas troys jours qu'il ne devint amoureux : car les femmes y jouent voulentiers du serre-cropyère.

Ce que voyant, son pédagogue, nommé Epistemon, l'en tira, et le mena à Valence au Daulphiné ; mais il vit qu'il n'y avoit pas grand exercice, et que les marroufles de la ville battoient les escholliers ; dont il eut despit ; et, ung beau dimenche que tout le monde dansoit publicquement, ung escholier se voulut mettre en danse, ce que ne permirent lesdictz marroufles. Quoy voyant, Pantagruel leur bailla à tous la chasse jusques au bort du Rosne, et les vouloit faire tous noyer : mais ilz se musserent contre terre comme taulpes, bien demye lieue soubz le Rosne. Et le pertuys encores y apparoist.

Et après il s'en partit, et vint à Angiers, où il se trouvoit fort bien : et y eust demeuré quelque espace, n'eust esté que la peste les en chassa.

Ainsi s'en vint à Bourges, où estudia bien long temps [3], et proffita beaucoup en la faculté des loix. Et

---

1. L'expression est plaisante comme un repas de carême. Jean de Cahors, professeur de droit, est exécuté pour hérésie — donc brûlé — en janvier 1532. C'est le premier cas où la répression religieuse frappe un lettré.
2. Rappelons que c'est à Montpellier que Rabelais a pris sa propre licence de médecine.
3. Enfin un brin d'enseignement, très marqué par un choix huma-

il vit qu'ils faisaient brûler leurs professeurs tout vifs comme des harengs saurs disant : « À Dieu ne plaise que je meure ainsi : car je suis par nature assez altéré sans qu'on m'échauffe davantage. »

Puis il vint à Montpellier, où il trouva fort bons vins de Mirevaulx et joyeuse compagnie. Et il pensa à étudier la médecine : mais il considéra que l'état était trop fâcheux et mélancolique et que les médecins sentaient les lavements comme de vieux diables. C'est pourquoi il voulait étudier le droit. Mais voyant qu'il n'y avait là que trois teigneux et un pelé de juristes, il en partit. En chemin, il fit le pont du Gard en moins de trois heures, pont qui semble pourtant une œuvre plus divine qu'humaine. Et il vint en Avignon où il ne resta pas trois jours avant de tomber amoureux, car les femmes y jouent volontiers du serre-croupière.

Ce que voyant, son pédagogue, nommé Épistémon, l'en fit partir et le mena à Valence en Dauphiné. Mais il vit qu'il n'y avait pas grand exercice, et que les maroufles de la ville battaient les écoliers, ce dont il fut en colère. Et un dimanche où tout le monde dansait collectivement, un écolier voulut se mettre dans la danse, ce que ne permirent pas lesdits maroufles. En voyant cela, Pantagruel leur fit la chasse jusqu'au bord du Rhône, et voulait les noyer tous, mais ils se cachèrent sous terre comme des taupes, une bonne demi-lieue sous le Rhône, et le trou se voit encore.

Ensuite il partit et vint à Angers, où il se trouvait fort bien ; et il y serait resté quelque temps si la peste ne les en avait chassés.

Ainsi il s'en vint à Bourges, où il étudia longtemps

niste : à l'université de Bourges, enseignent André Alciat et Melchior Wolmar, tous deux fort renommés. La guerre des juristes de droit romain contre les annotateurs médiévaux qui ont embrouillé la rédaction originale de Justinien est un signe de ce modernisme. On comprend mieux l'image des marges si on pense à la typographie des livres savants (Bible, droit, textes antiques) : le texte occupe le centre de la page et il est entouré par les notes que nous avons coutume de mettre en bas de page seulement.

disoit aulcunesfois que les livres des loix luy sembloient une belle robbe d'or, triumphante et precieuse à merveilles, qui feust brodée de merde : « Car, disoit-il, au monde n'y a livres tant beaulx, tant aornez, tant elegans comme sont les textes des *Pandectes* : mais la brodure d'iceulx, c'est assavoir la glose de Accursius, est tant salle, tant infame et punaise, que ce n'est que ordure et villenie. »

Partant de Bourges, vint à Orleans, et là trouva force rustres d'escholliers, qui luy firent grand chère à sa venue : et en peu de temps aprint avecques eulx à jouer à la paulme, si bien qu'il en estoit maistre. Car les estudians dudict lieu en font bel exercice : et le menoient aulcunesfois ès Isles, pour s'esbatre au jeu du Poussavant. Et, au regard de se rompre fort la teste à estudier, il ne le faisoit point, de peur que la veue luy diminuast. Mesmement que ung quidam des regens disoit souvent en ses lectures qu'il n'y a chose tant contraire à la veue comme est la maladie des yeulx. Et, quelque jour que l'on passa licentié en loix quelqu'ung des escholliers de sa congnoissance, qui de science n'en avoit gueres plus que sa portée, mais en récompense sçavoit fort bien dancer et jouer à la paulme, il fist le blason et devise des licentiez en ladicte université, disant :

> Ung esteuf en la braguette,
> En la main une raquette,
> Une loy en la cornette,
> Une basse dance au talon,
> Voy vous là passé coquillon.

avec grand profit à la faculté de droit. Et il disait souvent que les recueils de lois lui semblaient une belle robe d'or, triomphante et précieuse à merveille, qui serait brodée de merde : « car il n'y a au monde livres si beaux, si ornés, si élégants que sont les textes des Pandectes : mais leur broderie, c'est-à-dire la glose d'Accurse, est si sale, infâme et punaise, que ce n'est qu'ordure et vilenie ».

Partant de Bourges, il vint à Orléans, où il trouva force rustres d'écoliers qui lui firent une grande fête et en peu de temps il apprit avec eux à jouer à la paume, si bien qu'il y était expert. Car les étudiants de ce lieu en font grand exercice, et ils l'emmenaient souvent dans les îles pour jouer à Poussavant. Quant à se rompre la tête à étudier, il ne le faisait pas de peur de faire baisser sa vue. Surtout qu'un quidam parmi les professeurs disait souvent dans ses leçons qu'il n'y a rien tant contraire à la vue que la maladie des yeux. Et un jour où on donnait la licence en droit à l'un des écoliers de sa connaissance dont la science n'allait pas bien loin, mais qui en revanche savait bien danser et jouer à la paume, il fit le blason et devise des licenciés de ladite université :

> *Une balle dans la braguette,*
> *En la main une raquette,*
> *Une loi dans la cornette,*
> *Des pas de danse au talon,*
> *Vous voilà Maître à chaperon.*

CHAPITRE VI

Comment Pantagruel rencontra ung Lymousin qui contrefaisoit le françoys

Quelque jour, que Pantagruel se pourmenoit après soupper avecques ses compaignons par la porte dont l'on va à Paris, il rencontra ung eschollier tout jolliet, qui venoit par icelluy chemin ; et, après qu'ilz se furent saluez, luy demanda : « Mon amy, dont viens tu à ceste heure ? » L'eschollier luy respondit : « De l'alme, inclyte et célèbre académie que l'on vocite Lutece. — Qu'est-ce à dire ? dist Pantagruel à ung de ses gens. — C'est (respondit-il), de Paris. — Tu viens doncques de Paris, dist il. Et à quoy passez vous le temps, vous aultres messieurs estudians audict Paris ? »

Respondit l'eschollier [1] : « Nous transfretons la Sequane au dilucule et crépuscule ; nous déambulons par les compites et quadriviez de l'urbe ; nous despumons la verbocination latiale, et, comme verisimiles amorabunds, captons la benevolence de l'omnijuge, omniforme, et omnigene sexe feminin. Certaines diecules, nous invisons les lupanares de Champgaillard, de Matcon, de Cul-de-Sac, de Bourbon, de Huslieu,

---

1. Premier malheur du traducteur : le français de l'écolier limousin n'est drôle que s'il est inintelligible. Nous essayons de lui garder une originalité par un niveau de langue élevé. Traduit, il donne une version satirique de la vie estudiantine. La rencontre avec ce « parleur de latin » indique chez Rabelais — qui latinise parfois — une opinion dans les querelles linguistiques sur l'« illustration » de la

CHAPITRE VI

Comment Pantagruel rencontra
un Limousin qui imitait
le langage parisien

Un jour après souper Pantagruel se promenait avec ◆▪
ses compagnons près de la porte qui mène à Paris ; il
rencontra un écolier très mignon, qui arrivait par ce
chemin, et lorsqu'ils se furent salués, il lui demanda :
« Mon ami, d'où viens-tu ? » L'écolier lui répondit :
« De la douce, glorieuse et célèbre académie que l'on
appelle Lutèce. — Qu'est-ce à dire ? dit Pantagruel à
l'un de ses gens. — C'est-à-dire Paris. — Tu viens donc
de Paris, dit-il. Et à quoi passez-vous le temps, vous
autres messieurs les étudiants, à Paris ? »

L'écolier répondit : « Lorsque point le matin ou que
descend le soir nous traversons la Seine : nous mar-
chons par les rues et par les carrefours de cette ville
capitale ; nous essayons d'apprendre la langue des
Romains, et pour devenir de véritables amants aimables, nous cherchons à recueillir la bienveillance du sexe
féminin, qui juge, forme et engendre tout. En certains
soirs, nous visitons les maisons de plaisir de Champgaillard, Mâcon, Cul-de-sac, Bourbon, Huleu, et en

---

langue en important des termes, et une opinion sur l'université de
Paris où l'enseignement se croit moderne en restant barbare.

Voir G. Defaux, *Pantagruel et les sophistes*, La Haye, Nijhoff,
1973, p. 83 sq.

Cela dit, certains termes employés ici pour la première fois sont
restés en langue *(patriotique, indigène, célèbre, ...).*

●◆ Voir *Au fil du texte*, p. XI.

et, en ecstase vénéréicque, inculcons nos veretres ès penitissimes recesses des pudendes de ces meretricules amicabilissimes ; puis, cauponizons ès tabernes meritoires de la Pomme de Pin, de la Magdaleine, et de la Mulle, belles spatules vervecines, perforaminées de pétrosil. Et si, par forte fortune, y a rarité ou penurie de pecune en nos marsupiez, et soyent exhaustez de métal ferruginé, pour l'escot nous dimittons nos codices et vestez oppignerées, prestolans les tabellaires à venir des Penates et Larez patrioticques. »

A quoy Pantagruel dist : « Quel diable de langaige est cecy ? Par Dieu, tu es quelque hereticque. — Seignor, non, dist l'eschollier : car libentissiment, dès ce qu'il illucesce quelque minutule lesche de jour, je demigre en quelqu'ung de ces tant bien architectés monstiers ; et là, me irrorant de belle eaue lustrale, grignotte d'ung transon de quelque missicque précation de nos sacrificules. Et, submirmillant mes precules horaires, elue et absterge mon anime de ses inquinamens nocturnes. Je révère les Olympicoles. Je vénère latrialement le supernel Astripotent. Je dilige et redame mes proximes. Je serve les prescriptz decalogicques, et, selon la facultatule de mes vires, n'en discède le late unguicule. Bien est vériforme que, à cause que Mammone ne supergurgite point en mes locules, je suis quelque peu rare et lend à supereroger les eleemosynes à ces egenes queritans leur stipe hostiatement.

— Et bren, bren ! dist Pantagruel, qu'est ce que veult dire ce fol ? Je croy qu'il nous forge icy quelque langaige diabolicque, et qu'il nous cherme comme enchanteur. » A quoy dist ung de ses gens : « Seigneur, sans nulle doubte, ce gallant veult contrefaire la langue des Parisiens ; mais il ne faict que escorcher le latin, et cuyde ainsi pindariser, et luy semble bien qu'il est quelque grand orateur en françoys, parce qu'il dédaigne l'usance commun de parler. » A quoy dist Pantagruel : « Est il vray ? » L'eschollier respondit : « Seigneur, mon génie n'est point apte nate à ce que dit ce flagi-

extase d'amour, démontrons nos vertus viriles aux profondeurs plus intimes de ces petites prostituées très
aimables ; puis nous allons manger aux estimables
tavernes de la Pomme de Pin, de la Madeleine et de
la Mule, de belles épaules de mouton garnies de persil.
Et si, par fortune mauvaise, l'argent se fait rare ou
absent de nos bourses, et qu'elles soient vides de tout
métal ferreux, pour paiement nous laissons nos codex
et nos vêtements en gage, jusqu'à l'heure où viendra
un messager du foyer de nos ancêtres. »

À quoi Pantagruel dit : « Quel diable de langage est-
ce là ? Par Dieu, tu es quelque hérétique.

— Seigneur non, dit l'écolier, car de volonté très
pleine, dès que point la première lumière du jour, je
m'en vais dans un de ces beaux monastères, et là,
m'aspergeant de belle eau purificatrice, grignote un
morceau de quelque prière du sacrifice de la messe. Et,
marmottant mes prières du jour, je lave et nettoie mon
âme de ses souillures nocturnes. Je révère les êtres
célestes. Je vénère avec latrie le Dieu suprême tout-
puissant sur les astres. J'aime et aide mon prochain.
Je respecte les dix commandements, et selon mes forces
hélas trop limitées, je ne m'en éloigne pas plus d'un
iota. Il est vrai que Mammon ne surabonde pas chez
moi, et que je fais peu l'aumône à ces mendiants qui
passent de porte en porte.

— Merde et merde ! dit Pantagruel, qu'est-ce que
veut dire ce fou ? Je crois qu'il nous forge ici quelque
langage diabolique et qu'il nous enchante comme un
magicien. » Un de ses serviteurs dit alors : « Seigneur,
sans nul doute, ce galant veut imiter la langue des Parisiens ; mais il ne fait qu'écorcher le latin, et il croit ainsi
faire du beau style, il lui semble qu'il est quelque grand
orateur en français parce qu'il dédaigne l'usage de la
langue courante. » Pantagruel demanda si c'était vrai.
L'écolier répondit : « Seigneur, mon génie naturel n'est
pas fait, comme le prétend ce brouillon qui me calom-
nie, pour écorcher le langage français commun ; mais

tiose nebulon, pour escorier la cuticule de nostre ver-
nacule Gallicque, mais vice versement je gnave opere,
et par veles et rames je me enite de le locupléter de la
redundance latinicome. — Par Dieu, dist Pantagruel,
je vous apprendray à parler. Mais devant, responds
moy : dont es tu ? » A quoy dist l'eschollier : « L'origine primeve de mes aves et ataves fut indigene des
régions lemovicques, où requiesce le corpore de l'agio-
tate sainct Martial. — J'entends bien, dist Pantagruel.
Tu es Lymousin, pour tout potaige. Et tu veulx icy
contrefaire le Parisien. Or viens çà, que je te donne ung
tour de pigne ! » Lors le print à la gorge, luy disant :
« Tu escorches le latin : par sainct Jehan, je te feray
escorcher le renard ; car je te escorcheray tout vif. »

Lors commença le pauvre Lymousin à dire : « Vée
dicou, gentilastre ! Ho, sainct Marsault, adjoda my !
Hau, hau, laissas à quau, au nom de Dious, et ne me
touquas grou ! » A quoy dist Pantagruel : « A ceste
heure parles tu naturellement. » Et ainsi le laissa : car
le pauvre Lymousin se conchyoit toutes ses chausses,
qui estoient faictes à quehue de merluz, et non à plain
fons ; dont dist Pantagruel : « Sainct Alipentin, corne
my de bas, quelle cyvette ! Au diable soit le masche-
rabe, tant il put ! » Et ainsi le laissa : mais ce luy fut
ung tel remord toute sa vie, et tant fut alteré, qu'il disoit
souvent que Pantagruel le tenoit à la gorge. Et, après
quelques années, mourut de la mort Roland, ce faisant
la vengeance divine, et nous demonstrant ce que dit le
Philosophe et Aulus Gellius : qu'il nous convient parler selon le langaige usité ; et, comme disoit Cesar, qu'il
fault eviter les motz absurdes en pareille diligence que
les patrons de navires évitent les rochiers de la mer.

inversement je lui donne mes soins et je me donne du mal et m'efforce à l'enrichir de mots supplémentaires venus du latin.

— Par Dieu, dit Pantagruel, je vous apprendrai à parler. Mais avant, réponds-moi : d'où es-tu ? » À quoi l'écolier répondit : « L'origine première de mes grands-pères et ancêtres est dans la région de Limoges, où repose le corps du très saint saint Martial. — J'entends bien, dit Pantagruel, tu es limougeau, pas plus. Et tu veux ici contrefaire le Parisien. Or ça, viens que je te donne un tour de peigne ! » Et il le prit à la gorge lui disant : « Tu écorches le latin, par saint Jean, je vais te le faire vomir, car je vais t'écorcher tout vif ! »

Alors le pauvre Limousin commença à dire : « Hé là gentilhomme, oh saint Martial, aide-moi, ho ho, laissez-moi tranquille, ne me touchez pas ! » À quoi répondit Pantagruel : « Maintenant tu parles naturellement. » Et ainsi le laissa : car le pauvre Limousin se conchiait les chausses, qui étaient fendues à queue de merlu, et non à fond plein ; dont dit Pantagruel : « Saint Alipentin, corne-moi du bas, quelle civette ! au diable soit ce mâcheur de raves, tant il pue ! » Et ainsi le laissa : mais le Limousin en garda un tel souvenir toute sa vie, et il en avait si soif, qu'il disait souvent que Pantagruel le tenait à la gorge. Et après quelques années il mourut de la mort de Roland, la gorge rompue, selon une vengeance divine, qui nous démontre ce que disent le Philosophe et Aulu-Gelle : qu'il nous convient de parler selon le langage usité, et comme disait César, qu'il faut éviter les mots sans signification avec le même zèle que les patrons de navire évitent les rochers de la mer.

CHAPITRE VII

Comment Pantagruel vint à Paris

Après que Pantagruel eut fort bien estudié à Orléans, il se delibéra de visiter la grande université de Paris ; mais, devant que partir, il fut adverty qu'il y avoit une grosse et énorme cloche à Sainct Aignan dudict Orléans, qui estoit en terre, près de troys cens ans y avoit : car elle estoit si grosse que par nul engin lon ne la povoit mettre seulement hors de terre, combien que l'on y eust appliqué tous les moyens que mettent Vitruvius *De Architectura* [1], Albertus *De Re edificatoria*, Euclides, Théon, Archimenides, et Hiero *De Ingeniis*, car tout n'y servit de riens. Dont, voulentiers encliné à l'humble requeste des citoyens et habitans de ladicte ville, délibéra de la porter au clochier à ce destiné.

Et de faict, s'en vint au lieu où elle estoit, et la leva de terre avecques le petit doigt, aussi facilement que feriez une sonnette d'esparvier. Et, devant que la porter au clochier, voulut en donner une aubade par la ville, et la faire sonner par toutes les rues en la portant en sa main. Dont tout le monde se resjouyst fort. Mais il en advint ung inconvénient bien grand : car, en la portant ainsi, et la faisant sonner par les rues, tout le bon vin d'Orléans poulsa, et se gasta. De quoy le monde ne se advisa point que la nuict ensuyvant : car ung chascun se sentit tant altéré de avoir beu de ces vins poulsez, qu'ils ne faisoient que cracher aussi blanc

---

1. Les références aux ingénieurs et architectes sont un trait de science moderne : les traités de Vitruve et Alberti ne seront traduits

CHAPITRE VII

Comment Pantagruel vint à Paris

Après que Pantagruel eut bien étudié à Orléans, il voulut visiter la grande université de Paris : mais, avant de partir, il fut averti qu'il y avait une grosse et énorme cloche à Saint-Aignan d'Orléans qui était par terre depuis presque trois cents ans, car elle était si grosse qu'aucun moyen ne permettait de la soulever, bien qu'on eût essayé tout ce qu'indiquent Vitruve *(De l'architecture)*, Alberti *(Des constructions)*, Euclide, Théon, Archimède, et Hiéron *(Des inventions)*, car tout n'y servit à rien. Donc, plein de bonne volonté envers l'humble requête des citoyens et habitants de la ville, il voulut la porter au clocher qui lui était destiné.

Et de fait, il vint à l'endroit où elle était et la leva de terre avec le petit doigt aussi facilement que vous le feriez avec une clochette d'épervier. Et avant de la porter au clocher, il voulut en donner une aubade dans la ville et la faire sonner dans toutes les rues en la portant dans sa main. Ce qui réjouit fort tout le monde. Mais il en arriva un bien grand inconvénient : en la portant ainsi et en la faisant sonner par les rues, cela fit tourner tout le bon vin d'Orléans et le gâta. Ce dont on ne s'aperçut que la nuit suivante ; car chacun se sentait si altéré d'avoir bu de ces vins tournés, qu'il ne faisait que cracher blanc comme du coton, en disant :

qu'après 1540 par Jean Martin, mais servent déjà de référence dans la rage de bâtir qui agite les princes.

comme cotton, disant : « Nous avons du Pantagruel, et avons les gorges sallées. »

Ce faict, vint à Paris avecques ses gens. Et, à son entrée, tout le monde sortit hors pour le veoir, comme vous sçavez bien que le peuple de Paris est sot par nature : et le regardoient en grand esbahyssement, et non sans grande peur qu'il n'emportast le Palais ailleurs, en quelque pays *a remotis*, comme son père avoit emporté les campanes de Nostre Dame, pour atacher au col de sa jument. Et, après quelque espace de temps qu'il y eut demouré, et fort bien estudié en tous les sept ars liberaulx, il disoit que c'estoit une bonne ville pour vivre, mais non pas pour mourir : car les guenaulx de Sainct Innocent se chauffoient le cul des ossemens des mors. Et trouva la librairie de Sainct Victor[1] fort magnificque, mesmement d'aulcuns livres qu'il y trouva, comme :

Bigua Salutis[2].
Bragueta Juris.
Pantoufla Decretorum.
Malogranatum Vitiorum.
Le Peloton de Theologie.

1. Second malheur du traducteur : les titres sont à la fois des calembours et des allusions à d'autres titres bien réels. On ne saurait tout garder...
La bibliothèque de l'abbaye de Saint-Victor, qui fut un haut lieu de l'enseignement théologique aux XIIe et XIIIe siècles, est en effet une des richesses de Paris, et les érudits de la Renaissance y trouveront de nombreux manuscrits précieux à éditer. Mais c'est une bibliothèque monastique, et comme telle, soumise à la satire contre l'ignorance des moines et spécialement celle de l'université de Paris. Saint-Victor et la Sorbonne sont des ennemis d'Érasme.
On pourra consulter A. Franklin, *Histoire de la bibliothèque de Saint-Victor*, Paris, Aubry, 1865 ; un inventaire réel en a été dressé en 1514, édité par G. Ouy, éditions du CNRS, 1983 ; P. Lacroix, dans sa *Notice sur la bibliothèque de l'abbaye de Saint-Victor*, Paris, Techener, 1872, s'est efforcé de retrouver les titres réels dont Rabelais a pu se moquer.
Cette liste a beaucoup grandi dans la seconde version, voir dossier, p. 328.

« Nous avons du Pantagruel, et avons les gorges salées. »

Cela fait, il vint à Paris avec ses gens. À son entrée, tout le monde sortit pour le voir, comme vous savez bien que le peuple de Paris est sot par nature : et ils le regardaient en grand ébahissement, non sans craindre qu'il n'emporte le palais de justice ailleurs dans quelque lieu éloigné, comme son père avait emporté les cloches de Notre-Dame pour les attacher au cou de sa jument. Et après quelque temps, et après avoir fort bien étudié les sept arts libéraux, il disait que c'était une bonne ville pour vivre, mais pas pour y mourir, car les gueux du cimetière des Innocents se chauffaient le cul des ossements des morts. Et il trouva la bibliothèque de l'abbaye de Saint-Victor fort magnifique ; et surtout certains livres, comme :

La deux-chevaux du salut.
La braguette du droit.
La pantoufle des décrets.
La grenade des vices.
Le peloton de théologie.

2. Certains titres parodient ceux des livrets de piété, souvent très métaphoriques. Par exemple, *Bigua salutis* vise *Biga salutis*, sermons de Michel de Hongrie : une bige est un attelage à deux chevaux, une bigue (provençal) est un mât bien raide. D'autres ouvrages ont des titres semblables, en particulier la *Dieta salutis* de saint Bonaventure, une des gloires de l'ordre franciscain. Le *Malogranatum vitiorum* de Jean Geiler, le *Decrotatorium vanitatis* de Henri de Hesse, le *Formicarium artium* de J. Nidier ne devraient donner que de bonnes pensées, mais les métaphores sont évocatrices. Parfois un déplacement de son suffit : pour saint Bonaventure, *L'aiguillon d'amour divin* devient *du vin* par un calembour très usuel. *Marmotret*, déformation proche de marmot (singe), marmotter, est le respectable *Mammetractus*, exposition sur la Bible.

Le Vistempenard des Prescheurs, composé par Pepin [1].

La Couillebarrine des Preux.

Les Hanebanes des Evesques.

Marmotretus, *de Babouynis et Cingis, cum commento Dorbellis* [2],

Decretum Universitatis Parisiensis super gorgiasitate muliercularum ad placitum.

L'Apparition de saincte Geltrude à une nonnain de Poissy estant en mal d'enfant.

Ars honeste petandi in societate, per M. Ortuinum.

Le Moustardier de Penitence.

Les Houseaulx, *alias* les Bottes de Patience.

Formicarium Artium.

Le Cabatz des Notaires.

Le Pacquet de Mariage.

Le Creziou de Contemplation.

Les Faribolles de Droict.

L'Aguillon de vin.

L'Esperon de fromaige.

Decrotatorium Scholarium.

Tartaretus, *De modo cacandi.*

Bricot, *De differentiis soupparum.*

Le Culot de Discipline.

La Savatte de Humilité.

Le Tripiez de bon Pensement.

Le Chaudron de Magnanimité.

Les Hanicrochemens des Confesseurs.

Les Lunettes des Romipètes.

Majoris, *De modo faciendi boudinos.*

---

1. Il est un peu plus étonnant de rencontrer là Guillaume Pépin, dominicain et humaniste, d'une génération un peu dépassée, mais non répressif, ni particulièrement gaulois. Est-ce parce qu'il a « époussé » à la réforme de l'ordre des frères prêcheurs ? Mais en général le terme n'est utilisé par Rabelais qu'avec une signification sexuelle !

2. D'autres titres jouent sur les noms d'auteurs :

— soit dans le choix du titre : Petro de Braco, canoniste, engendre la *Bragueta Juris* ; Éobanus Hessus, un théologien, les *Hanebanes* (plantes calmantes) — le pape Pie II a bien écrit un *Remède d'amour* !

L'épousseteur des prêcheurs, composé par Pépin.

La couille d'éléphant des Preux.

L'opium des évêques.

Marmotret : Des babouins et des singes, avec commentaire de Dorbellus.

Décret de l'université de Paris sur le décolleté des petites femmes de plaisir.

L'apparition de sainte Gertrude à une nonnain de Poissy en train d'accoucher.

De l'art de péter élégamment en société, par Maître Hardouin de Graes.

Le moult-tardier de pénitence.

Les houseaux, ou les bottes de patience.

La Fourmilière des Arts.

Le cas-bas des notaires.

Le paquet de mariage.

Approfondir sa contemplation.

Les fariboles du droit.

L'aiguillon du vin.

L'éperon de fromage.

Le décrotoire des écoliers.

Tarteret : Des façons de chier.

Le fondement de la discipline.

La savate d'humilité.

Le tripier de bonne pensée.

Le chaudron de magnanimité.

Les crochets à conscience des confesseurs.

Les lunettes des chercheurs de Rome.

Maior : De la façon de faire les boudins.

— soit pour charger le nom d'une connotation diffamatoire en attribuant aux ennemis des humanistes des inepties scatologiques. Pour Tarteret (le commentateur d'Aristote), voir la recette de la tarte bourbonnaise, chap. XII ; Dorbellus Ortuinus (Hardouin de Graes, le persécuteur de Reuchlin), le docteur Bricot (qui écrit contre Reuchlin), le théologien Sutor, Maior, principal du collège de Montaigu, et le doyen de la Sorbonne, Béda, sont des opposants à l'érasmisme et à la science nouvelle.

La Cornemuse des Prélatz.

Beda, *De optimitate triparum*.

Le Maschefain des Advocatz.

Le Ravasseux des Cas de conscience.

Sutoris, aduersus quendam qui uocauerat eum friponnatorem, et quod Friponnatores non sunt damnati ab Ecclesia.

Cacatorium medicorum.

Le Ramonneur d'astrologie.

Le Tyrepet des apotycaires.

Le Baisecul de chirurgie.

Antidotarium anime.

M. Coccaius, De Patria Diabolorum[1].

Dont les aulcuns sont jà imprimez, et les aultres l'on imprime de present en ceste noble ville de Tubinge.

---

1. Merlin Coccaie est le nom du narrateur de l'épopée burlesque de Folengo, voir notre dossier, p. 339 sq.

La cornemuse des prélats.

Beda : De l'excellence des tripes.

Le mâchefoin des avoc-ânes.

Le raccommodeur de cas de conscience.

Couturier : Contre quelqu'un qui l'a appelé fripon, et que les fripons ne sont pas damnés par l'Église.

Le cacatoire des médecins.

Le ramoneur d'astrologie.

Le tirepet des apothicaires.

Le baisecul de chirurgie.

L'antidotaire de l'âme.

Merlin Coccaie : De la patrie des diables.

Certains sont déjà imprimés, et les autres sont en cours d'impression dans la noble ville de Tübingen.

CHAPITRE VIII

Comment Pantagruel, estant à Paris, receupt lettres de son père Gargantua, et la copie d'icelles

Pantagruel estudioit fort bien, comme assez entendez, et proffitoit de mesmes : car il avoit l'entendement à double rebratz et capacité de memoire à la mesure de douze oyres et botez d'olif. Et, comme il estoit ainsi là demourant, receupt ung jour lettres [1] de son père en la maniere que s'ensuyt :

« Treschier filz, entre les dons, graces, et prerogatives, desquelles le souverain plasmateur, Dieu tout puissant, a endouayré et aorné l'humaine nature à son commencement, celle me semble singuliere et excellente par laquelle elle peult, en estat mortel, acquerir une espece de immortalité, et, en decours de vie transitoire, perpetuer son nom et sa semence. Ce que est faict par lignée yssue de nous en mariage legitime [2]. Dont nous est aulcunement instauré ce qui nous a esté tollu par le peché de noz premiers parens, esquelz fut dit, que, parce qu'ilz n'avoient esté obediens au commandement de Dieu le createur, qu'ilz mourroient : et par mort, seroit réduicte à neant ceste tant magnifique plasmature, en laquelle avoit esté l'homme créé.

1. Par contrastes avec les chapitres qui précèdent et suivent, la lettre de Gargantua est une pure déclaration d'humanisme et de foi évangélique, sans parodie décelable et sans réticence. Certes, faite de lieux communs, inspirée d'Érasme (sur la paternité et pour le programme d'études) et d'une théologie sans faille : rôle de la conscience

CHAPITRE VIII

Comment Pantagruel, à Paris,
reçut une lettre de son père Gargantua,
et la copie de cette lettre

Pantagruel étudiait fort bien, comme vous l'avez parfaitement compris, et profitait de même, car il avait l'entendement à double fond et la mémoire d'une capacité à la mesure de douze outres et tonneaux d'olives. Et comme il séjournait là, il reçut un jour une lettre de son père, comme il s'ensuit :

Très cher fils, entre les dons, grâces et prérogatives dont le souverain Créateur, Dieu tout-puissant, a doté et orné l'humaine nature à son commencement, l'une me semble singulière et excellente, par laquelle la nature peut, alors qu'elle est mortelle, acquérir une espèce d'immortalité, et durant sa vie transitoire, perpétuer son nom et sa semence. Ce qui se fait par la lignée issue de nous en mariage légitime. Par quoi nous est en partie restauré ce qui nous a été enlevé par le péché de nos premiers parents, auxquels, parce qu'ils avaient désobéi au commandement de Dieu leur créateur, il fut dit qu'ils mourraient et que la mort réduirait au néant cette forme si magnifique sous laquelle l'homme avait été créé.

---

dans la connaissance, foi formée par la charité (c'est-à-dire l'amour de Dieu).
2. Sur l'immortalité dans les enfants, R. Antonioli, *Rabelais et la médecine*, Droz, 1976, p. 196.

●◆ Voir *Au fil du texte*, p. X.

« Mais, par ce moyen de propagation seminale, demeure ès enfans ce que estoit de perdu ès parens, et ès nepveux ce que deperissoit ès enfans, et ainsi successivement jusques à l'heure du jugement final, quand Jesuchrist aura rendu à Dieu son pere son royaulme pacificque hors tout dangier et contamination de peché : car alors cesseront toutes generations et corruptions, et seront les elements hors de leurs transmutations continues, veu que la paix desirée sera consommée et que toutes choses seront reduictes à leur fin et période.

« Doncques non sans juste et equitable cause je rends graces à Dieu, mon conservateur, de ce qu'il m'a donné povoir veoir mon antiquité chanue refleurir en ta jeunesse : car, quand, par le plaisir de celluy, qui tout regist et modere, mon ame laissera ceste habitation humaine, je ne me reputeray point totallement mourir, mais plustost transmigrer d'ung lieu en aultre, attendu que, en toy et par toy, je demeure en mon ymage visible en ce monde, vivant, voyant, et conversant entre gens de honneur et mes amys, comme je souloys : laquelle mienne conversation a esté, moyennant l'ayde et grace divine, non sans peché, je le confesse (car nous pechons tous, et continuellement requerons à Dieu qu'il efface noz péchez), mais sans reprouche.

« Parquoy, ainsi comme en toy demeure l'ymage de mon corps, si pareillement ne reluysoient les meurs de l'ame, l'on ne te jugeroit pas estre garde et thresor de l'immortalité de nostre nom ; et le plaisir que prendroys, ce voyant, seroit petit, consyderant, que la moindre partie de moy, qui est le corps, demeureroit : et que la meilleure, qui est l'ame, et par laquelle demeure nostre nom en benediction entre les hommes, seroit degenérante et abastardie. Ce que je ne dys pas par defiance que je aye de ta vertu, laquelle m'a esté jà par icy devant esprouvée : mais pour plus fort te encourager à proffiter de bien en mieulx.

« A laquelle entreprinse parfaire et consommer, il te peult assez souvenir, comment je n'ay riens espargné ; mais ainsi te y ay je secouru, comme si je n'eusse

Mais par ce moyen de la propagation séminale, demeure dans les enfants ce qui est perdu des parents, et aux petits-enfants ce qui périt aux enfants, et ainsi de suite jusques à l'heure du jugement final, quand Jésus-Christ aura rendu à Dieu son père son royaume pacifique hors de tout danger et de la contamination du péché. Car cesseront alors toutes générations et corruptions, et les éléments seront exempts de leurs transformations incessantes, car la paix désirée sera complète et toutes choses seront arrivées à leur fin et apogée.

Donc c'est juste et équitable cause que je rende grâce à Dieu, mon conservateur, de ce qu'il m'a donné de voir mon grand âge et mes cheveux blancs refleurir en ta jeunesse. Car lorsque Celui qui régit et équilibre le monde voudra que mon âme laisse cette habitation humaine, je considérerai que je ne meurs pas tout à fait, mais plutôt que je transmigre en autre lieu, puisque en toi et par toi je reste en mon image visible en ce monde, vivant, voyant et conversant entre gens d'honneur et avec mes amis comme j'en avais l'habitude ; fréquentation qui a été, par l'aide de la grâce divine, non sans péché, je le confesse (car nous péchons tous et continuellement nous demandons à Dieu d'effacer nos péchés), mais sans reproche.

Par quoi, comme l'image de mon corps demeure en toi, si les mœurs de mon âme ne reluisaient pas pareillement en toi, on ne te jugerait pas dépositaire et trésor de l'immortalité de notre nom. Et le plaisir que je prendrais en voyant cela serait petit, considérant que la plus petite partie de moi, le corps, demeurerait, alors que la meilleure, l'âme, par laquelle notre nom reste béni entre les hommes, serait dégénérée et abâtardie. Je ne dis pas cela en doutant de ta vertu, qui m'a déjà été prouvée, mais pour t'encourager plus fort à profiter de mieux en mieux.

Tu peux assez te souvenir que je n'ai rien épargné pour mener à bien et parfaire cette entreprise : car je t'ai aidé comme si je n'avais eu autre trésor au monde

aultre thresor en ce monde que de te veoir une fois en ma vie absolu et parfaict, tant en vertuz, honnesteté, et preudhommie, comme en tout sçavoir liberal et honneste, et tel te laisser après ma mort comme ung mirouer représentant la personne de moy ton pere et, sinon tant excellent et tel de faict, comme je te souhaite, certes bien tel en desir.

« Mais, encores que mon feu pere, de bonne memoire, Grantgousier, eust adonné tout son estude, à ce que je proffitasse en toute perfection et sçavoir politicque, et que mon labeur et estude correspondist tresbien, voire encores oultrepassast son desir, toutesfois, comme tu peulx bien entendre, le temps n'estoit tant ydoine ny commode ès lettres, comme il est de present, et n'avoys pas copie de telz précepteurs comme tu as eu. Le temps estoit encores tenebreux et sentent l'infelicité et calamité des Gothz, qui avoient mis à destruction toute bonne litterature. Mais, par la bonté divine, la lumière et dignité a esté de mon aage rendue ès lettres, et y voy tel amendement, que, de present, à difficulté seroys je receu en la première classe des petiz grimaulx, moy qui, en mon aage virile, estoys (non à tord) reputé le plus sçavant dudict siecle [1].

« Ce que je ne dis pas par jactance vaine — encores que bien je le puisse et louablement faire en t'escrivant, comme tu as l'auctorité de Marc Tulle, en son livre de *Vieillesse*, et la sentence de Plutarche au livre intitulé : *Comment on se peult louer sans envie* —, mais pour te donner affection de plus hault tendre.

« Maintenant toutes disciplines sont restituées [2], les langues instaurées. Grecque, sans laquelle c'est honte que une personne se die sçavant. Hebraïcque, Caldaïcque, Latine. Les impressions tant elegantes et correctes en usance, qui ont esté inventées de mon aage par

---

1. Le programme d'études (qu'on pourra comparer avec celui qui, deux ans plus tard, est assigné à Gargantua) définit clairement la conscience d'une évolution culturelle accélérée (ce que nous appelons « renaissance »), et les objectifs associés de connaissance et de foi.

que de te voir une fois dans ma vie complet et parfait, en vertu, honnêteté et sagesse, autant qu'en savoir libéral et honnête, et de te laisser après ma mort comme un miroir représentant la personne de ton père, et sinon aussi excellent en réalité que je le souhaite, mais désirant l'être.

Mais, encore que mon défunt père Grandgousier, d'heureuse mémoire, eût mis tout son soin à ce que je profite en toute perfection et en savoir politique, et que mon travail et étude y ait bien répondu, voire même ait dépassé son désir, toutefois, comme tu peux le comprendre, l'époque n'était pas si aisée et commode aux études qu'elle l'est à présent. Il n'y avait pas foule de précepteurs comme tu en as eus. Le temps était encore ténébreux, et sentait encore le malheur et les ravages des Goths, qui avaient détruit toute bonne science. Mais grâce à la bonté divine, la lumière et la dignité ont été durant ma vie rendues aux Lettres, et j'y vois un tel progrès qu'à présent je serais difficilement reçu dans la classe des petits grimauds, moi qui, en mon âge d'homme, étais (à bon droit) réputé pour le plus savant de l'époque.

Je ne le dis pas par vanité — encore que je puisse le faire et louablement en t'écrivant, comme on le voit par Cicéron, dans son livre *De la vieillesse*, et par la sentence de Plutarque, dans le livre intitulé *Comment on peut se louer sans envie* — je le dis pour te donner le désir de tendre encore plus haut.

Maintenant toutes les disciplines sont restituées, les langues établies. Le grec, sans lequel c'est une honte de se dire savant, l'hébreu, le chaldéen, le latin. Des impressions si élégantes et si correctes sont en usage, elles qui ont été inventées de mon temps par inspiration

2. Le Collège des lecteurs royaux, créé sur les instances de Guillaume Budé en 1530, malgré l'opposition de la Sorbonne, enseignait à l'origine l'hébreu, le grec et les mathématiques.

inspiration divine, comme, à contrefil, l'artillerie par suggestion diabolicque. Tout le monde est plain de gens sçavants, de précepteurs tresdoctes, de librairies tresamples, qu'il m'est advis que, ny au temps de Platon, ny de Ciceron, ny de Papinian, n'y avoit point telle commodité d'estude qu'il y a maintenant. Et ne se fauldra plus doresenavant trouver en place ny en compaignie, qui ne sera bien expoly en l'officine de Minerve. Je voy les brigans, les bourreaux, les avanturiers, les palefreniers de maintenant plus doctes que les docteurs et prescheurs de mon temps.

« Il n'est pas les femmes et les filles qui ne ayent aspiré à ceste louange et à ceste manne celeste de bonne doctrine. Tant y a que, en l'aage où je suis, j'ay esté contrainct de apprendre les lettres Grecques, lesquelles je n'avoys pas contemné comme Caton, mais je n'avoys eu le loysir de comprendre en mon jeune aage ; et voulentiers me délecte à lire les *Moraulx* de Plutarche, les beaulx *Dialogues* de Platon, les *Monumens* de Pausanias, et *Antiquitez* de Athéneus : attendant l'heure qu'il plaira à Dieu mon createur me appeller et commander yssir de ceste terre.

« Parquoy, mon filz, je te admonneste que employe ta jeunesse à bien proffiter en estude. Tu es à Paris, tu as ton precepteur Epistemon, dont l'ung par vives et vocales instructions, l'aultre par louables exemples, te peust endoctriner. J'entends et veulx que tu aprenes les langues parfaictement. Premièrement la Grecque, comme le veult Quintilian. Secondement, la Latine. Et puis, l'Hébraïcque pour les sainctes lettres, et la Chaldaïcque et Arabicque pareillement. Et que tu formes ton stille, quant à la Grecque, à l'imitation de Platon, quant à la Latine, à Ciceron. Qu'il n'y ait histoire que tu ne tiengne en mémoire présente, à quoy te aydera la Cosmographie de ceulx qui en ont escript. Les ars libéraulx, geometrie, arisméticque, et musicque, je t'en donnay quelque goust quand tu estoys encores petit, en l'aage de cinq à six ans ; poursuys le reste, et de

divine, comme, à l'inverse, l'artillerie l'a été par suggestion diabolique. Le monde entier est plein de gens savants, de précepteurs très doctes, de bibliothèques très amples, si bien que je crois que ni au temps de Platon, ni de Cicéron, ni de Papinien, il n'était aussi facile d'étudier que maintenant. Et dorénavant, celui qui ne sera pas bien poli en l'officine de Minerve ne pourra plus se trouver nulle part en société. Je vois les brigands, bourreaux, aventuriers, palefreniers de maintenant plus doctes que les docteurs et prédicateurs de mon temps.

Même les femmes et filles ont aspiré à cette louange et à cette manne céleste de la bonne science. Si bien qu'à mon âge j'ai été obligé d'apprendre le grec, non que je l'aie méprisé comme Caton, mais je n'avais pas eu la possibilité de l'apprendre en mon jeune âge ; et volontiers je me délecte à lire les *Traités moraux* de Plutarque, les beaux dialogues de Platon, les *Monuments* de Pausanias et les *Antiquités* d'Athénée, en attendant l'heure qu'il plaise à Dieu mon créateur de m'appeler et ordonner de sortir de cette terre.

C'est pourquoi, mon fils, je t'admoneste d'employer ta jeunesse à bien profiter dans tes études. Tu es à Paris, tu as ton précepteur Épistémon : l'un peut te donner de la doctrine par ses instructions vivantes et vocales, l'autre par des exemples louables. J'entends et veux que tu apprennes les langues parfaitement : d'abord la grecque, comme le veut Quintilien. Puis la latine. Puis l'hébraïque pour l'Écriture sainte, ainsi que la chaldaïque et l'arabe. Et que tu formes ton style, pour la grecque à l'imitation de Platon, et pour la latine, de Cicéron. Qu'il n'y ait d'histoire que tu n'aies présente à la mémoire, à quoi t'aidera la cosmographie. Les arts libéraux, géométrie, arithmétique, musique, je t'en ai donné quelque goût quand tu étais encore petit, vers tes cinq six ans. Continue le reste ; et sache tous les canons d'astronomie ; laisse l'astrologie divinatrice et l'art de Lulle, abus et vanités. Du droit civil, je veux

astronomie sachez en tous les canons ; laisse moy
l'astrologie divinatrice, et l'art de Lullius, comme abuz
et vanitez. Du droit civil, je veulx que tu sache par cueur
les beaulx textes, et me les confère avecques la philosophie.

« Et quant à la congnoissance des faictz de nature,
je veulx que tu te y adonne curieusement : qu'il n'y ait
mer, ryvière, ny fontaine, dont tu ne congnoisse les
poissons ; tous les oyseaulx de l'air, tous les arbres,
arbustes et fructices des forestz, toutes les herbes de
la terre, tous les metaulx cachez au ventre des abysmes,
les pierreries de tout Orient et Midy, riens ne te soit
incongneu.

« Puis songneusement revisite les livres des medecins,
Grecz, Arabes, et Latins, sans contemner les Thalmu-
distes et Cabalistes : et, par frequentes anatomyes,
acquiers toy parfaicte congnoissance de l'aultre monde,
qui est l'homme. Et, par quelques heures du jour, commence à visiter les sainctes lettres : premierement, en
Grec, le *Nouveau Testament* et *Epistres* des Apostres,
et puis, en Hebrieu, le *Vieulx Testament*. Somme, que
je voye ung abysme de science. Car, doresenavant que
tu deviens homme et te fais grand, il te fauldra issir
de ceste tranquillité et repos d'estude : et apprendre la
chevalerie et les armes, pour defendre ma maison, et
noz amys secourir en tous leurs affaires, contre les
assaulx des malfaisans. Et veulx que, de brief, tu essaye
combien tu as proffité : ce que tu ne pourras mieulx
faire, que tenant conclusions en tout sçavoir, publicquement, envers tous et contre tous, et hantant les gens
lettrez, qui sont tant à Paris comme ailleurs.

« Mais par ce que, selon le sage Salomon, Sapience
n'entre point en ame malivole, et science sans conscience n'est que ruyne de l'ame, il te convient servir,
aymer, et craindre Dieu, et en luy mettre toutes tes pensées, et tout ton espoir, et, par foy formée de charité,
estre à luy adjoinct, en sorte que jamais n'en soys
desemparé par peché. Ayez suspectz les abus du monde,
et ne metz point ton cueur à vanité : car ceste vie est

que tu saches par cœur les beaux textes, et que tu les rapproches de la philosophie.

Quant à la connaissance des sciences naturelles, je veux que tu t'y adonnes avec zèle ; qu'il n'y ait mer, rivière, ni fontaine dont tu ne connaisses les poissons ; tous les oiseaux de l'air ; tous les arbres, arbustes, et fruitiers des forêts, toutes les herbes de la terre ; tous les métaux cachés au ventre des abîmes, les pierreries de l'Orient et de l'Afrique : que rien ne te soit inconnu.

Puis avec soin, relis les livres des médecins : grecs, arabes, latins, sans mépriser les talmudistes et cabalistes ; et, par de fréquentes dissections, acquiers la parfaite connaissance de ce second monde qu'est l'homme. Et, pendant quelques heures chaque jour, commence à apprendre les Saintes Écritures : d'abord le Nouveau Testament en grec, et les Épîtres des apôtres, puis en hébreu l'Ancien Testament. En somme, que je voie un abîme de science. Car maintenant que tu te fais grand, et que tu deviens un homme, il te faudra sortir de cette tranquillité et de ce repos consacré aux études, et apprendre la chevalerie et les armes, pour défendre ma maison, et secourir nos amis dans leurs débats contre les assauts des malfaisants. Et je veux que rapidement tu essaies de tester combien tu as profité : ce que tu ne saurais mieux faire qu'en soutenant des thèses publiquement sur toutes choses, envers et contre tous, et en fréquentant les gens lettrés qui sont à Paris et ailleurs.

Mais parce que, selon le sage Salomon, sagesse n'entre pas dans une âme mauvaise, et que science sans conscience n'est que ruine de l'âme, il te faut servir, aimer et craindre Dieu, et mettre en lui toutes tes pensées et tout ton espoir, et, par une foi orientée par la charité, lui être uni au point que tu n'en sois jamais séparé par le péché. Tiens pour suspects les abus du monde, et ne mets pas ton cœur aux choses vaines : car cette vie est transitoire, mais la Parole de Dieu demeure éternellement. Sois serviable à ton prochain, quel qu'il soit, et aime-le comme toi-même. Révère

transitoire ; mais la parolle de Dieu demeure eternellement. Soys serviable à tous tes prochains, et les ayme
comme toy-mesmes. Revere tes précepteurs ; fuis les
compaignies des gens esquelz tu ne veulx point ressembler. Et les graces que Dieu te a données, icelles ne
reçoipz point en vain. Et, quand tu congnoistras que
auras tout le sçavoir de par delà acquis, retourne-t'en
vers moy, affin que je te voye et donne ma benediction
devant que mourir.

« Mon filz, la paix et grace de Nostre Seigneur soit
avecques toy. *Amen.*

« De Utopie, ce dix septiesme jour du moys de mars,

           « Ton père,

                GARGANTUA. »

Ces lettres receues et veues, Pantagruel print nouveau courage, et fut enflambé à proffiter plus que
jamais, en sorte que, le voyant estudier et proffiter, eussiez dit que tel estoit son esprit entre les livres, comme
est le feu parmy les brandes, tant il l'avoit infatigable
et strident.

tes précepteurs ; fuis les rencontres des gens auxquels tu ne veux pas ressembler. Et les grâces que Dieu t'a données, ne les reçois pas en vain. Et, quand tu verras que tu as acquis tout le savoir de par-delà, reviens-t'en vers moi, afin que je te voie et te donne ma bénédiction avant de mourir.

Mon fils, la paix et grâce du Seigneur soit avec toi. *Amen.*

D'Utopie, 17 mars,

ton père,

GARGANTUA.

Après avoir reçu et lu cette lettre, Pantagruel prit un nouveau courage, et fut enflammé du désir de profiter plus que jamais, tellement qu'à le voir étudier et progresser, vous auriez dit que son esprit courait parmi les livres comme le feu parmi les branches, tant il était infatigable et perçant.

CHAPITRE IX

Comment Pantagruel
trouva Panurge,
lequel il ayma toute sa vie

Ung jour Pantagruel, se promenant hors de la ville, vers l'abbaye Sainct Antoine, devisant et philosophant avecques ses gens et aulcuns escholliers, rencontra ung homme, beau de stature et elegant en tous lineamens du corps, mais pitoyablement navré en divers lieux, et tant mal en ordre qu'il sembloit qu'il feust eschappé ès chiens, ou mieulx ressembloit ung cueilleur de pommes du pays du Perche. Et de tant loing que le vit Pantagruel, il dist ès assistans : « Voyez vous cest homme, qui vient par le chemin du pont Charanton ? Par ma foy, il n'est pauvre que par fortune : car je vous asseure que, à sa physionomie, Nature l'a produyt de riche et noble lignée, mais les adventures des gens curieux le ont reduyt en telle penurie et indigence. » Et, ainsi qu'il fut au droict d'entre eulx, il luy demanda : « Mon amy, je vous pry que ung peu vueillez icy arrester et me respondre à ce que vous demanderay, et vous ne vous en repentirez point : car j'ay affection tresgrande de vous donner ayde à mon povoir en la calamité où je vous voy ; car vous me faictes grand pitié. Pourtant, mon amy, dictes moy : Qui estes vous ? Dont venez vous ? Où allez vous ? Que quérez vous ? Et quel est vostre nom ? »

CHAPITRE IX

Comment Pantagruel
trouva Panurge,
qu'il aima toute sa vie

Un jour, Pantagruel se promenait hors de la ville, près de l'abbaye de Saint-Antoine, en parlant et philosophant avec ses gens et quelques écoliers. Il rencontra un homme, beau de stature et élégant dans toutes les parties de son corps, mais pitoyablement blessé en plusieurs endroits, et si en désordre qu'il semblait échappé de la dent des chiens, ou, mieux, en haillons comme un cueilleur de pommes du Perche. D'aussi loin que le vit Pantagruel, il dit aux assistants : « Voyez-vous cet homme, qui vient par le chemin du pont de Charenton ? Par ma foi, le sort l'a rendu pauvre, car je vous assure à sa physionomie que Nature l'a produit de riche et noble lignée, mais les aventures des gens curieux l'ont réduit en telle pénurie et pauvreté. » Et dès qu'il fut en face d'eux, il lui demanda : « Mon ami, je vous prie de bien vouloir vous arrêter un peu et de me répondre, et vous ne vous en repentirez pas, car j'ai un très grand désir de vous venir en aide autant que je pourrai, dans la grande calamité où je vous vois ; car vous me faites une grande pitié. Donc, mon ami, dites-moi : qui êtes-vous ? d'où venez-vous ? où allez-vous ? que cherchez-vous ? Et quel est votre nom ? »

Et le compaignon luy respond en langue germanic-que[1] : « Juncker, Gott geb euch Glück unnd Hail. Zuvor, lieber Juncker, ich las euch wissen das da ir mich von fragt, ist ein arm unnd erbarmglich Ding, unnd wer vil darvon zu sagen, welches euch verdruslich zu hœren, unnd mir zu erzelen wer, wievol die Poeten unnd Ora-tors vorzeiten haben gesagt in irem Sprüchen unnd Sen-tenzen, das die Gedechtnus des Ellends unnd Armuot vorlangs erlitten, ist ain grosser Lust. »

A quoy respondit Pantagruel : « Mon amy, je n'entens point ce barragouyn ; et pourtant, si voulez qu'on vous entende, parlez aultre langaige. »

Adoncques le compaignon luy respondit : « Al baril-dim gotfano dech min brin alabo dordin falbroth rin-guam albaras. Nin porth zadikim almucathin milko prim al elmim enthoth dal heben ensouim : kuth im al dim alkatim nim broth dechoth porth min michais im endoth, pruch dal marsouim hol moth dansrihim lupal-das im voldemoth. Nin hur diavosth mnarbothim dal gousch pal frapin duch im scoth pruch galeth dal Chi-non, min foulthrich al conin butathen doth dal prim.

— Entendez vous rien là ? » dist Pantagruel, ès assis-tans. A quoy dist Epistemon : « Je croy que c'est lan-gaige des Antipodes[2] ; le diable n'y mordroit pas. » Lors dist Pantagruel : « Compère, je ne sçay si les murailles vous entendront, mais de nous nul n'y entend note. »

Donc dist le compaignon : « Signor mio, voi videte per exemplo che la cornamusa non suona mai s'ela

1. Troisième malheur du traducteur : les langages de Panurge, qui sont un festival de jeux linguistiques. Lors même qu'ils sont en langue authentique (mais rarement connue : l'hébreu) ils se prêtent au calem-bour par leur prononciation. Lorsqu'ils sont inventés, seuls les tra-ces de mots sous-jacents, les effets de sonorités fournissent du sens. Nous avons choisi de traduire ce qui avait un sens, et d'indiquer cer-tains des mots français identifiables. Mais il est sûr que la scène repose sur un double jeu : il faut que l'impression de charabias soit percep-tible, et volontairement créée par Panurge. Plus gravement, cette ren-contre nous ramène aux questions linguistiques : malgré toutes leurs

Et le compagnon lui répondit en langue germanique :
« *Seigneur, Dieu vous donne bonheur et prospérité.
D'abord, seigneur, je veux vous dire que ce que vous
me demandez est une triste et pitoyable histoire, et il
vous serait aussi pénible d'entendre son récit qu'à moi
de le faire, quoique les Poètes et Orateurs du temps
jadis aient dit dans leurs Dits et Sentences que se rappeler la misère et la pauvreté passées cause une grande
joie par contraste.* »

À quoi répondit Pantagruel : « Mon ami, je ne comprends pas ce baragouin, si vous voulez qu'on vous
comprenne parlez une autre langue. »

Donc le compagnon lui répondit : « *nnn xxx baril
nnn xxx brin nnn xxx dort nnn xxx dîne nnn xxx
n'importe nnn xxx catin nnn xxx cu nnn xxx porte nnn
xxx marsouin nnn xxx motte nnn xxx diavol nnn xxx
dans nnn xxx galette de chinon nnn xxx foutre au conin
nnn xxx.* »

— Vous y comprenez quelque chose ? » dit Pantagruel aux assistants. À quoi dit Épistémon : « Je crois
que c'est du langage des Antipodes, le diable n'y com-
prendrait rien. » Alors dit Pantagruel : « Compère, je
ne sais pas si les murailles vous entendront, mais nous
n'y entendons note. »

Donc dit le compagnon en italien : « *Monseigneur,
vous voyez par l'expérience que la cornemuse ne sonne*

---

connaissances, Pantagruel et son précepteur ne comprennent pas les
phrases. D'autre part, Pantagruel a compris par la vue, l'évidence,
la situation de déclassé et de malheureux qui est celle de Panurge :
le discours de Panurge répètent sur tous les tons que les paroles sont
inutiles puisque tout le monde voit bien qu'il a besoin d'aide.

Sur le rapport entre mots et sens, sur le plurilinguisme, voir M.-L.
Demonet , *Les Voix du signe*, Champion, 1992, p. 176 sq.

2. Dans la version de 1542, Rabelais ajoutera l'écossais, le hollandais, le danois, le lanternois ; pour le déchiffrage, voir E. Pons,
« Les jargons de Panurge », *Revue de littérature comparée*, XI, 1931.

non a il ventre pieno. Cosi io parimente non vi saprei contare le mie fortune, se prima il tribulato ventre non a la solita refectione. Al quale è adviso che le mani et li denti abbui perso il loro ordine naturale et del tutto annichillati. »

A quoy respondit Epistemon : « Autant de l'ung comme de l'aultre. »

Dont dit Panurge : « Heere, ie en spreke anders gheen taele, dan kersten taele ; my dunct nochtans, al en seg ie v niet een wordt, myven noot verclaert ghenonch wat ie beglere ; gheest my unyt bermherti- cheyt yet waer un ie ghevoet mach zung. »

A quoy respondit Pantagruel : « Autant de celluy là. »

Donc dist Panurge : « Señor, de tanto hablar yo soy cansado. Porque supplico a Vostra Reverentia que mire a los preceptos evangelicos, para que ellos movant Vostra Reverentia a lo qu'es de conscientia ; y sy ellos non bastarent para mover Vostra Reverentia a piedad, supplico que mire a la piedad natural, la qual yo creo que le movra como es de razon, y con esto non digo mas. »

A quoy respondit Pantagruel : « Dea, mon amy. Je ne fays doubte aulcun que ne sachez bien parler divers langaiges ; mais dictes nous ce que vouldrez en quel- que langue que puissions entendre. »

Lors dist le compaignon : « Adoni, scholom lecha : im ischar harob hal habdeca, bermeherah thithen li kikar lehem, cham cathub : *laah al Adonai chonen ral*. »

A quoy respondit Epistémon : « A ceste heure ay je bien entendu : car c'est langue hébraïcque, bien rhé- toricquement pronuncée. »

Donc dist le compaignon : « Despota tynin panaga- the, dioti sy mi uc artodotis ? Horas gar limo analis- comenon eme athlios. Ce en to metaxy eme uc eleis uda- mos, zetis de par emu ha u chre, ce homos philologi pandes homologusi tote logus te ce rhemata peritta hyparchin, opote pragma asto pasi delon esti. Entha

pas si elle n'a pas le ventre plein. De même, je ne saurais vous raconter mon histoire que si mon ventre perturbé a sa réfection coutumière. J'ai l'impression que mes mains et mes dents ont perdu leur fonction et ont disparu. »

À quoi répondit Épistémon : « Autant de l'un que de l'autre. »

Donc dit Panurge en hollandais : « *Seigneur, je ne parle pas autre chose que chrétien : il me semble que, même sans un mot, mon allure vous dit assez ce que je demande, donnez-moi charitablement de quoi manger. »*

À quoi répondit Pantagruel : « Autant de celui-là. »

Donc dit Panurge en espagnol : « *Seigneur, je suis épuisé de parler. C'est pourquoi je supplie votre Révérence de considérer les préceptes évangéliques, pour qu'ils poussent votre Révérence à faire ce qui est de conscience ; et s'ils ne suffisent pas à émouvoir votre Révérence à la pitié, je supplie que vous considériez la pitié naturelle qui, je crois, vous poussera, comme il est juste ; et sur ce je ne dis plus rien. »*

À quoi répondit Pantagruel : « Dea, mon ami, je ne doute pas que vous sachiez parler plusieurs langages. Mais dites-nous ce que vous voudrez dans une langue que nous puissions comprendre. »

Lors dit le compagnon : « *Seigneur, la paix soit avec vous. Si vous voulez faire du bien à votre serviteur, donnez-moi tout de suite une miche de pain, car il est écrit : Qui donne au pauvre prête à Dieu. »*

À quoi répondit Épistémon : « Là, j'ai bien entendu : c'est de la langue hébraïque, bien correctement prononcée. »

Donc dit le compagnon : « *Excellent Seigneur, pourquoi ne me donnes-tu pas de pain ? Tu me vois dépérir de faim. Tu ne m'aides pourtant en rien, tu me poses des questions : pourtant tous les philologues reconnaissent que les paroles et discours sont inutiles quand les faits sont évidents. Car il n'est nécessaire d'employer*

gar anancei monon logi isin, hina pragmata (hon peri amphibetumen) me prosphoros epiphenete.

— Quoy ? dist Carpalim, lacquays de Pantagruel, c'est Grec, je l'ay entendu. Et comment as-tu demouré en Grece ? »

Donc dist le compaignon : « Agonou dont oussys vou denaguez algarou, nou den farou zamist vous mariston ulbrou, fousquez vou brol tam bredaguez moupreton den goul houst, daguez daguez nou croupys fost bardounoflist nou grou. Agou paston tol nalprissys hourtou los ecbatanous prou dhouquys brol panygou den bascrou noudous caguous goulfren goul oust troppassou.

— J'entends, si me semble, dist Pantagruel : car ou c'est langaige de mon pays de Utopie, ou bien luy ressemble quant au son. »

Et, comme il vouloit commencer quelque propos, le compaignon dist : « Jam toties vos, per sacra, perque deos deasque omnis, obtestatus sum, ut, si qua vos pietas permovet, egestatem meam solaremini, nec hilum proficio clamans et ejulans. Sinite, queso, sinite, viri impii, quo me fata vocant abire, nec ultra vanis vestris interpellationibus obtundatis, memores veteris illius adagii, quo venter famelicus auriculis carere dicitur.

— Dea, mon amy, dist Pantagruel, ne sçavez vous parler Françoys ?

— Si faictz tresbien, Seigneur, respondit le compaignon ! Dieu mercy : c'est ma langue naturelle et maternelle, car je suis né et ay esté nourry jeune au jardin de France.

— Doncques, dist Pantagruel, racomptez nous, quel est vostre nom, et dont vous venez. Car, par ma foy, je vous ay jà prins en amour si grande, que, si vous condescendez à mon vouloir, vous ne bougerez jamais de ma compaignie, et vous et moy ferons ung nouveau per d'amytié, telle que fut entre Enée et Achates [1].

1. Panurge apparaît en héros malgré sa piètre situation : le pacte

les mots que là où les actes desquels nous parlons ne
sont pas évidents lumineusement. »

« Quoi ? dit Carpalim, laquais de Pantagruel, c'est
du grec, je l'ai entendu. Et comment as-tu vécu en
Grèce ? »

Donc dit le compagnon : « *nnn xxx dont nnn xxx*
vous nnn xxx garou nnn xxx nous nnn xxx z'amis nnn
xxx vous nnn xxx fousquez-vous nnn xxx bredaguez
nnn xxx goule nnn xxx daguez daguez-nous croupis nnn
xxx nous grou. Ecbatane nous prou nnn xxx panigou
nnn xxx cagots gueule nnn xxx trépasser. »

« J'entends, il me semble bien, dit Pantagruel, car,
ou c'est la langue de mon pays d'Utopie, ou bien il lui
ressemble de sonorité. »

Et, alors qu'il voulait commencer quelque phrase,
le compagnon dit en latin : « *Tant de fois déjà je vous*
ai conjuré par les cieux, les dieux et les déesses, que
si quelque pitié vous émeut, vous adoucissiez ma
misère, et en clamant et priant, je n'avance pas d'un
pouce. Laissez-moi, je vous le demande, laissez-moi,
hommes impies, aller où mon destin m'entraîne, et ne
m'arrêtez plus de vos questions vaines, en vous souve-
nant de votre vieil adage, que ventre affamé n'a pas
d'oreilles. »

« Hé, mon ami, ne savez-vous parler français ? » dit
Pantagruel.

« *Si, très bien, répondit le compagnon. Dieu merci !*
c'est ma langue naturelle et maternelle, car je suis né
et j'ai été élevé dans ma jeunesse au jardin de France. »

« Donc, dit Pantagruel, racontez-nous quel est votre
nom, et d'où vous venez. Car par ma foi, je vous ai
déjà pris si fort en affection que si vous voulez bien
me faire ce plaisir, vous ne bougerez jamais de ma compagnie, et vous et moi ferons un nouveau couple
d'amis, comme furent Énée et Achates.

d'amitié de Pantagruel évoque l'*Énéide*, le récit des aventures évoque Ulysse et l'*Odyssée*.

— Seigneur, dist le compaignon : mon vray et pro-pre nom de baptesme est Panurge, et à present viens de Turcquie, où je fuz mené prisonnier lors qu'on alla à Metelin en la male heure. Et voulentiers vous racomp-teroys mes fortunes, qui sont plus merveilleuses que celles de Ulysses : mais, puis qu'il vous plaist me rete-nir avecques vous, et que je accepte voulentiers l'offre, protestant jamais ne vous laisser, et allissiez vous à tous les diables — nous aurons en aultre temps plus com-mode, assez loysir d'en racompter : car, pour ceste heure, j'ay necessité bien urgente de repaistre : dentz aguës, ventre vuyde, gorge seiche, tout y est deliberé : si me voulez mettre en œuvre, ce sera basme de me veoir briber ; pour Dieu, donnez-y ordre ! »

Lors commanda Pantagruel, qu'on le menast en son logis et qu'on luy apportast force vivres. Ce que fut faict, et mangea tresbien à ce soir, et s'en alla coucher en chappon, et dormit jusques au lendemain heure de disner.

— Seigneur, dit le compagnon, mon vrai et réel nom de baptême est Panurge, et maintenant je viens de Turquie, où je fus mené prisonnier lorsqu'on alla pour notre malheur à Mytilène. Et volontiers je vous raconterais mes aventures qui sont plus merveilleuses que celles d'Ulysse : mais puisque vous voulez me retenir avec vous, et que j'accepte volontiers cette offre, jurant de ne jamais vous laisser, alliez-vous à tous les diables, nous aurons le loisir d'en parler à un autre moment plus commode : car à cette heure, j'ai grand besoin de manger, dents aiguës, ventre vide, gorge sèche, tout réclame. Si vous voulez me mettre à l'œuvre, ce sera divin de me voir dévorer ; pour Dieu, arrangez ça ! »

Alors Pantagruel commanda qu'on le mène en son logis, et qu'on lui apporte force vivres. Ce qui fut fait, et il mangea très bien ce soir-là, et s'en alla coucher avec les poules et dormit jusqu'à l'heure du dîner le lendemain.

CHAPITRE IX [bis]

Comment Pantagruel équitablement jugea d'une controverse merveilleusement obscure et difficile, si justement que son jugement fut dit plus admirable que celluy de Salomon

Pantagruel, bien records des lettres et admonition de son père, voulut ung jour essayer son sçavoir : et de faict, par tous les carrefours de la ville, mist conclusions en nombre de sept cens soixante, en tout sçavoir, touchant en ycelles les plus fors doubtes qui feussent en toutes sciences. Et premièrement, en la rue du Feurre, tint contre tous les regens, artiens, et orateurs, et les mist tous de cul. Puis, en Sorbonne, tint contre tous les theologiens, par l'espace de six sepmaines, despuis le matin quatre heures jusques à six du soir, exceptez deux heures de intervalle pour repaistre et prendre sa réfection. Non pas qu'il engardast lesdictz theologiens Sorbonicques de chopiner, et se refraischir à leurs beuvettes acoustumées. Et à ce assisterent la plus part des seigneurs de la Court, maistres des requestes, presidens, conseilliers, les gens des comptes, secretaires, advocatz, et aultres, ensemble les eschevins de ladicte ville avecques les medecins et canonistes [1].

---

1. L'effet des études de Pantagruel est très paradoxal : d'une part, il rivalise avec un des modèles prestigieux de l'humanisme, Jean Pic de la Mirandole, célèbre pour avoir proposé une dispute sur

CHAPITRE IX bis

Comment Pantagruel jugea avec justice d'une controverse merveilleusement obscure et difficile, si justement que son jugement fut dit plus admirable que celui de Salomon

Pantagruel, se souvenant bien de la lettre et des conseils de son père, voulut un jour essayer son savoir. Et de fait il afficha ses conclusions à tous les carrefours de la ville, au nombre de sept cent soixante, sur toutes les disciplines, touchant les points les plus difficiles qui soient en toutes les connaissances. Et premièrement, rue du Fouarre, il soutint contre tous les régents, étudiants ès arts, et orateurs, et les mit tous sur le cul. Puis en Sorbonne, il tint contre tous les théologiens, pendant six semaines, de quatre heures du matin à six heures du soir, sauf deux heures passées à se restaurer. Non pas qu'il ait empêché les théologiens de chopiner et de se rafraîchir à leurs beuveries accoutumées ! Y assistèrent la plupart des seigneurs de la cour, maîtres des requêtes, présidents, conseillers, les gens de la Cour des comptes, secrétaires, avocats, et autres, et aussi les échevins de la ville avec les médecins et les spécialistes du droit canon.

neuf cents thèses. D'autre part, il va émerveiller l'Université et le Parlement de Paris (normal, puisqu'ils sont réputés stupides !) par l'écoute d'un procès... inintelligible.

Et notez qu'il y en avoit qui prindrent bien le frain
aux dentz : mais, nonosbtant leurs ergotz et fallaces,
il les feist tous quinaulx, et leurs monstra visiblement
qu'ilz n'estoient que veaulx.

Dont tout le monde commença à bruyre et parler de
son sçavoir si merveilleux, qu'il n'y avoit pas les bonnes
femmes lavandières, courratières, roustissières, gany-
vettières, et aultres, que, quand il passoit par les rues,
ne dissent : « C'est luy ! » A quoy il prenoit plaisir,
comme Demosthenes, prince des orateurs grecz, faisoit,
quand de luy dist une vieille acropie, en le monstrant
au doigt : « C'est cestuy là. »

Or, en ceste propre saison, estoit ung procès pendant
en la court entre deux gros seigneurs desquelz l'ung
estoit Monsieur de Baisecul, demandeur, d'une part,
l'aultre Monsieur de Humevesne, défendeur, de l'aultre. Desquelz la controverse estoit si haulte et difficile
en droict, que la court de Parlement n'y entendoit que
le hault allemand. Dont, par le commandement du roy,
furent assemblez quatre les plus sçavants et les plus gras
de tous les Parlements de France, ensemble le Grand
Conseil, et tous les principaulx regens des universitez,
non seulement de France, mais aussi d'Angleterre et
Italie, comme Jason, Philippe Dece, Petrus de Petronibus, et ung tas d'aultres [1]. Et ainsi assemblez, par
l'espace de quarante et six sepmaines, n'y avoient sceu
mordre, ny entendre le cas au net, pour le mettre en
droict en façon quiconcques : dont ilz estoient si despitz
qu'ilz se conchioient de honte villainement.

Mais ung d'entre eulx, nommé Du Douhet [2], le plus
sçavant, le plus expert et prudent de tous les aultres,
ung jour qu'ils estoient tous philogrobolizez de cerveau,
leur dist :

« Messieurs, jà long temps a que sommes icy sans
riens faire que despendre, et ne povons trouver fons

---

1. Liste de juristes réputés, des « classiques » du droit.
2. Un petit salut à un ami, Briand Vallée, conseiller au parlement
de Bordeaux.

Et notez qu'il y en avait qui s'emballaient : mais malgré leurs ergotages et tromperies, il les fit tous quinauds et leur montra visiblement qu'ils n'étaient que des veaux.

Alors tout le monde commença à retentir du bruit de son savoir si merveilleux que même les bonnes femmes lavandières, courtières, rôtisseuses, coutelières et autres, quand il passait, disaient : « C'est lui ! » À quoi il prenait autant de plaisir que Démosthène, prince des orateurs grecs, quand une vieille femme accroupie dit en le montrant du doigt : « C'est celui-là ! »

Or, juste à ce moment-là, il y avait un procès pendant entre deux gros seigneurs devant la Cour ; l'un était Monsieur de Baisecul, demandeur, d'une part, et l'autre, Monsieur de Humevesne, défendeur, d'autre part.

Leur dispute était si haute et difficile en droit que la cour du Parlement n'y entendait rien. Pour quoi, par commandement du roi, furent assemblés les quatre plus savants et plus gras de tous les parlements de France, avec le grand Conseil et tous les professeurs de première classe des universités, non seulement de France, mais aussi d'Angleterre, d'Italie, comme Jason, Philippe Dèce, Petrus de Petronibus, et un tas d'autres. Ainsi assemblés, pendant quarante-six semaines, ils n'avaient pas pu y mordre, ni comprendre nettement le cas, pour le soumettre à jugement de façon quelconque, ce dont ils étaient si fâchés qu'ils se conchiaient de honte vilainement.

Mais un d'entre eux, nommé Du Douhet, le plus savant, le plus expérimenté et sage de tous les autres, un jour qu'ils en avaient la tête toute philogrobolisée, leur dit :

« Messieurs, il y a longtemps que nous sommes ici sans rien faire que dépenser, et nous ne pouvons trouver

ny rive en ceste matière, et, tant plus y estudions, tant moins y entendons : qui nous est une grande honte et charge de conscience ; et à mon advis que nous n'en sortirons que à deshonneur : car nous ne faisons que ravasser en noz consultations. Mais voicy que j'ay advisé. Vous avez bien ouy parler de ce grand personnaige, nommé Maistre Pantagruel, lequel on a congneu estre sçavant dessus la capacité du temps de maintenant, ès grandes disputations qu'il a tenues contre tous publicquement ? Je suis d'opinion, que nous le appellons et conférons de cest affaire avecques luy : car jamais homme n'en viendra à bout, si cestuy là n'en vient. »

A quoy voulentiers consentirent tous ces conseilliers et docteurs : et de faict, l'envoyèrent quérir sur l'heure, et le prièrent vouloir ung peu veoir le procès, et leur en faire le rapport tel que luy sembleroit en vraye science légale, et luy livrèrent les sacs et pantarques entre ses mains, qui faisoient presque le fais de quatre gros asnes couillars.

Mais Pantagruel leur dist : « Messeigneurs, les deux seigneurs qui ont ce procès entre eulx, sont ilz encores vivans ? »

A quoy luy fut respondu, que ouy.

« De quoy diable donc (dist il) servent tant de fatrasseries de papiers et copies que me baillez [1] ? Ne vault-il pas beaucoup mieulx les ouyr de leur vive voix narrer leur débat, que lire ces babouyneries icy, qui ne sont que tromperies, cautelles diabolicques de Cepola, et subversions de droict ? Car je suis sceur que et vous et tous ceulx par les mains desquelz a passé le procès, y avez machiné ce que avez peu, *pro et contra*, et, au cas que leur controverse estoit patente et facile à juger, vous l'avez obscurcie par sottes et desraisonnables raisons et ineptes opinions de Accurse, Balde, Bartole, de Castro, de Imola, Hippolytus, Panorme, Bertachin,

---

1. Diatribe contre le monde des juristes, fait de compilateurs, et leur paperasserie à laquelle nul ne comprend plus rien.

fond ni bord en cette matière, et plus nous étudions, moins nous comprenons, ce qui nous est une grande honte et pèse sur notre conscience. À mon avis nous n'en sortirons que déshonorés. Car nous ne faisons que rêvasser en nos consultations. Mais voici ce que j'ai pensé. Vous avez bien entendu parler de ce grand personnage, nommé maître Pantagruel, dont on a reconnu qu'il était plus savant qu'on ne l'est en ce temps, par les grandes disputes qu'il a soutenues contre tous publiquement. Je suis d'avis que nous l'appelions et conférions avec lui de cette affaire : car s'il n'y arrive pas, c'est que jamais personne n'en viendra à bout. »

Tous les conseillers et docteurs y consentirent volontiers, l'envoyèrent chercher tout de suite, et le prièrent de bien vouloir examiner un peu le procès et leur en faire le rapport tel qu'il lui paraîtrait vraiment selon la législation, et ils lui livrèrent les sacs et actes qui faisaient presque la charge de quatre gros ânes couillards.

Mais Pantagruel leur dit : « Messeigneurs, les deux seigneurs qui ont ce procès entre eux sont-ils encore vivants ? »

À quoi fut répondu que oui.

« À quoi diable servent donc tant de fatras de papiers et copies que vous me donnez ? Ne vaut-il pas mieux les entendre raconter de vive voix leur débat, que de lire ces singeries, qui ne sont que tromperies, ruses diaboliques de Cepola et renversement du droit ? Car je suis sûr que vous, et tous ceux à qui ce procès est passé par les mains, vous y avez machiné ce que vous avez pu, *pro et contra*, et au cas où leur controverse était facile à juger, vous l'avez obscurcie par sottes et déraisonnables raisons et ineptes opinions d'Accurse, Balde, Bartole, Castro, Imola, Hippolyte, Panorme, Berta-

Alexandre, Curtius, et ces aultres vieulx mastins, qui jamais n'entendirent la moindre loy des *Pandectes*, et n'estoient que gros veaulx de disme, ignorans de tout ce qu'est nécessaire à l'intelligence des loix.

« Car (comme il est tout certain), ilz n'avoient congnoissance de langue ny grecque, ny latine, mais seulement de gothicque et barbare. Et toutesfois les loix sont premièrement prinses des Grecz, comme vous avez le tesmoignage de Ulpian, *l. posteriori De orig. juris*, et toutes les loix sont pleines de sentences et motz grecz ; et secondement sont rédigées en latin, le plus elegant et aorné qui soit en toute la langue latine, et n'en excepte ny Saluste, ny Varron, ny Ciceron, ny Pline, ny Senecque, ny T. Live, ny Quintilian. Comment doncques eussent peu entendre ces vieux resveurs le texte des loix, qui jamais ne virent bon livre de langue latine ? comme manifestement il appert à leur stille, qui est stille de ramonneur de cheminée, ou de cuysinier et marmiteux, non de jurisconsulte.

« Davantaige, veu que les loix sont extirpées du meillieu de philosophie morale et naturelle, comment l'entendront ces folz qui ont, par Dieu, moins estudié en philosophie que ma mulle ? Et au regard des letres de humanité, et de congnoissance des antiquitez et histoires, ilz en estoient chargez comme ung crapault de plumes, et en usent comme ung crucifix d'ung pifre : dont toutesfois les droictz sont tous plains, et sans ce ne pevent estre entenduz, comme quelque jour je monstreray plus appertement par escript.

« Par ce, si voulez que je congnoisse de ce procès, premierement faictez moy brusler tous ces papiers, et secondement faictes moy venir les deux gentilzhommes personnellement devant moy : et quand je les auray ouy, je vous en diray mon opinion, sans fiction ny dissimulation quelconques. »

A quoy aulcuns d'entre eulx contredisoient, comme vous sçavez, que en toutes compaignies il y a plus de folz que de saiges, et la plus grande partie surmonte tousjours la meilleure. Mais ledict Du Douhet tint au

chin, Alexandre, Curtius, et autres vieux chiens qui ne comprirent jamais la moindre loi des Pandectes, et n'étaient que des gros veaux surchoix, ignorant tout ce qui est nécessaire à comprendre les lois.

« Car, c'est certain, ils ne connaissaient ni grec, ni latin, mais seulement leur langue gothique et barbare. Et pourtant les lois sont d'abord prises des Grecs, comme en témoigne Ulpian, livre II, *De l'origine du droit*, et toutes les lois sont pleines de sentences et de mots grecs. Et secondement sont rédigées en latin, le plus élégant et orné qui soit en toute la langue latine, sans excepter ni Salluste, Varron, Cicéron, Pline, Sénèque. Tite-Live, ni Quintilien. Comment donc ces vieux rêveurs auraient-ils pu comprendre le texte des lois, eux qui ne virent jamais un bon livre de langue latine ? Comme cela se voit à leur style, qui est un style de ramoneur de cheminée, ou de cuisinier, ou de marmiton, pas de jurisconsulte.

« Bien plus, puisque les lois sont tirées de la philosophie morale et naturelle, comment les comprendront ces fous qui ont, par Dieu, moins étudié la philosophie que ma mule ? Quant aux lettres humaines et à la connaissance de l'Histoire, ils en étaient chargés comme un crapaud de plumes et ils en usent comme un crucifix d'une flûte. Et pourtant les livres de droit en sont pleins et ne peuvent être compris sans cela, comme je le montrerai un jour par écrit.

« C'est pourquoi, si vous voulez que je m'occupe de ce procès, faites-moi brûler tous ces papiers, et ensuite faites-moi venir les deux gentilshommes en personne devant moi ; et quand je les aurai entendus, je vous en dirai mon opinion, sans feinte ni dissimulation. »

Certains d'entre eux s'y opposaient : vous savez que dans tous les groupes il y a plus de fous que de sages, et que la majorité l'emporte sur la qualité. Mais ledit Du Douhet tint en homme fort, soutenant que Panta-

contraire virilement, contendent que Pantagruel avoit
bien dit, que ces registres, enquestes, répliques, duplic-
ques, reproches, salvations, et aultres telles diableries,
n'estoient que subversions de droict, et allongement de
procès ; et que le diable les emporteroit trestous, s'ilz
ne procedoient aultrement, selon equité philosophic-
que et evangelicque.

Somme, tous les papiers furent bruslez, et les deux
gentilzhommes personnellement convocquez. Et lors
Pantagruel leur dist :

« Estes vous qui avez ce grand different entre vous
deux ?

— Oui (dirent ils), Monsieur.

— Lequel de vous est demandeur ?

— C'est moy, dit le seigneur de Baisecul[1].

— Or, mon amy, contez moy de poinct en poinct
vostre affaire, selon la verité ; car, par le corps dieu,
si vous en mentez d'ung mot, je vous osteray la teste
de dessus les espaules, et vous monstreray que en justice et jugement l'on ne doibt dire que la vérité. Par
ce, donnez vous garde de adjouster ny diminuer au
narré de vostre cas. Dictes. »

Donc, commença en la manière que s'ensuyt :

« Monsieur, il est vray que une bonne femme de ma
maison partoit vendre des œufz au marché...

— Couvrez-vous, Baisecul, dist Pantagruel.

— Grand mercy, Monsieur, dist le seigneur de Baisecul. Mais à propos passoit entre les deux tropicques,
vers le zénith diamétralement opposé ès Troglodytes,
par autant que les mons Rhiphées avoient eu celle année
grande sterilité de happelourdes, moyennant une
sedition meue entre les Barragouyns et les Accoursiers
pour la rebellion des Souisses, qui s'estoient assemblez

---

1. Baisecul et Humevesne empruntent leur nom au monde du Carnaval. Leurs propos sont le quatrième malheur du traducteur : que
sert de remplacer les termes, puisque la logique générale n'y est pas ?
On pourra néanmoins s'amuser à chercher : la construction synta-

gruel avait bien parlé, que ces registres, enquêtes, répliques, dupliques, reproches, réhabilitations et autres telles diableries n'étaient que moyens de subvertir le droit et d'allonger les procès, et que lé diable les emporterait tous s'ils ne changeaient d'avis, selon l'équité philosophique et évangélique.

Au total, tous les papiers furent brûlés, et les deux gentilshommes en personne convoqués. Alors Pantagruel leur dit :

« Est-ce vous qui avez ce grand différend entre vous deux ?

— Oui, monsieur.

— Lequel de vous est le plaignant ?

— C'est moi, dit le seigneur de Baisecul.

— Or, mon ami, racontez-nous en détail votre affaire, selon la vérité, car, par le Corps Dieu, si vous mentez d'un mot, je vous ôterai la tête des épaules et vous montrerai qu'en justice et jugement on ne doit dire que la vérité. Donc, faites attention de ne rien ajouter ni enlever au récit de votre cas. Parlez. »

Donc, il commença comme suit :

« Monsieur, il est vrai qu'une bonne femme de ma maison portait des œufs à vendre au marché...

— Couvrez-vous, Baisecul, dit Pantagruel.

— Grand merci, monsieur, dit le seigneur de Baisecul... mais à ce moment-là passait entre les deux tropiques, vers le zénith diamétralement opposé dans les Troglodytes, parce que les monts Ripphées avaient eu cette année-là une grande stérilité de happelourdes, à cause d'une sédition surgie entre les Baragouins et les Accoursiers à cause de la rébellion des Suisses, qui s'étaient assemblés jusqu'au nombre de trois, six, neuf,

xique des phrases de Baisecul, l'organisation des marques de logique, puis les systèmes de renvois d'un discours à l'autre, puis de la sentence aux deux discours. Humevesne est un peu plus sentencieux. Rabelais emprunte ici aux procès de Carnaval ou aux coq-à-l'âne et fatrasies, voir dossier, p. 325.

jusques au nombre de troys, six, neuf, dix, pour aller
à l'aguillanneuf, le premier trou de l'an, que l'on donne
la souppe aux bœufz, et la clef du charbon aux filles,
pour donner l'avoine aux chiens.

« Toute la nuyct lon ne feist, la main sur le pot, que
despecher les bulles [1] des postes à piedz et lacquays à
cheval, pour retenir les basteaux, car les cousturiers
vouloient faire des retaillons desrobez une sarbataine
pour couvrir la mer oceane, qui estoit grosse d'enfant,
selon l'opinion des boteleurs de foin ; mais les physi-
ciens disoient, que à son urine ilz ne congnoissoient
point signe évident au pas d'ostarde de manger des
choux gelez à la moustarde, sinon que Messieurs de la
court feissent par bemol commandement à la verolle,
de non plus alleboter après les maignans, et ainsi se
pourmener durant le service divin : car les marroufles
avoient jà bon commencement à dancer l'estrindore au
diapason, ung pied au feu et la teste au meillieu, comme
disoit le bon Ragot.

« Hà, Messieurs, Dieu modere tout à son plaisir, et
contre Fortune la diverse ung chartier rompit son fouet.
Ce fut au retour de la Bicocque [2], alors qu'on passa
licentié Maistre Antithus [3] des Cressonnières en toute
lourderie, comme disent les canonistes : *Beati lourdes,
quoniam trebuchaverunt.*

« Mais ce que faict la quaresme si hault, par sainct
Fiacre de Brye, ce n'est pas aultre chose que

La Pentecoste
Ne vient foys qu'ell'ne me couste ;
May, hay avant,
Peu de pluye abat grand vent,

entendu que le sergeant ne mist pas si hault le blanc
à la butte, que le greffier ne s'en leschast bas et roidde

---

1. Les bulles sont des décrets du pape.
2. La Bicoque est une des défaites de l'armée de François Ier, en
Italie, en 1522.

dix, pour aller au gui l'an neuf, le premier trou de l'an, quand on donne la soupe aux bœufs et la clef du charbon aux filles, pour donner l'avoine aux chiens.

« Toute la nuit l'on ne fit, la main sur le pot, qu'envoyer les bulles des postes à pied et des laquais à cheval, pour retenir les bateaux, car les couturiers voulaient faire avec les retaillons qu'ils avaient mis de côté une sarbacane pour couvrir la mer océane, qui était grosse d'enfant selon l'opinion des botteleurs de foin. Mais les médecins disaient que d'après son urine ils ne trouvaient pas de signe évident au pas d'outarde de manger des choux gelés à la moutarde, sauf si Messieurs de la Cour faisaient par bémol commandement à la vérole de ne plus grappiller après les vers à soie, et ainsi se promener durant le service divin : car les maroufles avaient déjà bien commencé à danser la ronde à l'unisson, un pied au feu et la tête au milieu, comme disait le bon Ragot.

« Hà, messieurs, Dieu modère tout comme il lui plaît, et contre Fortune la diverse un charretier rompit son fouet. Ce fut au retour de La Bicoque, quand Maître Antitus des Cressonnières passa licencié en toute lourdauderie, comme disent les canonistes : ''Bienheureux les lourds, parce qu'ils ont trébuché.''

« Mais ce qui fait le Carême si haut, par saint Fiacre en Brie, ce n'est pas autre chose que

> *La Pentecôte*
> *Ne vient qu'elle ne me coûte ;*
> *Mais, en avant,*
> *Petite pluie abat grand vent,*

entendu que le sergent ne mît pas si haut la cible sur le but, que le greffier ne s'en léchât bas et raide les

---

3. Maître Antitus est un personnage traditionnel de lourdaud. La parodie des Béatitudes (Matthieu, V) s'applique bien à un simple d'esprit.

ses doigtz empenez de jart, et nous voyons manifestement que chascun s'en prent au nez, sinon qu'on regar-
dast en perspective ocularement vers la cheminée, à
l'endroit où pend l'enseigne du vin à quarante sangles,
qui sont necessaires à vingt bas, à tout le moins qui ne
vouldroit lascher l'oyseau devant que le decouvrir, car
la memoire souvent se pert quand on se chausse au
rebours. Sa, Dieu guard de mal Thibault Mitaine ! »

Alors dist Pantagruel :

« Tout beau, mon amy, tout beau : parlez à traict
et sans cholere. J'entends le cas, poursuyvez.

— Vrayement, dist le seigneur de Baisecul, c'est bien
ce que l'on dit, qu'il faict bon adviser aulcunesfois les
gens, car ung homme advisé en vault deux. Or, Monsieur, ladicte bonne femme, disant ses *Gaudez* et *Audi
nos*, ne peult pas se couvrir d'ung revers faulx montant, sinon par bien soy bassiner anglicquement, le
couvrant d'un sept de quarreaux et luy tirant ung estoc
vollant au plus près du lieu où l'on vent les vieulx dra-
peaux, dont usent les painctres de Flandres, quand ilz
veullent bien à droict ferrer les cigalles : et m'esbahys
bien fort comment le monde ne pont, veu qu'il faict
si beau couver. »

Icy voulut interpeller et dire quelque chose le seigneur
de Humevesne ; dont luy dist Pantagruel :

« Et, ventre sainct Antoine, t'appartient-il de parler sans commandement ? Je sue icy de haan, pour
entendre la procedure de vostre différent : et tu me
viens encores tabuster ? Paix, de par le diable, paix !
Tu parleras ton sou, quand cestuy cy aura achevé.
Poursuyvez, dist-il à Baisecul, et ne vous hastez point.

— Voyant doncques, dist Baisecul, que la Pragma-
ticque Sanction [1] n'en faisoit nulle mention, et que le
pape donnoit liberté à ung chascun de peter à son aize,

---

1. La « Pragmatique Sanction » est un édit royal de Charles VII
(Bourges, 1438) qui soustrait au pouvoir du pape les privilèges de
l'Église et de l'Université de France. Le Concordat de François Ier

doigts emplumés de jars, et nous voyons manifestement
que chacun s'en prend au nez, sauf si on regarde en
perspective oculaire vers la cheminée, à l'endroit où
pend l'enseigne du vin à quarante sangles, qui sont
nécessaires à vingt bas, au moins pour celui qui ne voudrait lâcher l'oiseau avant de le découvrir, car souvent
la mémoire se perd quand on met sa culotte à l'envers.
Sa ! Dieu garde de mal Thibaut Mitaine ! »

Alors dit Pantagruel :

« Tout beau mon ami, tout beau, parlez en suivant
et sans colère. J'entends le cas, poursuivez.

— Vraiment, dit le seigneur de Baisecul, c'est bien
comme on le dit : il fait bon aviser les gens une fois,
car un homme avisé en vaut deux. Or, monsieur, la
bonne femme, disant ses prières, ne peut pas se protéger d'un revers faux montant, sinon en se bassinant à
l'anglaise, le couvrant d'un sept de carreau, et lui lan-
çant un coup d'estoc volant au plus près du lieu où l'on
vend les vieux chiffons dont usent les peintres des
Flandres quand ils veulent bien droitement ferrer les
cigales ; et je m'ébahis beaucoup de ce que le monde
ne pond, vu qu'il est si beau de couver. »

Ici le seigneur de Humevesne voulut interpeller et dire
quelque chose, mais Pantagruel lui dit :

« Ventre Saint-Antoine, t'appartient-il de parler sans
commandement ? Je sue ici à gros effort pour entendre la procédure de votre différend : et tu viens encore
me déranger ? Paix, par le diable, paix ! tu parleras
tant que tu voudras quand il aura achevé. Poursuivez,
dit-il à Baisecul, et ne vous hâtez point.

— Voyant donc, dit Baisecul, que la Pragmatique
Sanction n'en faisait nulle mention et que le pape donnait liberté à chacun de péter à son aise si les culottes

_____

(1517) revient sur un bon nombre de ces dispositions au grand dam
des « Gallicans ».

si les blanchetz n'estoient rayés, quelque pauvreté qui
feust au monde, pourveu qu'on ne se seignast de la
main gauche, la bonne femme se print à esculler les
souppes par la foy des petis poissons couillastrys, qui
estoient pour lors necessaires à entendre la construction des vieilles bottes.

« Pourtant, Jehan le Veau, son cousin gervays,
remué d'une busche de moulle, luy conseilla qu'elle ne
se mist point en ce hazard de laver la buée sans premier alluner le papier : à tant pille, nade, jocque, fore :
car

   Non de ponte vadit, qui cum sapientia cadit [1],

attendu que Messieurs des Comptes ne convenoient pas
bien en la sommation des fleuttes d'Allemant, dont on
avoit basty les *Lunettes des Princes* [2], imprimées nouvellement à Anvers.

« Et voylà, Messieurs, que faict maulvais raport. Et
en croy partie adverse en sa foy, ou bien *in sacer verbo
dotis* : car, voulant obtemperer au plaisir du roy, je me
estoys armé de pied en cap d'une carreleure de ventre
pour aller veoir comment mes vendangeurs avoient
déchicqueté leurs haulx bonnetz, pour mieulx jouer des
manequins, car le temps estoit quelque peu dangereux
de la foire, dont plusieurs francz archiers [3] avoient
esté refusez à la monstre, nonobstant que les cheminées feussent assez haultes selon la proportion du javart
et des malandres l'amy Baudichon.

« Et par ce moyen fut grande année de caquerolles
en tout le pays de Artoys : qui ne fut pas petit amendement pour Messieurs les porteurs de coustretz, quand
on mangeoit des coques cigrues à ventre deboutonné.
Et à la mienne voulenté que chascun eust aussi belle
voix : l'on en jourroit beaucoup mieulx à la paulme,

---

1. Proverbe inversé.
2. Livre (réel) du rhétoriqueur Jean Meschinot, ouvrage de morale
politique.

blanches n'étaient rayées, quelque pauvreté qui fût au monde, pourvu qu'on se signât de la main gauche, la bonne femme se prit à éculer les soupes par la foi des petits poissons couillus, qui étaient pour lors nécessaires à entendre la construction des vieilles bottes.

« C'est pourquoi Jean Le Veau, son cousin gervais remué d'une bûche de moule, lui conseilla de ne pas prendre le risque de laver la lessive sans d'abord mettre l'alun sur le papier : et donc pille, nade, jocque, fore : car "il ne marche pas sur le pont, celui qui tombe avec raison", attendu que Messieurs des Comptes ne convenaient pas bien en la sommation des flûtes d'allemand, dont on avait bâti les *Lunettes des Princes* imprimées nouvellement à Anvers.

« Et voilà Messieurs ce que fait un mauvais rapport. Et j'en crois la partie adverse si elle est de bonne foi : ou bien sur parole de prêtre, car voulant obtempérer au plaisir du roi, je m'étais armé de pied en cap d'une carrelure de ventre pour aller voir comment mes vendangeurs avaient déchiqueté leurs hauts bonnets, pour mieux jouer des mains baladeuses, car le temps faisait quelque peu risquer de foirer, ce qui avait fait refuser plusieurs francs archers à la revue, bien que les cheminées fussent assez hautes selon la proportion de l'ulcère et des plaies chevalines de l'ami Baudichon.

« Et par ce moyen fut grande année de limaçons en tout le pays d'Artois : ce qui ne fut pas une petite amélioration pour les porteurs de hottes, quand on mangeait des coquecigrues à ventre déboutonné. Et j'aimerais bien que chacun ait aussi belle voix : l'on en jouerait beaucoup mieux à la paume, et les petites

3. Les francs-archers sont une milice bourgeoise établie par Charles VII, qui ont la réputation, entretenue par les farces *(Le Franc-archer de Bagnolet)* d'être extrêmement peureux.

et ces petites finesses, qu'on faict à porter des pastins, descendroient plus aisement en Seine pour tousjours servir au Pont aux Meusniers, comme jadis fut decreté par le roy de Canarre, que l'arrest en est au greffe de ceans.

« Par ce, Monsieur, je requiers que par Vostre Seigneurie soit dit et declairé sur le cas ce que de raison, avecques despens, dommages, et interestz. »

Lors dist Pantagruel :

— Mon amy, voulez vous plus riens dire ?

Respondit Baisecul :

« Non, Monsieur : car j'en ay dit tout le *tu autem*, et n'en ay en riens varié, sur mon honneur.

— Vous doncques, dist Pantagruel, Monsieur de Humevesne, dictes ce que vouldrez, et abréviez, sans riens toutesfois laisser de ce que servira au propos. »

Lors commença le seigneur de Humevesne ainsi que s'ensuyt :

« Monsieur et Messieurs, si l'iniquité des hommes estoit aussi facilement veue en jugement comme on congnoist mousches en laict, le monde ne seroit pas tant mangé de ratz, comme il est, et y auroit des aureiles maintes sur terre, qui en ont esté rongées trop laschement. Car — combien que tout ce que a dit partie adverse soit bien vray quant à la letre et l'histoire du *factum*, — toutesfois, Messieurs, la finesse, la tricherie, les petitz hanicrochemens sont cachez soubz le pot aux roses.

« Doibs-je endurer que, à l'heure que je mange ma souppe, sans mal penser ny mal dire, lon me viengne ratisser et tabuster le cerveau, et me sonner l'antiquaille, disant :

> *Qui boit en mangeant sa souppe,*
> *Quand il est mort, il ne voit goutte ?*

« Et, saincte Dame, combien avons nous veu de gros capitaines en plain camp de bataille, alors qu'on donnoit les horions du pain bénist de la confrarie, pour

finesses qu'on fait en portant des patins descendraient plus facilement en Seine pour servir toujours au Pont-aux-meuniers, comme ce fut jadis décrété par le roi de Canarre, et l'arrêt est au greffe ici même.

« C'est pourquoi, Monsieur, je requiers que Votre Seigneurie dise et déclare sur ce cas ce qui est prévu, avec dépens, dommages et intérêts. »

Lors dit Pantagruel :

« Mon ami, voulez-vous dire encore quelque chose ? »

Baisecul répondit :

« Non, monsieur : car j'en ai dit tout jusqu'à la conclusion, et je n'en ai rien varié, sur mon honneur.

— Vous donc, dit Pantagruel, monsieur de Humevesne, dites ce que vous voudrez, et abrégez, sans rien oublier néanmoins qui soit utile au propos. »

Lors commença le seigneur de Humevesne comme ◆• il s'ensuit :

« Monsieur, messieurs, si l'iniquité des hommes était aussi facilement visible dans les procès qu'on voit les mouches dans le lait, le monde ne serait pas tant mangé de rats qu'il l'est, et il resterait beaucoup d'oreilles sur terre, qui en ont été rongées trop lâchement. Car, quoique ce qu'a dit la partie adverse soit vrai sur la lettre et l'histoire du fait, toutefois, messieurs, la finesse, la tricherie, les petits anicrochements sont cachés sous le pot aux roses.

« Dois-je supporter qu'à l'heure où je mange ma soupe sans penser mal et sans mal dire, l'on vienne me ratisser et me tourmenter le cerveau, et me sonner un chahut, de

Qui boit en mangeant sa soupe,
Quand il est mort il ne voit goutte ?

« Et, Sainte Vierge, combien avons-nous vu de gros capitaines en plein champ de bataille, alors qu'on donnait les coups du pain bénit de la confrérie, pour plus

◆• Voir *Au fil du texte*, p. XI.

plus honestement se asseoir à table, jouer du luc, sonner du cul, et faire les petitz saulx en plate forme sur
beaulx escarpins deschiquettez [1] à barbe d'escrevisse ?

« Mais maintenant le monde est tout détravé de lous-
chetz des balles de Lucestre : l'ung se desbauche, l'aultre se cache le muzeau pour les froidures hybernales,
et, si la court n'y donne ordre, il fera aussi mal glener
ceste année, qu'il feist, ou bien fera de troys sepmaines. Si une pauvre personne s'en va aux estuves pour
se faire enluminer le muzeau de bouzes de vache ou
achapter bottes de hyver, et les sergeans passans, ou
bien ceulx du guet, recevant la décoction d'ung clystère,
ou la matière fecale d'une celle persée sur leurs tintamarres, en doibt l'on pourtant rongner les testons et
fricasser les escuz esles de boys ?

« Aulcunesfoys nous pensons l'ung, mais Dieu faict
l'aultre ; et, quand le soleil est couché, toutes bestes
sont à l'umbre. Je n'en veulx pas estre creu, si je ne
le prouve hugrement par gens dignes de mémoire. L'an
trente et six, j'avoys achapté ung courtault d'Allemaigne, hault et court, d'assez bonne laine et tainct en
grene, comme me asseuroient les orfeuvres : toutesfoys
le notaire y mist du *cetera*. Je ne suis pas clerc, pour
prendre la lune à tout les dentz, mais, au pot de beurre
où l'on scelloit les instrumens vulcanicques, le bruyt
estoit, que le bœuf salé faisoit trouver le vin en plain
minuyct sans chandelle, et feust il caché au fond d'ung
sac de charbonnier, houssé et bardé avecques le chanfrain et hoguines requises à bien fricasser rustrye, c'est
teste de mouton. Et c'est bien ce qu'on dit en proverbe,
qu'il faict bon veoir vaches noires en boys bruslé, quand
on jouyst de ses amours. J'en fis consulter la matière
à Messieurs les clercs, et pour resolution concluoient
en *frisesomorum* qu'il n'est tel que de faucher en esté
en cave bien garnie de papier et d'ancre, de plumes

---

1. Les « déchiquetures » sont des décorations de vêtements : une
doublure colorée sort de dessous l'étoffe principale par des fentes.

élégamment s'asseoir à table, jouer du luc, sonner du cul, et faire les petits sauts sur l'estrade sur leurs beaux escarpins déchiquetés à barbe d'écrevisse ?

« Mais maintenant le monde est tout détraqué des ballots de draps de Leicester : l'un se débauche, l'autre se cache le museau contre le froid hivernal, et si la Cour n'y donne ordre, il sera aussi mauvais de glaner en un an qu'il ferait ou fera de trois semaines. Si une pauvre personne s'en va aux étuves pour se faire enluminer le museau de bouse de vache, ou acheter des bottes en hiver, et si les sergents passants, ou bien ceux du guet, reçoivent la décoction d'un lavement, ou la matière fécale d'un pot de chambre sur leurs tintamarres, doit-on pour autant rogner les testons et fricasser les écuelles de bois ?

« Quelquefois nous pensons une chose et Dieu en fait une autre, et quand le soleil est couché, toutes bêtes sont à l'ombre. Je veux bien qu'on ne me croie pas, si je n'arrive pas à le prouver vivement par des gens dignes de mémoire. En 36, j'avais acheté un courtaud d'Allemagne haut et court, d'assez bonne laine et teint d'écarlate, comme me l'assuraient les orfèvres ; toutefois le notaire inscrivit du *et caetera*. Je ne suis pas grand clerc pour prendre la lune entre les dents, mais au pot de beurre où on scellait les instruments de la forge, le bruit était que le bœuf salé faisait trouver le vin en pleine nuit sans lumière, aurait-il été caché dans un sac de charbonnier, avec housse et bardes, chanfrein et jambières requises pour bien fricasser de la nourriture de rustres (c'est-à-dire de la tête de mouton). Et c'est bien ce qu'on dit en proverbe : Il fait bon voir vaches noires en bois brûlé quand on jouit de ses amours. J'en fis consulter la matière à messieurs les clercs, et pour solution, ils concluaient en syllogisme que le mieux est de faucher en été en cave bien garnie de papier et d'encre, de plumes et de canifs de Lyon,

et de ganyvet de Lyon sur le Rosne, tarabin tarabas :
car, incontinent que ung harnoys sent les aulx, la rouille
luy mangeue le faye, et puis l'on ne faict que rebec-
quer torty colli, fleuretant le dormir d'après disner. Et
voylà qui faict le sel tant cher.

   « Messieurs, ne croyez pas que, au temps que ladicte
bonne femme englua la pochecuillère pour le record du
sergeant mieulx apanaiger et que la fressure boudinalle
tergiversa par les bourses des usuriers, il y eust rien
meilleur à soy garder des Caniballes, que prendre une
liasse d'oignons, liée de troys cens avez mariatz, et quelque peu d'une fraize de veau, du meilleur alloy que
ayent les alkymistes, et bien luter et calciner ses pantoufles, mouflin mouflart, avecques belle saulce de
raballe, et soy mucer en quelque petit trou de taulpe,
saulvant tousjours les lardons.

   « Et, si le dez ne vous veulx aultrement dire, que
tousjours ambezars, ternes, six et troys, guare daz, mettez la dame au coing du lict, avecques la toureloula la la,
et vivez en souffrance, et me peschez force grenoilles
à tout beaux houseaux : ce sera pour les petitz oysons
de mue, qui s'esbatent au jeu de foucquet, attendant
battre le metal, et chauffer la cyre aux bavars de godale.

   « Bien vray est il, que les quatre bœufz, desquelz il
est question, avoient quelque peu la mémoire courte :
toutesfoys, pour sçavoir la game, ilz n'en craignoient
courmaran ny quanard de Savoye, et les bonnes gens
de ma terre en avoient bonne esperance, disans : « Ces
enfans deviendront grans en algorisme : ce nous sera
une rubricque de droict. » Nous ne povons faillir à
prendre le loup, en faisant noz hayes dessus le moulin
à vent, duquel a esté parlé par partie adverse. Mais le
diable y eut envie, et mist les Allemans par le derrière,
qui firent diables de humer : « *Tringue, tringue ! das
ist cotz, frelorum bigot paupera guerra fuit.* » Et
m'esbahys bien fort, comment les astrologues s'en
empeschent tant en leurs astrolabes, et almucantarath.
Car il n'y a nulle apparence de dire que à Paris sur Petit
Pont géline de feurre, et feussent ilz aussi huppez que

tarabin, tarabas : car tout aussitôt qu'un harnais sent l'ail, la rouille lui mange le foie, et puis l'on ne fait que riposter à tord-col, sentant le dormir d'après dîner. Et voilà pourquoi le sel est si cher.

« Messieurs, ne croyez pas qu'au temps où ladite bonne femme englua la spatule pour mieux doter le record du sergent et où la fressure des boudins tourna le dos dans les bourses des usuriers, il n'y eut rien demieux pour se protéger des cannibales que de prendre une liasse d'oignons liés avec trois cents *Je vous salue Marie* et un peu de fraise de veau, du meilleur taux qu'aient les alchimistes, de bien calfater et calciner ses pantoufles mouflin mouflart, avec une belle sauce de râteau, et de se cacher, dans un petit trou de taupe, sauvant toujours les lardons.

« Et si le dé ne vous veut dire que des as, terne, six et trois, sans as, mettez la dame au coin du lit avec la toureloula la la, et vivez en tout supportant, et pêchez-moi force grenouilles à belles bottées : ce sera pour les petits oisons pas mués qui jouent au fouquet, en attendant de battre le métal et de chauffer la cire aux buveurs de bière.

« Il est bien vrai que les quatre bœufs desquels il est question avaient un peu la mémoire courte : toutefois, pour ce qui est de savoir la gamme, ils ne craignaient ni cormoran ni canard de Savoie, et les bonnes gens de ma terre en espéraient beaucoup, disant "ces enfants deviendront grands en algorithme : ce nous sera un repère infaillible". Nous ne pouvons manquer de prendre le loup en faisant nos haies par-dessus le moulin à vent dont il a été parlé par la partie adverse. Mais le diable fut jaloux et mit les Allemands par le derrière, qui burent diablement. "À boire, à boire ! c'est bon ! Pauvre guerre, par Dieu, que la guerre des frelons…" Et je m'ébahis fort, que les astrologues s'en gênent tant dans leurs astrolabes et tranches de sphères. Car il n'y a pas de raison de dire qu'à Paris sur Petit-Pont poule en paille, et fussent-ils aussi dupés que huppes des

duppes de marays, sinon vrayement qu'on scarifiast les
pompettes au moret fraichement esmoulu de letres
versalles ou cursives, ce m'est tout ung, pourveu que
la tranchefille n'y engendre point de vers.

« Et, posé le cas que, au coublement des chiens cou-
rans, les marmouzelles eussent corné prinse, devant que
le notaire eust baillé sa relation par art cabalisticque,
il ne s'ensuyt pas (saulve meilleur jugement de la court)
que six arpens de pré à la grand laize feissent troys
bottes de fine ancre sans souffler au bassin, considéré
que aux funérailles du roy Charles l'on avoit en plain
marché la toyson pour six blancs, j'entends, par mon
serment de laine.

« Et je voy ordinairement en toutes bonnes maisons
que, quand l'on va à la pippée, faisant troys tours de
balay par la cheminée, et insinuant sa nomination, l'on
ne faict que bander aux rains et souffler au cul, si
d'avanture il est trop chault, et, *quille luy bille,*

> *Incontinent les letres veues,*
> *Les vaches luy furent rendues.*

« Et en fut donné pareil arrest à la Martingalle [1],
l'an dix et sept, pour le maulgouvert de Louzefoige-
rouse, à quoy il plaira à la Court d'avoir esguard.

« Je ne dis pas vrayement qu'on ne puisse par equité
deposseder en juste tiltre ceulx qui de l'eau béniste beu-
vroient, comme on faict d'ung rancon de tisserant, dont
on faict les suppositoires à ceulx qui ne veulent resi-
gner, sinon à beau jeu bel argent. Car l'usance commune de la loy Salicque est telle, que le premier boutefeu qui escornifle la vache, qui mousche en plain chant
de musicque, sans solfier les poinctz des savatiers,
doibt, en temps de peste, charger son pauvre membre
de mousse cuillie alors qu'on se morfond à la messe
de minuyct, pour bailler l'estrapade à ces vins blancs

---

1. Jeu de mots multiple sur Galle/galler, d'où : faire la fête de
Saint-Martin, un des moments de réjouissance populaire.

marais, à moins vraiment qu'on scarifiât les éponges à encre fraîchement sortie du moule des lettres majuscules (ou cursives, ça m'est égal, pourvu que le dos de reliure n'y engendre des vers).

« Et à supposer qu'au couplement des chiens courants, les marmouselles aient sonné la prise avant que le notaire ait donné sa relation par art cabalistique, il ne s'ensuit pas (sauf meilleur jugement de la Cour) que six arpents de pré de grande largeur fassent trois bottes de fine ancre sans souffler au bassin, considéré qu'aux funérailles du roi Charles on avait en plein marché la toison pour six blancs, je dis bien par mon serment, de laine.

« Et je vois ordinairement dans toutes les bonnes maisons, quand on va à piéger les oiseaux, faisant trois tours de balai par la cheminée et insinuant sa nomination, on ne fait que bander les reins et souffler au cul (si par hasard il est trop chaud), et *quille lui bille*

> *Sitôt les lettres vues,*
> *Les vaches lui furent rendues.*

« Et le même arrêt a été rendu à la fête de Saint-Martin par le Prince des Fous de Loge Fouillerouse, à quoi la Cour voudra bien avoir égard.

« Je ne dis pas vraiment qu'on ne puisse équitablement déposséder de façon juste ceux qui boiraient de l'eau bénite, comme on le fait d'une navette de tisserand dont on fait des suppositoires à ceux qui ne veulent vendre qu'à beau jeu, bel argent. Car tel est l'usage commun de la loi salique : le premier boutefeu qui écornifle la vache, qui se mouche au milieu du plain-chant, sans solfier les points des savetiers, doit, en temps de peste, charger son pauvre membre de mousse cueillie quand on se morfond à la messe de minuit, pour donner l'estrapade à ces vins blancs d'Anjou qui font

d'Anjou qui font la jambette, collet à collet, à la mode
de Bretaigne.

« Concluant comme dessus, avecques despens, dom-
maiges, et interestz. »

Après que le seigneur de Humevesne eut achevé, Pantagruel dist au seigneur de Baisecul : « Mon amy,
voulez-vous riens replicquer ? »

A quoy respondit Baisecul : « Non, Monsieur : car
je n'en ay dit que la vérité, et, pour Dieu, donnez fin
à nostre different, car nous ne sommes pas icy sans
grand frais. »

Alors, Pantagruel se leve, et assemble tous les Pré-
sidens, Conseilliers, et Docteurs là assistans, et leur
dist :

« Or çà, Messieurs, vous avez ouy, *vive vocis ora-
culo*, le different dont il est question. Que vous en
semble ? »

A quoy respondirent :

« Nous l'avons véritablement ouy : mais nous n'y
avons entendu, au diable, la cause. Par ce, nous vous
prions *una voce* et supplions par grace, que vueillez
donner la sentence telle que verrez, et *ex nunc prout
ex tunc* nous l'avons aggréable, et ratifions de noz
plains consentemens.

— Et bien, Messieurs, dist Pantagruel, puis qu'il
vous plaist, je le feray ; mais je ne trouve pas le cas
tant difficile que vous le faictes. Vostre paraphe *Caton*,
la loy *Frater*, la loy *Gallus*, la loy *Quinque pedum*, la
loy *Vinum*, la loy *Si dominus*, la loy *Mater*, la loy
Mulier bona, la loy *Si quis*, la loy *Pomponius*, la loy
Fundi, la loy *Exemptor*, la loy *Pretor*, la loy *Vendi-
tor*, et tant d'aultres, sont bien plus difficiles en mon
opinion [1]. »

Et, après ce dict, il se pourmena ung tour ou deux
de sale, pensant bien profondément, comme l'on povoit

---

1. Série de lois, réputées pour être compliquées, citées selon la coutume des juristes par un premier terme.

des crocs-en-jambe, corps à corps à la mode de Bretagne.

« Concluant comme dessus, avec dépens, dommages et intérêts. »

Après que le seigneur de Humevesne eut achevé, Pantagruel dit au seigneur de Baisecul : « Mon ami, voulez-vous répliquer quelque chose ? »

À quoi Baisecul répondit : « Non monsieur : car je n'en ai dit que la vérité et, pour Dieu, finissez notre différend, car nous avons de grands frais ici. »

Alors Pantagruel se lève et assemble tous les présidents, conseillers et docteurs présents, et leur dit :

« Or çà, Messieurs, vous avez entendu, par la voix même de l'oracle, le différend dont il est question. Que vous en semble ? »

À quoi ils répondirent :

« Nous avons véritablement entendu, mais nous n'avons pas compris, au diable, la cause. C'est pourquoi nous vous prions d'une seule voix et vous supplions par grâce que vous vouliez donner la sentence telle que vous la verrez ; et maintenant, et après, nous la trouvons à notre gré et la ratifions de notre plein consentement.

— Eh bien, messieurs, dit Pantagruel, puisque vous le voulez, je le ferai. Mais je ne trouve pas le cas si difficile que vous le dites. Votre paragraphe Caton, la loi Frère, la loi Coq, la loi Cinq pieds, la loi Vin, la loi Si quelqu'un, la loi Bonne Femme, la loi Pomponius, la loi Fonds, la loi Acheteur, la loi Prêteur, la loi Vendeur, et tant d'autres sont bien plus difficiles, selon moi. »

Après ces mots, il se promena un tour ou deux de salle, pensant profondément comme on pouvait le sup-

estimer, car il jeignoit d'angustie et petoit d'ahan,
comme ung asne qu'on sangle trop fort, pensant qu'il
failloit à ung chascun faire droict, sans varier ny accep-
ter personne ; puis se retourna asseoir et commença
pronuncer la sentence comme s'ensuyt :

« Veu, entendu, et bien calculé le différent d'entre
les seigneurs de Baisecul et Humevesne, la Court leur
dit :

« Que, consyderé que le soleil decline bravement de
son solstice estival pour mugueter les billes vesées qui
ont eu mat du pyon par les males vexations des luci-
fuges nycticoraces qui sont inquilines du climat
diaromes ¹ d'ung crucifix à cheval bendant une arbaleste aux reins, le demandeur eut juste cause de calfre-
ter le gallion que la bonne femme boursouffloit, ung
pied chaussé et l'aultre nud, le remboursant bas et
roidde en sa conscience d'autant de baguenaudes,
comme il y a de poil en dix huyt vasches, et autant pour
le brodeur.

« Semblablement est déclairé innocent du cas de
crime, qu'on pensoit qu'il eust encouru de ce qu'il ne
povoit baudement fianter, par la décision d'une paire
de gands, parfumez à la chandelle de noix, comme on
use en son pays de Myrebaloys, laschant la bouline
avecques les boulletz de bronze, dont les houssepail-
liers pastissoient conestablement ses légumaiges inter-
bastez du Loyrre à tout les sonnettes d'esparvier faictes à poinct de Hongrie, que son beau frère portoit
mémoriallement en ung penier limitrophe, brodé de
gueulles à troys chevrons hallebrenez de canabasserie,
au caignard angulaire dont on tire au papegay vermi-
forme avecques la vistempenarde.

« Mais, en ce qu'il met sus au défendeur qu'il fut
rataconneur, tyrofageux et goildronneur de mommye,
que n'a esté trouvé estre vray, comme bien l'a débastu
ledict défendeur, la court la condemne en troys verras-

---

1. L'influence de l'écolier limousin se fait sentir...

poser, car il geignait d'angoisse et pétait d'effort, comme un âne qu'on sangle trop fort, pensant qu'il fallait faire droit à chacun, sans fléchir ni regarder à la personne. Puis il retourna s'asseoir, et commença à prononcer la sentence comme suit :

« Vu, entendu et bien pesé le différend entre les seigneurs de Baisecul et d'Humevesne, la Cour leur dit :

« Que, en considérant que le soleil décline bravement de son solstice d'été pour courtiser les billevesées qui ont échoué par les mauvais traitements des corbeaux nocturnes qui sont locataires du climat de Rome d'un crucifix à cheval bandant une arbalète aux reins, le demandeur eut raison de calfater le gallion que la bonne femme boursouflait, un pied chaussé et l'autre nu, le remboursant bas et roide en sa conscience, d'autant de baguenaudes qu'il y a de poils sur dix-huit vaches, et autant pour le brodeur.

« Semblablement il est déclaré innocent du crime qu'on pensait qu'il pouvait encourir parce qu'il ne pouvait fianter à l'aise, par la décision d'une paire de gants parfumés de chandelles à la noix comme on en use dans son pays de Mirebaux, lâchant la bouline avec les boulets de bronze, dont les palefreniers mêlaient connétablement ses légumes entrebâtés du Loire avec des sonnettes d'éperviers faites au point de Hongrie que son beau-frère portait pour mémoire dans un panier limitrophe, brodé de gueules à trois chevrons canardés de chanvrerie, dans la cabane angulaire d'où l'on tire au papegai versifié avec le plumeau.

« Mais, parce qu'il met au compte du défendeur qu'il a été raccommodeur, mangeur de fromage et goudronneur de momie, ce qui n'est pas vrai, la Cour le condamne à trois pleins verres de lait caillé bien com-

sées de caillebottes assimentez, prelorelitantées et gau-
depisées comme est la coustume du pays, envers ledict
défendeur, payables à la my-oust en may ;

« Mais ledict defendeur sera tenu de fournir de foin
et d'estoupes à l'embouschement des chausse-trapes
gutturales, emburelucocquées de guilverdons bien gra-
belez à rouelle.

« Et amys comme devant, et sans despens et pour
cause. »

Laquelle sentence prononcée, les deux parties s'en
allèrent toutes deux contentes de l'arrest, qui fut quasi
chose incroyable. Et, au regard des Conseilliers et
aultres Docteurs qui là assistoient, ilz demourèrent en
ectase bien troys heures, et tous ravys en admiration
de la prudence de Pantagruel plus que humaine, qu'ilz
avoient congneu clèrement en la décision de ce jugement tant difficile et espineux. Et y feussent encores,
sinon qu'on apporta force vinaigre et eaue rose pour
leur faire revenir le sens et entendement acoustumé,
dont Dieu soit loué par tout.

pact, prélorelitanté, et séché comme c'est la coutume du pays, à donner au défendeur, payables à la mi-août en mai.

« Mais ledit défendeur sera tenu de fournir de foin et d'étoupes pour emboucher les chausse-trappes du gosier, embrouillées de capuchons bien criblés à rouelle.

« Et amis comme devant, et sans dépens, et pour cause. »

Laquelle sentence prononcée, les deux parties s'en allèrent toutes deux contentes de l'arrêt, ce qui fut une chose presque incroyable. Quant aux conseillers et autres docteurs qui assistaient à cela, ils restèrent bien trois heures en extase et tout ravis d'admiration de la sagesse de Pantagruel, bien plus qu'humaine, qu'ils avaient vue bien clairement dans la décision de ce jugement si difficile et épineux. Et ils y seraient encore, mais on apporta force vinaigre et eau de rose pour les faire revenir à leur intelligence accoutumée, ce dont Dieu soit loué partout.

CHAPITRE X

Comment Panurge racompte la manière qu'il eschappa de la main des Turcqs

Le jugement de Pantagruel fut incontinent sceu et entendu de tout le monde, et imprimé à force, et rédigé ès Archives du Palays, en sorte que le monde commença à dire :

« Salomon, qui rendit par soubson l'enfant à sa mère, jamais ne monstra tel chef d'œuvre de prudence comme a faict ce bon Pantagruel[1]. Nous sommes heureux de l'avoir en nostre pays. »

Et de faict, l'on le voulut faire maistre des requestes, et président en la Court ; mais il refusa tout, les remerciant gracieusement :

« Car il y a (dist il) trop grand servitude à ces offices, et à trop grand peine peuvent estre saulvez ceulx qui les exercent, veu la corruption des hommes. Mais, si avez quelque bon poinsson de vin, voulentiers j'en recepvray le présent. »

Ce que ilz firent voulentiers, et luy envoyèrent du meilleur de la ville, et beut assez bien. Mais le pouvre Panurge en beut vaillamment, car il estoit eximé comme ung haran soret. Aussi alloit-il du pied comme ung chat maigre. Et quelqu'ung l'admonnesta en disnant, disant :

---

1. L'éloge de la sagesse de Pantagruel, comparé à celui du sage par excellence, constitue un paradoxe, étant donné l'exploit juridique burlesque qui a été accompli.

CHAPITRE X

Comment Panurge raconte
la manière dont il échappa de la main
des Turcs

Le jugement de Pantagruel fut immédiatement su et entendu de tout le monde, et imprimé en nombre, et rédigé aux archives du Palais, de sorte que les gens commencèrent à dire :

« Salomon, qui rendit l'enfant à sa mère en soupçonnant la vérité, n'a jamais montré tel chef-d'œuvre de sagesse que ce bon Pantagruel. Nous sommes heureux de l'avoir en notre pays. »

Et de fait on voulait le faire maître des requêtes et président de la Cour. Mais il refusa tout, les remerciant gracieusement :

« Car ces offices sont un trop grand esclavage, et ceux qui les exercent ont grand-peine à faire leur salut, vu la corruption des hommes. Mais si vous avez quelque bon tonneau de vin, je l'accepterai volontiers en cadeau. »

Ce qu'ils firent volontiers, et ils lui envoyèrent le meilleur de la ville, et il le but assez bien. Mais le pauvre Panurge en but vaillamment, car il était séché comme un hareng saur. Et quelqu'un l'admonesta pendant le dîner en disant :

« Compère, tout beau ! Vous faictes rage de humer.

— Par sainct Thibault (dist il), tu dys vray : et si je montasse aussi bien comme je avalle, je feusse desjà au dessus de la sphère de la lune, avecques Empedocles[1] ! Mais je ne sçay que diable cecy veult dire : ce vin est fort bon et bien delicieux, mais tant plus j'en boy, tant plus j'ay soif. Je croy que l'umbre de Monseigneur Pantagruel engendre les alterez, comme la lune faict les catarrhes. »

A quoi se prindrent à rire les assistans. Ce que voyant, Pantagruel dist :

« Panurge, qu'est-ce que avez à rire ?

— Seigneur (dist-il), je leur contoys, comment ces diables de Turcqs sont bien malheureux de ne boire point de vin. Si aultre mal n'y avoit en l'*Alchoran* de Mahumeth, encores ne me mettroys-je pas de sa loy.

— Mais or me dictes comment, dist Pantagruel, vous eschappastes leurs mains ?

— Par Dieu, Seigneur, dist Panurge, je ne vous en mentiray de mot[2].

« Les paillards Turcqs me s'avoient mys en broche tout lardé, comme ung connil, pour me faire roustir tout vif. Et ainsi comme ilz me routissoient, je me recommandoys à la grace divine, ayant en memoire le bon sainct Laurent[3], et tousjours esperoys en Dieu, qu'il me delivreroit de ce torment : ce qui fut faict bien estrangement. Car, ainsi que me recommandoys bien de bon cueur à Dieu, cryant : « Seigneur Dieu, aydemoy ! Seigneur Dieu, saulve-moy! Seigneur Dieu, ostemoy de ce torment, auquel ces traistres chiens me

---

1. Le philosophe Empédocle, mort dans l'Etna, rencontre en plein vol Icaroménippe, déjà cité. Il explique sa présence par le fait que les vapeurs du volcan l'ont emporté jusque sur la lune.

2. Le récit des aventures de Panurge chez les Turcs ancre ses hâbleries dans le contexte de la résistance de l'Occident à l'expansion turque sous Selim et Soliman : l'expédition de Mytilène, en 1502, s'apparente à une dernière croisade. La dernière grande peur occidentale ne date que de 1529 où l'armée de Soliman atteint Vienne. En 1532,

« Compère, doucement ! Vous buvez en enragé.

— Par saint Thibaut, dit-il, tu dis vrai, et si je grimpais aussi bien que je le descends, je serais déjà au-dessus de la sphère de la lune avec Empédocle ! Mais je ne sais ce que diable cela veut dire : ce vin est très bon, mais plus j'en bois et plus j'ai soif. Je crois que l'ombre de Monseigneur Pantagruel engendre les assoiffés comme la lune engendre les rhumes. »

À quoi rirent tous les assistants. Ce que voyant Pantagruel dit :

« Panurge, qu'avez-vous à rire ?

— Seigneur, dit-il, je leur contais comment ces diables de Turcs sont bien malheureux de ne pas boire de vin. Même si c'était la seule erreur du Coran de Mahomet, je ne suivrais pas sa loi.

— Mais racontez-moi maintenant comment vous vous êtes échappé de leurs mains ?

— Par Dieu, seigneur, dit Panurge, je vais vous dire toute la vérité.

« Les paillards de Turcs m'avaient mis en broche tout lardé, comme un lapin, pour me faire rôtir vivant. Et pendant qu'ils me rôtissaient, je me recommandais à la grâce divine, ayant en mémoire le bon saint Laurent et toujours j'espérais que Dieu me délivrerait de ce tourment : ce qui fut fait bien étrangement. Car, pendant que je me recommandais à Dieu de bon cœur, en criant : "Seigneur Dieu, aide-moi ! Seigneur Dieu, sauve-moi ! Seigneur Dieu, ôte-moi de ce tourment auquel ces traîtres chiens me tiennent parce que je main-

---

le roi de France, qui a promis de mener une offensive contre eux avec les autres princes chrétiens, prépare une alliance avec eux. Cela dit, les Turcs de Panurge sont fort peu typés, anthropophages ou braves gens, démoniaques ou mahométans, c'est tout un. Notez que la jeune femme curieuse est tudesque, c'est-à-dire allemande, et non turque.

3. Saint Laurent subit le martyre du gril.

detiennent, pour la maintenance de ta loy ! » : le routisseur s'endormyt par le vouloir divin, ou bien de quelque bon Mercure, qui endormyt cautement Argus qui
avoit cent yeulx.

« Or quand je vy qu'il ne me tournoit plus en rou-
tissant, je le regarde, et voy qu'il s'endort. Ainsi, je
prens avecques les dentz ung tyson par le bout où il
n'estoit point bruslé, et vous le gette au gyron de mon
routisseur, et ung aultre je gette, le mieulx que je peuz,
soubz ung lict de camp, qui estoit auprès de la cheminée, où il y avoit force paille.

« Incontinent, le feu se print à la paille : et de la paille
au lict, et du lict au solier, qui estoit embrunché de sapin
faict à quehues de lampes. Mais le bon fut, que le feu
que j'avoys getté au gyron de mon paillard routisseur
luy brusla tout le penil, et se prenoit aux couillons,
sinon qu'il n'estoit point tant punays qu'il ne le sentît
plus tost que le jour, et, de bouq estourdy se levant,
crya à la fenestre tant qu'il peult : « *Dal baroth, dal
baroth !* » qui vault autant à dire comme « *Au feu, au
feu !* » : et vint droict à moy, pour me getter du tout
au feu, et desjà avoyt couppé les cordes dont on m'avoit
lyé les mains, et il couppoit les lyens des piedz : mais
le maistre de la maison, ouyant le cry du feu, et en sentant jà la fumée, de la rue, où il se pourmenoit avecques quelques aultres Baschatz et Musaffiz, courut tant
qu'il peult y donner secours et pour emporter ses
bagues.

« Et de pleine arrivée, il tyre la broche où j'estoys
embroché, et tua tout roidde mon routisseur, dont il
mourut là par faulte de gouvernement ou aultrement :
car il luy passa la broche ung peu au dessus du nombril, vers le flan droict, et luy percea la tierce lobe du
foye, et le coup haussant luy penetra le diaphragme et,
par atravers la capsule du cueur, luy sortit la broche
par le hault des espaules entre les spondyles et l'omoplate senestre.

« Vray est que en tirant la broche de mon corps je
tumbe à terre près des landiers, et me fys ung peu de

tiens ta loi !'', le rôtisseur s'endormit par la volonté
de Dieu, ou bien de quelque bon Mercure, lui qui a
endormi si astucieusement Argus aux cent yeux.

« Or, quand je vis qu'il ne me tournait plus pour me
rôtir, je le regarde et je vois qu'il s'endort. Alors je
prends avec les dents un tison par le bout où il n'était
pas brûlé, et je vous le jette sur le ventre de mon rôtisseur, et j'en jette un autre le mieux que je peux sous
un lit de camp qui était près de la cheminée, où il y
avait force paille.

« Immédiatement le feu prit à la paille, et de la paille
au lit, et du lit au plafond qui était couvert de sapin
fait en culs-de-lampe. Mais le meilleur fut que le tison
que j'avais jeté sur le ventre de mon paillard rôtisseur
lui brûla tout le pénis, et s'en prenait aux couillons,
mais il n'était pas pourri de lèpre au point de ne le sentir que le lendemain, et se levant, étourdi comme un
bouc qui fonce tête baissée, il cria tant qu'il put devant
la fenêtre : ''dal baroth, dal baroth !'' qui est comme
crier ''Au feu, au feu !'', et il revint droit à moi pour
me jeter complètement dans le feu. Et déjà il m'avait
coupé les cordes dont il m'avait lié les mains, et il coupait les liens des pieds, mais le maître de maison, entendant crier au feu et sentant déjà la fumée depuis la rue
où il se promenait avec quelques autres pachas et
imams, courut tant qu'il put pour arriver au secours
et emporter ses bagues.

« Et dès l'arrivée il tira la broche où j'étais embroché et tua tout raide mon rôtisseur, ce dont il mourut
là par manque de soin ou autrement, car il lui passa
la broche un peu au-dessus du nombril vers le flanc
droit, et lui perça le troisième lobe du foie, le coup montant lui pénétra le diaphragme, et, par à travers la capsule du cœur, la broche lui sortit par le haut des épaules
entre les spondyles et l'omoplate gauche.

« C'est vrai que quand il tire la broche de mon corps,
je tombe à terre près des chenets ; et je me fis mal, mais
pas trop, car les lardons amortirent le coup.

mal à la cheute, toutesfoys non pas grand : car les lardons soustindrent le coup.

« Puis, voyant mon baschaz, que le cas estoit desesperé, et que sa maison estoit bruslée sans rémission, et tout son bien perdu, se donna à tous les diables, appellant Grilgoth, Astaroth, et Rapallus par neuf foys.

« Quoy voyant, j'euz de peur pour plus de cinq solz, craignant : les diables viendront à ceste heure pour emporter ce fol icy. Seroient-ils bien gens pour m'emporter aussi ? Je suis jà demy rousty ; mes lardons seront cause de mon mal : car ces diables icy sont fryans de lardons, comme vous avez l'auctorité du philosophe Jamblicque [1] et Murmault en l'Apologie *De bossutis et contrefactis pro Magistros nostros*. Mais je fys le signe de la croix, cryant : *Agyos athanatos, ho Theos !* Et nul ne venoit.

« Ce que congnoissant mon villain baschaz, se vouloit tuer de ma broche, et s'en percer le cueur : et de faict, la mist contre sa poictrine, mais elle ne povoit oultre passer, car elle n'estoit pas assez ague ; et poulsoit tant qu'il povoit, mais il ne proffitoit riens.

« Alors je m'en vins à luy, disant :

« Missaire Bougrino, tu pers icy ton temps : car tu ne te tueras jamais ainsi ; mais bien te blesseras quelque hurte, dont tu languiras toute ta vie entre les mains des barbiers ; mais, si tu veulx, je te tueray icy tout franc, en sorte que tu n'en sentiras riens, et m'en croys : car j'en ay bien tué d'aultres, qui s'en sont bien trouvez.

— Hà, mon amy (dist-il), je t'en prie ! et, ce faisant, je te donne ma bougette. Tiens, voylà là : il y a six cens seraph dedans, et quelques dyamens et rubyz en perfection.

— Et où sont-ilz ? dit Epistémon.

— Par sainct Jehan ! dist Panurge, ilz sont bien loing, s'ilz vont tousjours.

— Achève, dist Pantagruel, je te pry que nous saichons comment tu acoustras ton baschaz.

— Foy d'homme de bien, dist Panurge, je n'en mens

« Puis mon pacha voyant que le cas était désespéré et que sa maison était brûlée sans rémission, et tout son bien perdu, il se donna à tous les diables, appelant Grilgoth, Astaroth et Rapallus par neuf fois.

« Là, j'ai eu peur pour plus de cent sous, car je me disais de peur : "Les diables vont venir pour emporter ce fou. Seraient-ils gens à m'emporter aussi ? Je suis déjà demi-rôti : mes lardons seront cause de mon mal, car les diables de ce pays sont friands de lardons, comme l'enseignent le philosophe Jamblique et Murmault dans l'*Apologie des bossus et contrefaits en faveur de Nos Maîtres*. Mais je fis le signe de la croix en criant : "Le Seigneur est saint et immortel !" et nul ne venait.

« En comprenant ça, mon vilain pacha voulait se tuer avec ma broche et s'en percer le cœur, et de fait il la mit contre sa poitrine, mais elle ne pouvait traverser car elle n'était pas assez aiguisée ; et il poussait tant qu'il pouvait, mais il ne réussissait pas. Alors je m'en vins vers lui en disant : "Messire Bougrino, tu perds ton temps, car tu ne te tueras pas comme ça, tu te feras quelque contusion dont tu languiras toute ta vie aux mains des barbiers ; mais si tu veux, je te tuerai ici tout net sans que tu sentes rien, et crois-moi, car j'en ai tué bien d'autres qui s'en sont bien trouvés.

— Ah, mon ami, dit-il, je t'en prie ! et ce faisant donne ma bourse. Tiens, voilà, il y a six cents seraph dedans et quelques diamants et rubis parfaits.

— Et où sont-ils ? dit Épistémon.

— Par saint Jean ! dit Panurge, ils sont bien loin s'ils courent toujours.

— Achève, dit Pantagruel, je te prie que nous sachions comment tu arrangeas ton pacha.

— Foi d'homme de bien, dit Panurge, je ne mens

1. Jamblique, philosophe néoplatonicien et spécialiste des mystères païens ne dit rien des lardons ; le rapprochement entre les diables et une *apologie des contrefaits, en faveur de nos maîtres* (les théologiens) est un trait de satire contre la Sorbonne.

de mot. Je le bende d'une meschante braye, que je
trouve là, demy bruslée, et vous le lye rustrement, pieds
et mains, de mes cordes, si bien qu'il n'eust sceu regim-
ber : puis luy passe ma broche à travers la gargamelle,
et aussi le pendys, acrochant la broche à deux gros
crampons, qui soustenoient les alebardes. Et vous atise
ung beau feu au dessoubz, et vous flamboys mon
milourt comme on faict les harans soretz à la cheminée. Puis, prenant sa bougette et ung petit javelot qui
estoit sur les crampons, m'en fuys le beau galot. Et Dieu
sçait comme je sentoys mon espaule de mouton !

    « Quand je fuz descendu en la rue, je trouvay tout
le monde qui estoit acouru au feu à force d'eau pour
l'estaindre. Et, me voyans ainsi à demy rousty, eurent
pitié de moy naturellement, et me gettèrent toute leur
eau sur moy, et me refraischirent joyeusement : ce que
me feist fort grand bien ; puis me donnerent quelque
peu à repaistre, mais je ne mangeoys guères : car ilz
ne me bailloient que de l'eau à boire, à leur mode.

    « Et aultre mal ne me firent, sinon ung villain petit
Turcq, bossu par devant, qui furtivement me crocquoit
mes lardons ; mais je luy baillys si vert *dronos* sur les
doigts à tout mon javelot, qu'il n'y retourna pas deux
fois. Et une jeune Tudesque, qui m'avoit apporté ung
pot de mirobalans emblicz conficz à leur mode,
laquelle regardoit mon pouvre haire esmoucheté, comment il s'estoit retiré au feu : car il ne me alloit plus
que jusques sur les genoulx.

    « Or, ce pendant qu'ilz se amusoient à moy, le feu
triumphoit, ne demandez pas comment, à prendre en
plus de deux mille maisons, tant que quelqu'ung d'entre
eulx l'avisa et s'escrya, disant : « Ventre Mahom, toute
la ville brusle, et nous amusons icy ! » Ainsi chascun
s'en va à sa chascuniere.

    « De moy, je prens mon chemin vers la porte. Et
quand je fuz sur ung petit tucquet qui est auprès, je
me retourne arrière, comme la femme de Loth, et vys
toute la ville bruslant, comme Sodome et Gomorre :

pas. Je le bande d'une vieille culotte que je trouve là demi-brûlée et vous le lie sommairement pieds et mains de mes cordes, si bien qu'il ne peut se débattre : puis je lui passe ma broche à travers la gargamelle ; et aussi je le pendis en accrochant la broche à deux gros crampons qui soutenaient des hallebardes. Et je vous attise un beau feu au-dessous, et je vous flambe mon milord comme on fait les harengs saurs à la cheminée. Puis prenant sa bourse et un beau petit javelot qui était sur les crampons, je m'enfuis au grand galop. Et Dieu sait comme je sentais le méchoui !

« Quand je fus descendu dans la rue, je trouvai tout le monde accouru au feu à grand renfort d'eau pour l'éteindre. Et me voyant ainsi à demi rôti, ils eurent pitié de moi naturellement, jetèrent toute leur eau sur moi et me rafraîchirent joyeusement, ce qui me fit grand bien ; puis ils me donnèrent un peu à manger, mais je ne mangeais guère, car ils ne me donnaient que de l'eau à boire selon leur coutume.

« Et ils ne me firent aucun autre mal, sinon un vilain petit Turc bossu par-devant qui furtivement me croquait mes lardons ; mais je lui donnai un si bon coup sur les doigts avec tout mon javelot qu'il n'y revint pas deux fois. Et une jeune Tudesque, qui m'avait apporté un pot de glands mirobolants confits à leur mode, qui regardait mon pauvre membre tout tacheté, comme il s'était rétréci au feu, car il ne m'allait plus que jusque sur les genoux.

« Or cependant qu'ils s'amusaient avec moi, le feu triomphait, ne demandez pas comment, à prendre dans plus de deux mille maisons, jusqu'à ce que quelqu'un d'entre eux le remarquât et s'écriât : "Ventre de Mahomet, toute la ville brûle, et nous nous amusons ici !" Ainsi chacun s'en fut à sa chacunière.

« Moi, je prends mon chemin vers la porte. Et quand je fus sur un petit tertre à côté, je me retourne en arrière comme la femme de Loth, et vis toute la ville en feu, comme Sodome et Gomorrhe, ce dont je fus

dont je fuz tant ayse que je me cuyde conchier de joye ;
mais Dieu m'en punit bien.

— Comment ? dit Pantagruel.

— Ainsi que je regardoys en grand liesse ce beau feu,
et me gabelant, et disant : « Hà, pauvres pusses, hà,
pauvres souritz, vous aurez maulvais hyver, le feu est
en vostre paillier ! » sortirent plus de six cens chiens [1],
gros et menutz, tous ensemble de la ville, fuyans le feu.
Et de première venue acoururent droict à moy, sentant
l'odeur de ma paillarde chair demy roustie, et me eussent dévoré à l'heure, si mon bon ange ne m'eust bien
inspiré.

— Et que fys-tu, pouvret ? dist Pantagruel.

— Soubdain je me advise de mes lardons : et les leur
gettoys au meillieu d'entre eulx. Et chiens d'aller, et
de se entrebattre l'ung l'aultre à belles dentz, à qui
auroit le lardon. Par ce moyen me laissèrent, et je les
laisse aussi se pelaudant l'ung l'aultre. Et ainsi eschappe
gaillard et dehayt. »

---

1. Les chiens en troupe jouent un grand rôle dans les moments
forts de la vie de Panurge ; comme le dit le mot même de Canicule
(Petite Chienne, nom familier de l'étoile de Sirius), leur déchaîne-
ment est de saison.

si content que j'ai cru m'en conchier de joie. Mais Dieu
m'en punit bien.

— Comment ? dit Pantagruel.

— Pendant que je regardais dans l'euphorie ce beau
feu, me gaussant, disant "Ha pauvres puces ! ha, pauvres souris ! vous aurez un mauvais hiver, le feu est
dans votre tas de paille !" plus de six cents chiens
grands et petits sortirent tous ensemble de la ville,
fuyant le feu. Et du premier coup ils accoururent droit
sur moi, sentant l'odeur de ma paillarde chair demi-
rôtie, et ils m'auraient dévoré tout de suite si mon ange
ne m'avait bien inspiré.

— Et que fis-tu, pauvret ? dit Pantagruel.

— Soudain, je m'avise de mes lardons et je les leur
jetai au milieu d'eux. Et chiens d'aller et de s'entrebattre à belles dents à qui aurait le lardon. Par ce moyen
ils me laissèrent, et je les laisse aussi s'écorchant l'un
l'autre. Et ainsi je me sauve gaillard et joyeux. »

CHAPITRE XI

Comment Panurge enseigne
une maniere bien nouvelle de bastir
les murailles de Paris

Pantagruel, quelque jour, pour se recréer de son estude, se pourmenoit vers les faulxbourgs[1] sainct Marceau, voulant veoir la Follie Gobelin[2] ; et Panurge estoit avecques luy, ayant tousjours le flaccon soubz sa robbe, et quelque morceau de jambon : car sans cela jamais ne alloit-il, disant que c'estoit son garde-corps ; et aultre espée ne portoit-il. Et quand Pantagruel luy en voulut bailler une, il respondit, qu'elle luy eschaufferoit la ratelle.

« Voire mais, dist Epistemon, si l'on te assailloit, comment te defendroys tu ?

— A grans coups de brodequin, respondit-il, pourveu que les estocz feussent defenduz. »

A leur retour, Panurge consideroit les murailles de la ville de Paris, et en irrision dist à Pantagruel :

« Voy ne cy pas de belles murailles, pour garder les oysons en mue ? Par ma barbe, elles sont competentement meschantes pour une telle ville comme est ceste cy : car une vasche avecques ung pet en abbatroit plus de six brasses.

— O mon amy, dist Pantagruel, scez tu pas bien ce que dist Agesilaus, quand on luy demanda pourquoy

---

1. Les « faux bourgs » sont les parties de ville qui ont grandi hors des murailles : celles de Paris, dont le tracé date de Philippe-Auguste, à peine reconstruites sous Charles V, sont débordées de toutes parts.

CHAPITRE XI

Comment Panurge enseigne
une nouvelle manière de bâtir
les murailles de Paris

Pantagruel, quelque jour, pour se récréer de son étude, se promenait vers le faubourg Saint-Marcel, voulant voir la folie des Gobelins, et Panurge était avec lui, ayant toujours le flacon sous sa robe et quelque morceau de jambon, car il ne sortait pas sans eux, disant que c'était son garde du corps, et il ne portait pas d'autre épée. Et quand Pantagruel voulut lui en donner une, il répondit qu'elle lui échaufferait la rate.

« Mais enfin, dit Épistémon, si on t'attaquait, comment te défendrais-tu ?

— À grands coups de brodequin, pourvu que les coups d'estoc soient défendus. »

À leur retour, Panurge considérait les murailles de la ville de Paris, et en plaisanterie dit à Pantagruel :

« N'est-ce pas de belles murailles pour garder des oisons ? Par ma barbe, elles sont rigoureusement mauvaises pour une ville comme celle-ci : car une vache en abattrait plus de six brasses d'un seul pet.

— Ô mon ami, dit Pantagruel, ne sais-tu pas ce que dit Agesilas quand on lui demanda pourquoi la grande

_____
2. Une « folie » est un petit château d'agrément.

la grande cité de Lacédémone n'estoit point ceincte de murailles ? Car, monstrant les habitans et citoyens de la ville, tant bien expers en discipline militaire, et tant fors et bien armez : « Voici, dist il, les murailles de la cité » — signifiant qu'il n'est murailles que de os, et que les villes ne sçauroient avoir muraille plus seure et plus forte que de la vertuz des habitans.

« Ainsi ceste ville est si forte par la multitude du peuple bellicqueux qui est dedans, qu'ilz ne se soucient point de faire aultres murailles. Et davantaige, qui la vouldroit emmurailler comme Strasbourg, ou Orleans, il ne seroit possible, tant les frays seroient excessifz.

— Voire mais, dist Panurge, si faict il bon avoir quelque visaige de pierre quand on est envahy de ses ennemys, et ne feust ce que pour demander : « Qui est là-bas ? » Et au regard des frays énormes que dictes estre necessaires si l'on la vouloit murer, si Messieurs de la ville me veulent donner quelque bon pot de vin, je leur enseigneray une manière bien nouvelle, comment ilz les pourront bastir à bon marché.

— Et comment ? dist Pantagruel.

— Ne le dictes donc pas, respondit Panurge, si je vous l'enseigne.

« Je voy que les callibistrys des femmes de ce pays sont à meilleur marché que les pierres. D'iceulx fauldroit bastir les murailles, en les arrangeant en bonne symmetrye d'architecture, et mettant les plus grans au premiers rancz, et puis, en taluant à doz d'asne, arranger les moyens, et finablement les petitz. Et puis faire ung beau petit entrelardement à poinctes de diamens comme la grosse tour de Bourges, de tant de vitz qu'on couppa en ceste ville ès pouvres Italiens, à l'Entrée de la Reyne[1].

« Quel diable defferoit une telle muraille ? Il n'y a metal qui tant resistast aux coups. Et puis, que les couillevrines se y vinssent froter, vous en verriez, par Dieu,

_____
1. Allusion mystérieuse.

cité de Lacédémone n'était pas entourée de murailles ? Montrant les habitants et citoyens de la ville, si habiles au combat, si forts et bien armés : « Voici, dit-il, les murailles de la cité », voulant dire qu'il n'y a de murailles que d'os, et que les villes ne sauraient avoir de muraille plus sûre et plus forte que la vertu des habitants. Ainsi cette ville est si forte par la multitude du peuple belliqueux qui est dedans qu'ils ne se soucient pas de faire d'autres murailles. Et en plus, si on voulait lui mettre des remparts comme à Strasbourg ou Orléans, on ne pourrait pas, tant les frais seraient excessifs.

— Oui mais, dit Panurge, il fait bon avoir quelque façade de pierre quand on est envahi par ses ennemis, ne serait-ce que pour demander : « Qui va là ? » Et pour ce qui est des frais énormes que vous dites nécessaires pour la murer, si Messieurs de Paris veulent me donner quelque bon pot-de-vin, je leur enseignerai une manière bien nouvelle de les bâtir à bon marché.

— Et comment ? dit Pantagruel.

— Ne le répétez pas, dit Panurge, si je vous le raconte. Je vois que les petits bijoux des femmes de ce pays sont à meilleur marché que les pierres. Il faudrait bâtir les murailles avec eux, en les arrangeant en bonne symétrie architecturale, et mettant les grands au premier rang, et puis, en faisant un talus à dos d'âne, arranger les moyens, et finalement les petits. Et puis faire un beau petit entrelardement à pointes de diamants comme à la grosse tour de Bourges, avec tant de vits qu'on a coupés dans cette ville aux pauvres Italiens, à l'Entrée de la Reine.

« Quel diable déferait une telle muraille ? Il n'y a pas de métal qui résiste tant aux coups ; et puis, que les couillevrines s'y frottent, vous en verriez immédia-

incontinent distiller de ce benoist fruict de grosse
vérolle, menu comme pluye : sec, au nom de diables.
Davantaige, la fouldre ne tomberoit jamais dessus. Car
pourquoy ? ilz sont tous bénitz ou sacrez [1]. Je n'y voy
qu'ung inconvenient.

— Ho ho ha ha ha ! dist Pantagruel. Et quel ?

— C'est que les mousches en sont tant friandes que
merveilles, et se y cueilleroient facilement, et y feroient
leur ordure : et voylà l'ouvrage gasté et diffame. Mais
voicy comment l'on y remediroit. Il fauldroit tresbien
les esmoucheter avecques belles quehues de renards, ou
bons gros vietz d'azes de Provence. Et à ce propos je
vous veulx dire, nous en allant pour soupper, ung bel
exemplum [2].

« Au temps que les bestes parloient [3] (il n'y a pas
troys jours), ung pouvre lyon, par la forest de Bière
se pourmenant et disant ses menus suffrages, passa par
dessoubz ung arbre auquel estoit monté ung villain,
charbonnier, pour abatre du boys. Lequel, voyant le
lyon, lui geta sa coignée, et le blessa enormément en
une cuysse. Dont le lyon cloppant tant courut et tra-
cassa par la forest pour trouver ayde, qu'il rencontra
ung charpentier, lequel voulentiers regarda sa playe,
et la nettoya le mieulx qu'il peust, et l'emplyt de
mousse, luy disant qu'il esmouchast bien sa playe, que
les mousches ne s'y cuyllassent point, attendant qu'il
yroit chercher de l'herbe au charpentier [4].

« Ainsi le lyon guéry, se pourmenoit par la forest.
A quelle heure, une vieille sempiternelle ebuschetoit et

1. Bénits ou sacrés, voire consacrés : expression usuelle pour dire
qu'ils servent au clergé.
2. Un *exemplum* est un récit éducatif : les prédicateurs les utilisent
pour illustrer leurs sermons avec des cas (vrais ou fictifs) de bonne
ou de mauvaise conduite. Ici l'*exemplum* de Panurge est plutôt une
fable qu'un *exemplum*.
3. Ce charmant apologue donne bien du mal aux commentateurs
vertueux. Il est vrai qu'il est situé au centre absolu du récit, zone
stratégique s'il en est. Son évidente obscénité, qui développe d'ances-
trales plaisanteries sur la béance des sexes féminins (voir *Quart Livre*,

tement, par Dieu, distiller de ce doux fruit de grosse
vérole comme en pluie serrée. Et sec, au nom des
diables. Jamais la foudre ne tomberait dessus. Et pourquoi ? ils sont tous bénits ou sacrés. Je n'y vois qu'un
inconvénient.

— Ho ho ha ha ha ! dit Pantagruel. Et lequel ?

— C'est que les mouches en sont merveilleusement
gourmandes, et s'y réuniraient facilement et y feraient
leur ordure : et voilà l'ouvrage gâté et déshonoré.
Mais voici comment on y remédierait. Il faudrait très
bien les émoucheter avec quelques belles queues de
renard, ou bons gros vits d'ânes de Provence. Et à ce
propos je veux vous dire, en allant souper, un bel
exemplum.

« Au temps où les bêtes parlaient (il y a à peine trois
jours), un pauvre lion se promenait dans la forêt de
Bièvre et disait ses petites prières. Il passa sous un arbre
sur lequel un vilain, un charbonnier, était monté pour
abattre du bois, qui, voyant le lion, lui jeta sa cognée
et le blessa très fort à une cuisse. Alors le lion, clopant,
courut et parcourut tant par la forêt pour trouver de
l'aide qu'il rencontra un charpentier, qui volontiers
regarda sa plaie, la nettoya le mieux qu'il put, et
l'emplit de mousse, lui disant qu'il émouche bien sa
plaie, pour que les mouches ne s'y mettent pas en attendant qu'il aille chercher de l'"herbe au charpentier".

« Ainsi le lion guéri se promenait par la forêt. À ce
moment-là une vieille archivieille faisait des bûches et

le diable de Papefiguière), est rendue plaisante précisément par
l'innocence du pauvre lion qui n'en a jamais tant vu et par son zèle
évangélique à porter secours à son prochain. Faut-il y voir une
version animale du bon Samaritain ? On a suggéré une mise en scène
politique du couple attesté (Machiavel, *Le Prince*, chap. XVIII et
XIX) du renard et du lion, ruse et force : mais ce que peuvent signifier alors allégoriquement les trous de la vieille échappe au sens
commun.
   4. Nom familier (et en situation) de l'achillée mille-feuille, qui
arrête le sang. La mousse, évoquée plus loin, absorbe les suintements,
d'où son usage médical.

amassoit du boys par ladicte forest : laquelle, voyant le lyon venir, tumba de peur à la renverse, en telle façon, que le vent luy renversa robbe, cotte et chemise jusques au dessus des espaules. Ce que voyant, le lyon accourut de pitié, veoir si elle s'estoit point faict mal ; et consydérant son *comment a nom* [1], dist : « O pouvre femme, qui t'a ainsi blessée ? »

« Et, ce disant, apperceut ung regnard, lequel il appella, disant :

« — Compere regnard, hau, ça, ça, et pour cause ! »

« Quand le regnard fut venu, il luy dist :

« — Compere, mon amy, l'on a blessé ceste bonne femme icy entre les jambes bien villainement, et y a solution de continuité manifeste. Regarde que la playe est grande : depuis le cul jusques au nombril, mesure quatre, mais bien cinq empans et demy. C'est ung coup de coignée. Je me doubte que la playe soit vieille : pourtant, affin que les mousches n'y prennent, esmouche-la bien fort, je t'en pry, et dedans et dehors. Tu as bonne quehue et longue : esmouche, mon amy, esmouche, je t'en supply, et ce pendant je voys quérir de la mousse, pour y mettre. Car ainsi nous fault-il secourir et ayder l'ung l'aultre : Dieu le commande. Esmouche fort : ainsi, mon amy, esmouche bien ; car ceste playe veult estre esmouchée souvent, aultrement la personne ne peult estre à son ayse. Or esmouche bien, mon petit compere, esmouche ! Dieu t'a bien pourveu de quehue, tu l'as grande et grosse à l'advenant, esmouche fort et ne t'ennuye point. Je n'arresteray guères.

« Puis s'en va chercher force mousse, et quand il fut quelque peu loing, il s'escrya, parlant au regnard :

« — Esmouche bien tousjours, compere ; esmouche et ne te fasche jamais de bien esmoucher. Par Dieu, mon petit compere, je te feray estre à gaiges esmou-

---

1. Périphrase (quel est son nom ?) pour désigner... ce qui n'est pas indicible : en fait la prononciation des nasales, usuelle au XVIe siècle, fait prononcer *con-ment a nom* et répond à la question.

ramassait du bois dans cette forêt. En voyant venir le
lion, elle tomba de peur à la renverse de telle façon que
le vent lui renversa sa robe, cotte et chemise jusqu'au-
dessus des épaules. Ce que voyant le lion accourut de
pitié, pour voir si elle ne s'était pas fait mal et, considérant son comment-a-nom, dit : "Ô pauvre femme,
qui t'a ainsi blessée ?"

« En disant cela il aperçut un renard, qu'il appela :
« — Compère renard, ho ! c'est pour un motif
important !

« Quand le renard fut venu, il lui dit :
« — Compère mon ami, on a blessé cette pauvre
femme ici entre les jambes bien vilainement, et il y a
une interruption de continuité manifeste. Regarde que
la plaie est grande : depuis le cul jusqu'au nombril, tu
comptes quatre, et même cinq empans et demi. C'est
un coup de cognée. Je pense que la plaie est ancienne :
alors pour éviter que les mouches n'y prennent,
émouche-la bien fort, je t'en prie, et dedans et dehors.
Tu as une bonne queue, et longue : émouche, mon ami,
émouche, je t'en supplie, et pendant ce temps-là je vais
chercher de la mousse pour y mettre. Car il faut nous
secourir et nous aider l'un l'autre, selon le commandement de Dieu. Émouche fort, mon ami, émouche
bien, car cette plaie veut être émouchée souvent, sinon
la personne ne peut être à son aise. Or émouche bien,
mon petit compère, émouche ! Dieu t'a bien pourvu
de queue, tu l'as grande et grosse en proportion, émouche fort et ne t'en fais pas. Je ne traîne pas.

« Puis il s'en fut chercher force mousse, et quand
il fut un peu éloigné, il cria au renard :
« — Émouche toujours bien, compère ; émouche,
et ne te lasse jamais de bien émoucher. Par Dieu mon
petit compère je te ferai être employé comme émou-

cheteur de la reyne Marie, ou bien de dom Pietro de
Castille. Esmouche seulement, esmouche, et riens plus.

« Le pouvre regnard esmouchoit fort bien et deçà
et delà, et dedans et dehors ; mais la faulse vieille
vesnoit et vessoit puant comme cent diables, et le pouvre regnard estoit bien mal à son ayse : car il ne sçavoit de quel cousté se virer, pour evader le parfum des
vesses de la vieille ; et, ainsi qu'il se tournoit, il veit
qu'il y avoit au derriere encores ung aultre pertuys, non
pas si grand que celluy qu'il esmouchoit, dont luy
venoit ce vent tant puant et infect.

« Le lyon finablement retourne, portant plus de troys
balles de mousse : commença en mettre dedans la playe,
à tout ung baston qu'il aporta, et y en avoit jà bien
mys deux basles et demye, et s'esbahyssoit :

« — Que diable ! ceste playe est parfonde : il y entre-
roit de mousse plus de deux charretées. Et bien, puis
que Dieu le veult...

« Et tousjours fourroit dedans. Mais le regnard
l'advisa :

« — O compere lyon, mon amy, je te pry, ne metz
pas icy toute la mousse : gardes-en quelque peu, car
il y a encores icy dessoubz ung aultre petit pertuys, qui
put comme cinq cens diables. J'en suis empoisonné de
l'odeur, tant il est punays. »

« Ainsi fauldroit garder ces murailles des mousches,
et mettre des esmoucheteurs à gaiges. »

Lors dist Pantagruel :

« Et comment scez tu, que les membres honteux des
femmes sont à si bon marché ? car en ceste ville il y
a force preudefemmes chastes et pucelles.

— *Et ubi prenus ?* dist Panurge. Je vous en diray,
non pas mon opinion, mais vraye certitude et asseurance. Je ne me vante pas d'en avoir embourré quatre
cens dix et sept depuis que suis en ceste ville — et s'il
n'y a que neuf jours, — voire de mangeresses d'ymai-
ges et de theologiennes. Mais, à ce matin, j'ay trouvé
ung bon homme, qui, en ung bissac tel comme celluy

cheur de la reine Marie ou de dom Pierre de Castille. Émouche seulement, émouche et rien de plus.

« Le pauvre renard émouchait fort bien, et deçà et delà, et à droite et à gauche. Mais la méchante vieille vessait et pétait puant comme cent diables, et le pauvre renard était bien mal à son aise : car il ne savait de quel côté se tourner pour échapper au parfum des vesses de la vieille. Et comme il se tournait, il vit qu'il y avait encore derrière un autre trou, pas si grand que celui qu'il émouchait, d'où venait ce vent si puant et infect.

« Le lion à la fin retourne, portant plus de trois balles de mousse ; il commença à en mettre dans la plaie, avec un bâton qu'il apporta. Et il en avait déjà bien mis deux balles et demie, et il s'ébahissait :

« — Que diable ! cette plaie est profonde : il y entrerait plus de deux charretées de mousse. Eh bien, puisque Dieu le veut...

« Et toujours en fourrait dedans. Mais le renard l'avertit : "Ô compère lion, mon ami, je t'en prie, ne mets pas ici toute la mousse : gardes-en un petit peu, car il y a ici dessous un autre petit pertuis qui pue comme cinq cents diables. J'en suis empoisonné de l'odeur, tant il est infect."

« Et ainsi il faudrait protéger ces murailles des mouches et mettre des émoucheurs de service. »

Lors dit Pantagruel :

« Et comment sais-tu que les membres honteux des femmes sont à si bon marché ? car en cette ville il y a beaucoup de prudes femmes et de pucelles.

— Etoùqu'ilaprisça ? dit Panurge. Je vous en dirai, non pas mon opinion, mais la vérité vraie et prouvée. Sans me vanter, j'en ai empli quatre cent dix-sept depuis que je suis en cette ville — et il n'y a que neuf jours — et même des dévotes idolâtres et des théologiennes. Mais ce matin, j'ai trouvé un bonhomme qui, dans

de Esopet [1], portoit deux petite fillotes de l'aage de deux ou troys ans au plus, l'une devant, l'aultre derrière. Il me demanda l'aulmosne, mais je luy feis responce que j'avoys beaucoup plus de couillons que de deniers. Et après luy demande : « Bon homme, ces deux filles sont-elles pucelles ? — Frère, dist-il, jà deux ans a que ainsi je les porte, et, au regard de ceste-cy devant, laquelle je voy continuellement, en mon advis qu'elle est pucelle : toutesfois, je n'en vouldroys pas mettre mon doigt au feu. Quant est de celle que je porte derrière, je n'en sçay sans faulte riens. »

— Vrayement, dist Pantagruel, tu es gentil compaignon, je te veulx habiller de ma livrée. »

Et le feist vestir galantement selon la mode du temps qui couroit : excepté que Panurge voulut que la braguette de ses chausses feust longue de troys pieds, et quarrée [2], non pas ronde, ce que feust faict ; et la faisoit bon veoir. Et disoit souvent, que le monde n'avoit point encores congneu l'émolument et utilité qui est de porter grande braguette ; mais le temps leur enseigneroit quelque jour, comme toutes choses ont esté inventées en temps.

« Dieu gard de mal, disoit il, le compaignon à qui la longue braguette a saulvé la vie ! Dieu gard de mal à qui la longue braguette a valu pour ung jour cent escuz ! Dieu gard de mal, qui par sa longue braguette a saulvé toute une ville de mourir de faim ! Et, par Dieu, j'en feray ung livre *De la commodité des longues braguettes* quand j'auray ung peu plus de loysir. »

Et de faict, en composa ung beau et grand livre avecques les figures ; mais il n'est encores imprimé, que je saiche.

<hr>

1. Ésope le fabuliste.
2. Ne pas se tourmenter, il n'y a pas quatre angles droits, il s'agit d'une forme cousue « à facettes » avec des angles nets (dont un bien saillant).

un bissac comme celui d'Ésope, portait deux petites fillettes de deux ou trois ans au plus, l'une devant, l'autre derrière. Il me demanda l'aumône, mais je lui répondis que j'avais beaucoup plus de couillons que de deniers ; et je lui demande : "Bonhomme, ces deux filles sont-elles pucelles ? — Frère, dit-il, il y a deux ans que je les porte, et pour celle de devant que je vois continuellement, à mon avis elle est pucelle ; toutefois je n'en mettrais pas mon doigt au feu. Quant à celle que je porte derrière, je n'en sais vraiment rien."

— Vraiment, dit Pantagruel, tu es un gentil compagnon, je veux t'habiller à ma façon. »

Et il le fit vêtir galamment selon la mode du temps qui courait : excepté que Panurge voulut que la braguette de ses chausses fût longue de trois pieds et à pans carrés et non pas ronde, ce qui fut fait, et il faisait bon la voir. Il disait souvent que le monde n'avait pas encore connu l'avantage et l'utilité de porter des grandes braguettes, mais que le temps le leur enseignerait quelque jour, comme il a fait découvrir toutes choses.

« Dieu garde de mal, disait-il, le compagnon à qui la longue braguette a sauvé la vie ! Dieu garde de mal celui à qui la longue braguette a valu cent écus en un jour ! Dieu garde de mal celui qui par sa longue braguette a sauvé toute une ville de mourir de faim ! Et par Dieu, j'en ferai un livre *De la Commodité des longues braguettes* quand j'aurai un peu plus de loisir. »

Et de fait il en composa un beau et grand livre avec les figures, mais il n'est pas encore imprimé que je sache.

CHAPITRE XII

Des meurs et conditions de Panurge

Panurge estoit de stature moyenne, ny trop grand ny trop petit, et avoit le nez ung peu aquilin, faict à manche de rasouer. Et pour lors estoit de l'aage de trente et cinq ans ou environ, fin à dorer comme une dague de plomb [1], bien galand homme de sa personne, sinon qu'il estoit quelque peu paillard, et subject de nature à une maladie qu'on appelloit en ce temps-là : « Faulte d'argent, c'est douleur non pareille » ; — toutesfois, il avoit soixante et troys manières d'en trouver tousjours à son besoing, dont la plus honnorable et la plus commune estoit par façon de larrecin furtivement faict, — malfaisant, bateur de pavez, ribleur, s'il y en avoit en Paris : et tousjours machinoit quelque chose contre les sergeans et contre le guet [2].

A l'une foys, il assembloit troys ou quatre de bons rustres, et les faisoit boire comme Templiers sur le soir ; et après les menoit au dessoubz de Saincte Geneviefve, ou auprès du Colliège de Navarre, et, à l'heure que le guet montoit par là (ce que il congnoissoit en mettant son espée sur le pavé, et l'oreille auprès : et lors qu'il oyoit son espée bransler, c'estoit signe infallible que le guet estoit près), à l'heure doncques, luy et ses compaignons prenoient ung tombereau, et luy bailloient le bransle, le ruant de grand force contre l'avallée, et

---

1. Formule antiphrastique : « fin à dorer » désigne de l'or de très bonne qualité, alors que le plomb est le métal indorable par excellence.
2. La liste des méfaits de Panurge développe son nom d'inven-

CHAPITRE XII

Des mœurs et conditions de Panurge

Panurge était de stature moyenne, ni trop grand ni ◆●
trop petit, et avait le nez un peu aquilin, fait en manche
de rasoir. Et pour lors il avait trente-cinq ans ou environ, fin à dorer comme une dague de plomb, bien
galant homme de sa personne, sinon qu'il était quelque peu paillard et sujet de nature à une maladie qu'on
appelait en ce temps-là « faute d'argent c'est douleur
non pareille » — toutefois il avait soixante-trois manières d'en trouver quand il en avait besoin, dont la plus
honorable et la plus ordinaire était de voler discrè-
tement — malfaisant, batteur de pavé, voleur comme
pas deux à Paris, et toujours il machinait quelque chose
contre les sergents et contre le guet.

Une fois, il assemblait trois ou quatre bons rustres
et les faisait boire comme des templiers le soir ; après
il les emmenait au-dessous de Sainte-Geneviève, ou près
du Collège de Navarre, et à l'heure où le guet montait
(ce qu'il apprenait en mettant son épée sur le pavé et
l'oreille à côté : quand il entendait l'épée vibrer, c'était
signe infaillible que le guet approchait), à l'heure donc,
lui et ses compagnons prenaient un tombereau et le mettaient en mouvement, le précipitant de toutes leurs
forces dans la descente ; et ainsi mettaient le pauvre

---

teur apte à tout. Il hérite d'une tradition narrative de mauvais plaisant qui exerce son astuce aux dépens de gens pour lesquels le public
n'a guère d'affection : le guet, les autorités en général, les riches,
les demoiselles « sucrées ». Sur les origines de ce passage, voir notre
dossier, p. 340.

●◆ Voir *Au fil du texte*, p. X.

ainsi mettoient tout le pouvre guet par terre, comme porcs : et puis s'en fuyoient de l'aultre cousté, car, en moins de deux jours, il sçeut toutes les rues, ruelles et traverses de Paris comme son *Deus det*.

A l'aultre fois, il faisoit, en quelque belle place par où ledict guet debvoit passer, une trainée de pouldre de canon, et, à l'heure que le guet passoit, il mettoit le feu dedans, et puis prenoit son passetemps à veoir la bonne grace qu'ils avoient en s'enfuyant, pensans que le feu Sainct Antoine les tint aux jambes.

Et, au regard des pouvres maistres ès ars et theologiens, il les persecutoit sur tous aultres. Quand il rencontroit quelqu'ung d'entre eulx par la rue, jamais ne failloit de leur faire quelque mal, maintenant leurs mettant ung estronc dedans leurs chaperons à bourlet, maintenant leur atachant de petites quehues de regnard, ou des oreilles de lièvres par derrière, ou quelque aultre mal.

Et ung jour que l'on avoit assigné à tous les théologiens de se trouver en Sorbonne pour examiner les articles de la foy, il fist une tartre bourbonnoyse, composée de force de hailz, de *galbanum*, de *assa fetida*, de *castoreum*, d'estroncs tous chaux, et la destrampit de sanie de bosses chancreuses, et, de fort bon matin, engressa et oingnit théologalement tout le treilliz de Sorbonne, en sorte que le diable n'y eust pas duré. Et tous ces bonnes gens rendoient là leurs gorges devant tout le monde, comme s'ilz eussent escorché le regnard, et en mourut dix ou douze de peste, mais il ne s'en soucioit pas.

Et en son saye y avoit plus de vingt et six petites bougettes et fasques, tousjours pleines : l'une d'ung petit deaul de plomb, et d'ung petit cousteau, affilé comme une aguille de peletier, dont il couppoit les bourses ; l'aultre de aigrest, qu'il gettoit aux yeulx de ceulx qu'il trouvoit ; l'aultre, de glaterons empennés de petites plumes de oysons ou de chappons, qu'il gettoit sur les robbes et bonnetz des bonnes gens, et aulcunesfois leur en faisoit de belles cornes, qu'ilz portoient par toute

quet par terre comme des porcs ; et ils s'enfuyaient par l'autre côté, car en moins de deux jours il sut toutes les rues, ruelles et traverses de Paris comme son *Merci mon Dieu.*

Une autre fois, il faisait une traînée de poudre à canon sur une belle place où le guet devait passer, et à l'heure où le guet passait, il y mettait le feu et s'amusait à voir la bonne grâce qu'ils avaient en fuyant pensant que le feu Saint-Antoine les prenait aux jambes.

Quant aux pauvres maîtres ès arts et théologiens, il les persécutait encore plus que les autres. Quand il en rencontrait un par la rue, jamais il ne manquait de lui faire quelque méchanceté, tantôt leur mettant un étron dans leur chaperon à bourrelet, tantôt leur attachant de petites queues de renard ou des oreilles de lièvre par-derrière, ou quelque autre malice.

Un jour qu'on avait réuni sur ordre tous les théologiens en Sorbonne pour examiner les articles de la foi, il fit une tarte bourbonnaise composée de force ail, galbanum puant, ase fétide, castoreum, étrons tout chauds, et la détrempa de pus de bubons chancreux ; de bon matin il graissa et oignit théologalement tout le treillis de la Sorbonne de telle façon que le diable n'aurait pas pu y rester une minute. Et toutes ces bonnes gens vomissaient devant tout le monde, comme s'ils eussent retourné leur gorge ; il en mourut dix ou douze de peste, mais il ne s'en souciait pas.

En son manteau il avait plus de vingt-six pochettes et bouteilles toujours pleines : l'une d'un petit dé de plomb et d'un petit couteau, affilé comme une aiguille de fourreur, dont il coupait les bourses ; l'autre de vinaigre qu'il jetait aux yeux de ceux qu'il rencontrait ; l'autre de graterons emplumés de plumes d'oisons ou chapons qu'il jetait sur les robes et bonnets des bonnes gens, et parfois leur faisait de belles cornes qu'ils pro-

la ville, aulcunesfois toute leur vie. Aux femmes aussi,
par dessus leurs chapperons, au derrière, aulcunesfois
en mettoit, faictz en forme d'ung membre d'homme.

En l'aultre, ung tas de cornetz tous plains de pulses
et de poux, qu'il empruntoit des guenaulx de Sainct
Innocent, et les gettoit, à tout belles petites cannes ou
plumes dont on escript, sur les colletz des plus succrées
damoiselles qu'il trouvoit, et mesmement en l'esglise :
car jamais ne se mettoit au cueur au hault, mais tousjours demouroit en la nef entre les femmes, tant à la
messe, à vespres, comme au sermon.

En l'aultre force provision de haims et claveaux, dont
il acouploit souvent les hommes et les femmes, en com-
paigniez où ilz estoient serrez : et mesmement celles qui
portoient robbes de tafetas armoisy, et, à l'heure
qu'elles se vouloient départir, elles rompoient toutes
leurs robbes.

En l'aultre, ung fouzil garny d'esmorche, d'allumettes, de pierre à feu, et tout aultre appareil à ce requis.

En l'aultre, deux ou trois mirouers ardans, dont il
faisoit enrager aucunesfois les hommes et les femmes,
et leur faisoit perdre contenance à l'église. Car il disoit
qu'il n'y avoit que ung antistrophe entre *femme folle
à la messe* et *femme molle à la fesse*.

En l'aultre, avoit provision de fil et d'aguilles, dont
il faisoit mille petites dyableries.

Une fois, à l'yssue du Palais, à la Grant Salle, que
ung Cordelier disoit la messe de Messieurs, il luy ayda
à soy habiller et revestir : mais en l'acoustrant il luy
cousit l'aubbe avecques sa robbe et chemise, et puis se
retira quant Messeigneurs de la Court se vindrent
asseoir pour ouyr icelle messe : mais quant ce fust à
l'*Ite Missa est*, que le povre *frater* se voulut devestir
son aube, il emporta ensemble et habit et chemise, qui
estoient bien cousuz ensemble, et se rebrassa jusques
aux espaulles, monstrant son calibistris à tout le monde,
qui n'estoit pas petit, sans doubte. Et le *frater* tousjours tiroit. Mais tant plus se descouvroit-il, jusques
à ce que ung des assistans à la Court dist : « Et quoy,

menaient dans toute la ville, et parfois toute leur vie. Aux femmes aussi il en mettait parfois sur leurs chaperons, au derrière, faits en forme de sexe d'homme.

En une autre, un tas de cornets pleins de puces et de poux qu'il empruntait aux gueux du cimetière des Innocents, et il les jetait, avec des cannes ou plumes dont on écrit, sur les collets des demoiselles les plus sucrées qu'il rencontrait, et surtout à l'église, car il ne se mettait pas haut dans le chœur, mais demeurait toujours auprès des femmes dans la nef, à la messe, aux vêpres et au sermon.

En une autre, grande provision d'hameçons et de crochets dont il accouplait souvent les hommes et les femmes dans les assemblées où ils étaient serrés, et surtout celles qui portaient des robes de taffetas fin ; et quand elles voulaient se séparer, elles déchiraient leurs robes.

En une autre, un fusil garni d'amorces, allumettes, pierre à feu et tout l'appareil nécessaire.

En une autre, deux ou trois miroirs ardents dont il faisait enrager parfois les hommes et les femmes et leur faisait perdre contenance à l'église. Car il disait qu'il n'y avait qu'un retournement entre femme folle à la messe et femme molle à la fesse.

En une autre, il y avait une provision de fil et d'aiguilles dont il faisait mille petites diableries.

Une fois, à la sortie du Palais, à la grand-salle, alors qu'un cordelier disait la messe pour ces messieurs, il l'aida à s'habiller et revêtir : mais en l'habillant il lui cousit l'aube avec sa robe et sa chemise, et puis se retira quand messieurs de la Cour vinrent s'asseoir pour entendre la messe. Mais quand on fut à l'*Ite Missa est*, le pauvre frère voulut se dévêtir de son aube. Il emporta ensemble habit et chemise, qui étaient bien cousus ensemble, et se retroussa jusqu'aux épaules montrant son bien à tout le monde, qui n'était pas petit sans doute. Et le frère toujours tirait en haut, mais tant plus il se découvrait, jusqu'à ce qu'un des assistants de la Cour dît : « Ce beau père veut-il nous faire faire

ce beau père nous veult-il icy faire l'offrande et baiser son cul ? Le feu Sainct Anthoine le bayse ! » Et dès lors fut ordonné que les povres beaulx pères ne se despouilleroient plus devant le monde, mais en leur sacristie, mesmement quant il y auroit des femmes : car ce leur seroit occasion de pecher du peché d'envie.

Et le monde demandoit pourquoy est ce que ces *fratres* avoient la couille si longue ? Mais ledit Panurge solut tresbien le problesme, disant : « Ce que faict les oreilles des asnes si grandes, ce n'est sinon par ce que leurs mères ne leur mettoient point de béguin en la teste : comme dit De Alliaco en ses *Suppositions*. A pareille raison, ce qui faict la couille des povres beatz pères tant Sainct Anthoine large, c'est qu'ilz ne portent point de chausses foncées, et leur povre membre s'estend à sa liberté à bride avallée, et leur va ainsi ribalant sur les genoulx, comme font les patenostres aux femmes. Mais la cause pourquoy ilz l'avoient gros à l'equipollent, c'estoit que en ce triballement les humeurs du corps descendent audit membre : car, selon les legistes, agitation et motion continuelle est cause de attraction. »

Item, il avoit une autre poche toute pleine d'alun [1] de plume, dont il gettoit dedans le doz des femmes qu'il veoit les plus acrestées, et les faisoit despouiller devant tout le monde, les autres dancer comme jau sur brèze, ou bille sur tabour, les autres courir les rues : et luy après couroit, et, à celles qui se despouilloient, il mettoit sa cappe sur le doz, comme homme courtoys et gracieulx.

Item, en ung autre, il avoit une petite guedoufle pleine de vieille huylle, et, quant il trouvoit ou femme ou homme qui eust quelque belle robbe neufve, il leur engressoit et gastoit tous les plus beaulx endroictz, soubz le semblant de les toucher et dire : « Voicy de bon drap, voicy bon satin, bon tafetas ! Madame, Dieu

---

1. L'alun en poudre cause des brûlures irritantes.

offrande et baiser son cul ? Le feu de saint Antoine
le baise ! » Depuis il fut ordonné que les pauvres beaux
pères ne se dépouilleraient plus devant le monde mais
en la sacristie, surtout quand il y aurait des femmes,
parce que ce leur serait l'occasion d'un péché d'envie.

Et tout le monde demandait pourquoi les frères ont
la couille si longue. Mais Panurge résolut très bien le
problème, disant : « Ce qui fait les oreilles des ânes si
grandes, c'est que leurs mères ne leur mettent pas de
bonnet, comme dit Pierre d'Ailly dans ses *Suppositions*.
Par la même logique, ce qui fait la couille des pauvres
bons pères tant large — par saint Antoine — c'est qu'ils
ne portent pas de chausses avec un fond, et leur pauvre membre s'étend librement à bride relâchée et leur
va ainsi trimbalant sur les genoux comme font les chapelets des femmes. Mais la raison pour laquelle ils
l'avaient gros à proportion, c'était que ce trimballement
faisait descendre les humeurs du corps audit membre,
car selon les légistes, agitation et mouvement perpétuel
est cause d'attraction. »

Item, il avait une autre poche pleine de poudre d'alun
qu'il jetait dans le dos des femmes qu'il voyait bien
orgueilleuses ; et il les faisait se déshabiller devant tout
le monde, les unes danser comme une poule sur la braise
ou une baguette sur un tambour, les autres courir les
rues ; et lui courait après, et mettait sa cape sur le dos
de celles qui s'étaient déshabillées comme un homme
courtois et gracieux.

Item, en une autre, il avait une petite bouteille pleine
de vieille huile, et quand il trouvait une femme ou un
homme qui avait quelque belle robe neuve, il leur
engraissait et abîmait tous les plus beaux morceaux en
faisant semblant de les toucher et de dire : « Quel beau
drap, quel beau satin, bon taffetas ! Madame, Dieu

vous doint ce que vostre noble cueur désire ! Voz avez
robbe neufve, nouvel amy : Dieu vous y maintienne ! »
Et, ce disant, leurs mettoit la main sur le collet, et
ensemble la malle tache y demouroit perpetuellement,
que le dyable n'eust pas ostée, puis à la fin leur disoit :
« Madame, donnez-vous garde de tumber : car il y a
icy ung grant trou devant vous. »

En ung autre, il avoit tout plain de euphorbe pulvé-
rizé bien subtillement, et là dedans mettoit ung
mousche-nez beau et bien ouvré, qu'il avoit desrobé
à la belle lingère des galleries de la Saincte Chappelle,
en luy ostant ung poul de dessus son sain, lequel toutesfois il y avoit mis. Et, quand il se trouvoit en compaignie de quelques bonnes dames, il leur mettoit sus
de propos de lingerie, et leur mettoit la main au sain,
demandant : « Et cest ouvraige, est-il de Flandres, ou
de Haynault ? » Et puis, tiroit son mousche-nez,
disant : « Tenez, tenez, voy en cy de l'ouvrage ; elle
est de Fonterabie », et le secouoit bien fort à leurs nez,
et les faisoit esternuer quatre heures sans repos. Et ce
pendant il petoit comme ung roussin, et les femmes se
ryoient, luy disant : « Comment, vous petez, Panurge ?
— Non fois, disoit-il, Madame : mais je accorde au
contrepoint de la musicque que sonnez du nez. »

En l'aultre, ung daviet, ung pellican, ung crochet,
et quelques aultres ferremens, dont il n'y avoit porte
ny coffre qu'il ne crochetast.

En l'aultre, tout plain de petitz goubeletz, dont il
jouoit fort artificiellement : car il avoit les doigts faictz
à la main comme Minerve, ou Arachné. Et avoit aul-
tresfois cryé le thériacle. Et quand il changeoit ung
teston, ou quelque aultre pièce, le changeur eust esté
plus fin que Maistre Mousche[1], si Panurge n'eust
faict évanouyr à chascune fois cinq ou six grans blancs,

1. Personnage historique (un conseiller des Finances de Philippe
le Bel) qui passe pour très habile à la falsification des monnaies et
devient une sorte de personnage proverbial ; un joueur de farce porte
ce nom.

vous donne ce que votre cœur désire ! vous avez robe neuve et nouvel ami ! Dieu vous les garde ! » Et ce disant il leur mettait la main sur le col, et aussi la grosse tache indélébile, que le diable n'aurait pas ôtée ; puis enfin leur disait : « Madame, faites attention de ne pas tomber, il y a ici un grand trou devant vous ! »

En une autre, il avait de l'euphorbe en poudre très fine, et il y mettait un mouchoir beau et bien brodé, qu'il avait volé à quelque belle lingère des galeries de la Sainte-Chapelle en lui ôtant un pou sur son sein — pou qu'il y avait mis d'ailleurs. Et quand il se trouvait en compagnie de quelques bonnes dames, il les mettait en propos de linge fin, et leur mettait la main au sein demandant : « Et cet ouvrage, est-il de Flandre ou du Hainaut ? » et puis il tirait son mouchoir en disant : « Tenez, tenez, voyez ici du travail de Fontarabie » ; et il le secouait bien fort sous leur nez et les faisait éternuer quatre heures sans repos. Et cependant il pétait comme un cheval, et les femmes riaient : « Comment, vous pétez, Panurge ? — Non point, répondait-il, madame, mais je m'accorde au contrepoint de la musique que vous faites avec le nez. »

En l'autre, une pince, un bec, un crochet, et quelques autres outils avec lesquels aucune porte ou coffre ne lui résistait.

En l'autre, tout plein de petits gobelets dont il jouait avec beaucoup d'art : car il avait les doigts faits comme ceux de Minerve ou d'Arachné. Il avait autrefois été bateleur. Et quand il changeait un teston ou quelque autre pièce de monnaie, le changeur aurait été plus fin que maître Mouche si Panurge n'avait fait évanouir cinq ou six blancs, visiblement, ouvertement, manifes-

visiblement, appertement, manifestement, sans faire
lésion ne blesseure aulcune, dont le changeur n'en eust
senty que le vent.

Ung jour je le trouvay quelque peu escorné et taciturne, et me doubte bien qu'il n'avoit denare : dont je
luy dys : « Panurge, vous estes malade, à ce que je voys
à vostre physionomie, et j'entens le mal : vous avez ung
fluz de bourse. Mais ne vous souciez : j'ay encores six
solz et maille, qui ne virent oncq père ny mère, qui ne
vous fauldront non plus que la vérolle, en vostre nécessité. »
     A quoy il me respondit : « Et bren pour l'argent !
Je n'en auray quelque jour que trop : car j'ay une pierre
philosophalle, qui me attire l'argent des bourses,
comme l'aymant attire le fer. Mais voulez-vous venir
gaigner les pardons [1] ? dist il. — Et, par ma foy, je
luy respons, je ne suis pas grand pardonneur en ce
monde icy : je ne sçay si je le seray en l'aultre. Et bien,
allons, au nom de Dieu, pour ung denier, ny plus ny
moins. — Mais (dist il), prestez-moy doncques ung
denier à l'interest. — Rien, rien, dis-je. Je vous le donne
de bon cueur. — *Grates vobis, Dominos* », dist il.
Ainsi allasmes, commençant à Sainct Gervays, et je
gaigne les pardons au premier tronc seulement : car je
me contente de peu en ces matières, et puis me mis à
dire mes menuz suffrages, et oraisons de Saincte Bri-
gide. Mais il gaigna à tous les troncz, et tousjours bailloit argent à chascun des pardonnaires. De là, nous
transportasmes à Nostre Dame, à Sainct Jehan, à Sainct
Antoine, et ainsi des aultres esglises où avoit bancque
de pardons. De ma part, je n'en gaignoys plus : mais
luy, à tous les troncz, il baysoit les relicques, et à chascun donnoit. Brief, quand nous fusmes de retour, il

---

1. Un « pardon » est une rémission sur le temps de purgatoire
que devraient valoir les péchés. On gagne (on mérite) les pardons
en faisant pénitence, en particulier financière, en donnant de l'argent ;

tement, sans violence ni blessure, dont le changeur n'ait senti que le vent.

Un jour je le trouvai quelque peu abattu et taciturne, et me doutai bien qu'il n'avait plus d'argent ; je lui dis alors : « Panurge, vous êtes malade, à voir votre physionomie, et je connais le mal, vous avez un flux de bourse. ais ne vous faites pas de souci, j'ai encore six sous et quelque, qui sont sans famille, et qui ne vous manqueront pas plus que la vérole, dans votre besoin.

À quoi il me répondit : « Merde pour l'argent ! un jour j'en aurai trop, car j'ai une pierre philosophale qui m'attire l'argent des bourses comme l'aimant attire le fer. Mais voulez-vous venir gagner les pardons ?

— Par ma foi, je lui réponds, je ne suis pas un grand pardonneur en ce monde ; je ne sais si je le serai dans l'autre. Eh bien, allons-y, au nom de Dieu, pour un denier, ni plus ni moins.

— Mais, dit-il, prêtez-moi donc un denier à intérêt.

— Mais non, dis-je, je vous le donne de bon cœur.

— Grâces vous soient rendues, seigneur. »

Ainsi nous y sommes allés, commençant à Saint-Gervais ; et je gagne les pardons au premier tronc seulement, car je me contente de peu en ces matières, et puis je me mis à dire mes petites prières, et les oraisons de sainte Brigitte. Mais il alla en gagner à tous les troncs, et donnait toujours de l'argent à tous les pardonnaires. De là nous sommes allés à Notre-Dame, à Saint-Jean, à Saint-Antoine, et aux autres églises où il y avait banque de pardons. De ma part je n'en gagnai plus, mais lui, à tous les troncs, il baisait les reliques et à chacun donnait. Bref, quand nous fûmes rentrés,

pratiquement on achète les pardons. En d'autres termes, il s'agit, ici, du trafic des indulgences, sujet sur lequel évangéliques et réformés s'opposent à la papauté.

me mena boire au cabaret du Chasteau, et me monstra dix ou douze de ses bougettes plaines d'argent. A
quoy je me seigny, faisant la croix, et disant : « Dont
avez-vous tant recouvert d'argent en si peu de
temps ? » A quoi il me respondit, que il l'avoit prins
des bassins des pardons : « Car, en leur baillant le premier denier (dist il), je le mis si soupplement, que il sembla que feust ung grand blanc : par ainsi, d'une main
je prins douze deniers, voire bien douze liards ou
doubles pour le moins, et, de l'aultre, troys ou quatre
douzains : et ainsi par toutes les esglises où nous avons
esté [1].

— Voire mais (dis-je), vous vous damnez comme une
sarpe, et estes larron et sacrilège.

— Ouy bien, dist il, comme il vous semble ; mais il
ne me le semble pas, quand à moy. Car les pardonnaires me le donnent, quand ilz me disent, en présentant
les reliques à bayser : *Centuplum accipies* — que pour
ung denier j'en prenne cent : car *accipies* est dit selon
la manière des Hébrieux, qui usent du futur en lieu de
l'impératif, comme vous avez en la Loy : *Dominum
deum tuum adorabis, et illi soli seruies ; diliges proxi-
mum tuum ; et sic de aliis*. Ainsi, quand le pardonnigère me dit : *Centuplum accipies*, il veult dire : *Centuplum accipe* ; et ainsi l'expose Rabi Quimy et Rabi
Aben Ezra, et tous les Massoretz. Et davantaige, le pape
Sixte me donna quinze cens livres de rente sur son dom-
maine et tresor ecclesiasticque, pour luy avoir guery une
bosse chancreuse, qui tant le tormentoit, qu'il en cuyda
devenir boyteux toute sa vie. Ainsi je me paye par mes
mains, car il n'est tel, sur ledict trésor ecclésiasticque.
« Ho, mon amy, disoit il, si tu sçavoys comment je fis
mes choux gras de la croysade, tu seroys tout esbahy.
Elle me valut plus de six mille fleurins. » — Et où

---

1. Panurge donne un denier, qu'il fait passer pour un blanc (selon
le titre en argent, un blanc vaut 10 à 13 deniers : ici 13, puisqu'il
reprend la monnaie de 12, comme s'il voulait donner un denier...
ce qu'il a fait). Il prend ou 12 liards (12×3 deniers) ou 12 doubles

il me mena boire au cabaret du Château, et me montra dix ou douze de ses pochettes pleines d'argent. Je fis un signe de croix et dis : « Où avez-vous trouvé autant d'argent en si peu de temps ? »

À quoi il me répondit qu'il l'avait pris aux bassins des pardons : « Car en leur donnant le premier denier, je le mis si souplement qu'il avait l'air d'un grand blanc : ainsi d'une main je pris douze deniers, et même douze liards ou doubles pour le moins, et de l'autre, trois ou quatre douzains ; et comme ça dans toutes les églises où nous sommes allés.

— Mais, dis-je, vous vous damnez comme une serpe, et vous êtes voleur et sacrilège !

— C'est votre opinion, mais il ne me semble pas à moi. Car les pardonnaires me le donnent quand ils me disent en présentant les reliques à baiser : "Tu le recevras au centuple", donc que pour un denier j'en prenne cent : car *"tu recevras"* est dit selon la manière des Hébreux qui utilisent le futur au lieu de l'impératif, comme vous avez dans le Décalogue "Tu adoreras le seigneur ton Dieu et lui seul serviras ; Tu aimeras ton prochain", et ainsi des autres. Ainsi quand le pardonnigère me dit : "Tu le recevras au centuple", il veut dire "Reçois au centuple", et c'est comme ça que l'exposent Rabbi Kimhi et Rabbi Aben Ezra et tous les glossateurs juifs. Davantage : le pape Sixte me donna quinze cents livres de rente sur son domaine et trésor ecclésiastique pour lui avoir guéri une bosse chancreuse qui le tourmentait tellement qu'il en crut devenir boiteux pour la vie. Ainsi je me paie de mes mains — car il n'y a rien de tel — sur ledit trésor de l'Église. "Oh mon ami, disait-il, si tu savais comme je me suis enrichi de la croisade, tu serais tout ébahi : elle m'a rapporté plus de six mille florins. — Et où diable sont-ils

---

(12 × 2 deniers) : ou 3 douzains (3 × 12 deniers) : selon le geste de la main, il reprend d'une main 12, ou 24 ou 36 deniers, et de l'autre 36 ou 48 deniers. En quelque sorte, il ne reprend pas tout ce à quoi il estime avoir droit !

diable sont-ils allez ? dis je, car tu n'en as pas une maille. — Dont ilz estoient venuz (dist il) ; ilz ne firent seulement que changer de maistre. Mais j'en employay bien troys mille à marier, non pas les jeunes filles (car elles ne trouvent que trop marys), mais de grand vieilles sempiternelles [1], qui n'avoient dentz en gueulle, consyderant : ces bonnes femmes icy ont tresbien employé leur temps en jeunesse, et ont joué du serrecropiere à cul levé à tous venans, jusques à ce que on n'en a plus voulu ; et, par dieu, je les feray saccader encores une foys devant qu'elles meurent ! Et par ainsi, à l'une donnoys cent flourins, à l'aultre six vingtz, à l'aultre troys cens, selon qu'elles estoient bien infames, detestables et abhominables : car, d'autant qu'elles estoient plus horribles et execrables, d'autant il leur failloit donner davantaige, aultrement le diable ne les eust pas voulu besoigner. Incontinent je m'en alloys à quelque porteur de coustretz gros et gras, et faisoys moy mesmes le mariage ; mais, premier que luy monstrer les vieilles, je luy monstroys les escuz, disant : « Compere, voicy qui est à toy, si tu veulx fretinfretailler ung bon coup. » Dès lors, les pouvres hayres arressoient comme vieulx mulletz : et ainsi leur faisoys bien aprester à bancqueter, et boire du meilleur, et force espiceryes pour mettre les vieilles en appetit et en chaleur. Fin de compte, ilz besoingnoient comme toutes bonnes âmes, sinon que à celles qui estoient horriblement villaines et défaictes, je leur faisoys mettre ung sac sur le visaige.

« Davantaige, j'en ay perdu beaucoup en procès. — Et quelz procès as-tu peu avoir ? disoys-je ; tu ne as ny terre ny maison. — Mon amy (dist il), les damoiselles de ceste ville avoient trouvé, par instigation du diable d'enfer, une manière de colletz ou cachecoulx à la haulte façon, qui leur cachoient si bien les seins, que l'on n'y povoit plus mettre la main par dessoubz :

---

1. Les dépenses reprennent une série de jeux de Carnaval : le barbouillage, le mariage des vieilles femmes, les procès absurdes.

allés, dis-je, car tu n'as pas une maille ? — D'où ils étaient venus ; ils ne firent que changer de maître. Mais j'en employai bien trois mille à marier non pas les jeunes filles (car elles ne trouvent que trop de maris) mais de grandes vieilles archivieilles qui n'avaient plus de dents en gueule, en pensant : Ces bonnes femmes ont très bien employé leur temps durant leur jeunesse, et joué du serre-fesse à cul levé à tout venant jusqu'à ce qu'on n'en ait plus voulu : et par Dieu je les ferai saccader encore une fois avant qu'elles meurent ! Et pour cela, à l'une je donnais cent florins, à l'autre cent vingt, à l'autre trois cents, selon qu'elles étaient bien infâmes, détestables et abominables : car plus elles étaient horribles et répugnantes, plus il fallait donner davantage, autrement le diable n'aurait pas voulu les besogner. Aussitôt, je m'en allais à quelque portefaix gros et gras et je faisais moi-même le mariage : mais avant de lui montrer les vieilles, je lui montrais les écus, disant : "Compère, voici pour toi si tu veux fretinfretailler un bon coup." Dès lors les pauvres haires dressaient comme des mulets, et je leur faisais bien apprêter à banqueter et à boire du meilleur, avec force épices pour mettre les vieilles en appétit et chaleur. En fin de compte ils besognaient comme des bonnes âmes, sauf que je faisais mettre un sac sur la tête de celles qui étaient horriblement vilaines et défaites.

« Surtout, j'en ai perdu beaucoup en procès.

— Et quels procès as-tu pu avoir ? Tu n'as ni terre ni maison.

— Mon ami, les demoiselles de cette ville avaient trouvé sous l'inspiration du diable d'enfer une sorte de collet ou cache-cou en hauteur, qui leur cachait si bien les seins qu'on ne pouvait plus mettre la main pardessous, car elles avaient mis l'ouverture par-derrière

car la fente d'iceulx elles avoient mise par derrière, et estoient tous cloz par devant, dont les pouvres amans dolens contemplatifz n'estoient pas bien contens. Ung beau jour de mardy, j'en presentay requeste à la Court, me formant partye contre lesdictes damoyselles, et remonstrant les grans interestz que je y pretendoys, protestant que, à mesme raison, je feroys couldre la braguette de mes chausses au derriere, si la Court n'y donnoit ordre. Somme toute, les damoiselles formerent syndicat, et passerent procuration à defendre leur cause : mais je les poursuivy si vertement que, par arrest de la Court, fut dist que ces haulx cachecoulx ne seroient plus portez, sinon qu'ilz feussent quelque peu fendus par devant. Mais il me cousta beaucoup.

« J'euz ung aultre procès, bien ord et bien sale, contre Maistre Fify [1] et ses suppostz, à ce qu'ilz n'eussent point à lire clandestinement les livres de *Sentences* de nuyct, mais de beau plain jour, et ce ès escholles de Sorbonne, en face de tous les Theologiens, où je fuz condempné ès despens pour quelque formalité de la relation du sergeant.

« Une aultre foys, je formay complaincte à la Court contre les mulles des Presidens, Conseilliers, et aultres : tendant à fin que, quand en la basse court du Palays l'on les mettroit à ronger leur frain, que les Conseillières leur feissent de belles baverettes, affin que de leur bave elles ne gastassent point le pavé, en sorte que les paiges du Palays peussent jouer dessus à beaulx detz, ou au reniguebieu à leur ayse, sans y rompre leurs chausses aux genoulx. Et de ce en euz bel arrest : mais il me couste bon.

« Or sommez à ceste heure combien me coustent les petiz bancquetz que je fais aux paiges du Palays de jour en jour. — Et à quelle fin ? dis je. — Mon amy (dist-

---

1. Maître Fify est le nom traditionnel du chef (mythique) des éboueurs et vidangeurs de retraits, de toutes choses « sentantes », d'où le jeu de mots et l'équivalence posée avec les *Sentences* (*sententia* dans les deux cas), livre de base de l'enseignement de la théologie.

et devant il était fermé, ce dont les pauvres amants contemplatifs n'étaient pas bien contents. Un beau jour de mardi, j'en présentai requête à la Cour, me portant plaignant contre lesdites demoiselles et remontrant quelles grandes indemnités j'y réclamais, jurant que pour la même logique je ferais coudre la braguette de mes chausses au derrière si la Cour n'y donnait ordre. Somme toute les demoiselles formèrent une association et passèrent procuration pour défendre leur cause ; mais je les poursuivis si vertement, que par arrêt de la Cour, il fut dit que ces cache-cous ne seraient plus portés, sauf s'ils étaient un peu fendus par-devant. Mais cela me coûta cher.

« J'ai eu un autre procès, bien sale et crasseux, contre Maître Fify et ses suppôts, pour qu'ils ne soient pas obligés de respirer les *Sentences* de nuit mais en plein jour, et aux écoles de Sorbonne en face de tous les théologiens, où je fus condamné à payer les frais pour quelque formalité de la relation du sergent.

« Une autre fois je formai complainte à la Cour contre les mules des présidents, conseillers et autres, pour que, lorsqu'on les mettait à ronger leur frein dans la cour basse du Palais, les conseillères leur fassent de beaux bavoirs, afin que leur bave ne gâte pas le pavé, afin que les pages du Palais puissent jouer dessus aux dés ou au reniguebieu à leur aise, sans tacher leurs chausses aux genoux. Et j'en eus un bel arrêt : mais cela me coûta cher.

« Or, additionnez maintenant combien me coûtent les petits banquets que je fais aux pages du Palais tous les jours.

— Et à quelle fin ? dis-je.

il), tu ne as nul passetemps en ce monde. J'en ay moy
plus que le Roy. Et si tu vouloys te raslier avecques
moy, nous ferions diables.

— Non, non, (dis je) par Sainct Adauras : car tu
seras une foys pendu.

— Et toy (dist-il), tu seras une foys enterré. Lequel
est plus honnorable, ou l'air ou la terre ? Hé, grosse
pécore ! Jésuchrist ne fut-il pas pendu en l'air ? Mais
à propos, ce pendant que ces paiges bancquettent, je
garde leurs mulles, et tousjours je couppe à quelqu'une
l'estriviere du cousté du montouer, qu'elle ne tient que
à ung fillet. Et quand le gros enflé de Conseillier, ou
aultre, a prins son bransle pour monter sus, ilz tombent tous platz comme porcs devant tout le monde :
et aprestent à ryre pour plus de cent francs. Mais je
me rys encores davantaige, c'est que, eulx arrivez au
logis, ilz font foueter Monsieur du page comme seigle
vert. Par ainsi, je ne plains point ce que me avoit cousté
à les bancqueter. »

Fin de compte, il avoit (comme ay dit dessus),
soixante et troys manières de recouvrer argent : mais
il en avoit deux cens quatorze de le despendre, hors mis
la reparation de dessoubz le nez.

— Mon ami, dit-il, tu n'as aucun passe-temps au monde ; j'en ai plus que le roi. Et si tu voulais te rallier à moi, nous ferions diables.

— Non, non, par saint Montenlair, car un jour tu seras pendu.

— Et toi un jour tu seras enterré. Lequel est le plus honorable, l'air ou la terre ? Hé, grosse bête, Jésus-Christ n'a-t-il pas été pendu en l'air ? Mais retour au propos. Pendant que les pages banquettent, je garde leurs mules, et toujours je coupe à l'une d'elles l'étrivière qui sert à monter, pour qu'elle ne tienne qu'à un fil ; et quand le gros enflé de conseiller ou autre a pris son élan pour monter dessus, il tombe tout plat comme un porc devant tout le monde, et donne à rire pour cent francs. Mais je ris encore davantage, parce que arrivés au logis ils font fouetter monsieur le page comme du seigle vert. Ainsi je ne me plains pas de ce que m'avait coûté le banquet. »

En fin de compte, il avait, comme je l'ai dit ci-dessus, soixante-trois manières de trouver de l'argent ; mais il en avait deux cent quatorze de le dépenser, en plus des soutiens à se mettre dans l'estomac.

CHAPITRE XIII

Comment ung grand clerc de Angleterre vouloit arguer contre Pantagruel, et fut vaincu par Panurge

En ces mesmes jours, ung grandissime clerc, nommé Thaumaste [1], oyant le bruyt et renommée du sçavoir incomparable de Pantagruel, vint du pays de Angleterre en ceste seule intention de veoir icelluy Pantagruel et le congnoistre, et esprouver si tel estoit son sçavoir comme en estoit la renommée. Et de faict, arrivé à Paris, se transporta vers l'hostel dudict Pantagruel, qui estoit logé à l'hostel Sainct Denys, et pour lors se pourmenoit par le jardin avecques Panurge, philosophant à la mode des Péripatéticques. Et de première entrée le voyant, tressaillit tout de peur, le voyant si grand et si gros : puis le salua, comme est la façon, courtoysement luy disant :

« Bien vray est-il, ce que dit Platon, le prince des philosophes, que, si l'ymage de science et sapience estoit corporelle et spectable ès yeulx des humains, elle exciteroit tout le monde en admiration de soy. Car seule-

---

1. On a beaucoup cherché à éclairer la personnalité de ce personnage savant en philosophie et toutes sciences occultes. Thaumaste, c'est l'« Admirable » : cela rappelle les surnoms donnés aux docteurs de l'Église. Thomas d'Aquin est le docteur Angélique : l'hypothèse d'un glissement entre *angelicus* et *anglicus* expliquerait la nationalité de Thaumaste. Mais aussi, Thaumastos, c'est le magicien, celui qui se préoccupe des secrets (magie et cabale lui laissent des curiosités insatisfaites). Ou le nom de l'apôtre Thomas, l'incrédule, qui ne croira la résurrection du Christ que s'il peut y toucher, par un

CHAPITRE XIII

Comment un grand clerc d'Angleterre voulut débattre contre Pantagruel et fut vaincu par Panurge

En cette époque, un très grand savant, nommé Thaumaste, entendant la réputation et renommée du savoir incomparable de Pantagruel, vint du pays d'Angleterre dans la seule intention de voir ce fameux Pantagruel et de le connaître, et d'expérimenter si son savoir était tel que le disait la renommée. Arrivé à Paris, il se transporta vers l'hôtel dudit Pantagruel, qui était logé à l'hôtel Saint-Denis, et se promenait alors avec Panurge, philosophant à la mode des péripatéticiens. Dès l'entrée, il tressaillit de peur, en le voyant si grand et si gros ; puis il le salua, cómme il faut, lui disant courtoisement :

« Combien vraie est la sentence de Platon, prince des ◆■ philosophes, que si l'image de science et sagesse était corporelle et visible aux yeux humains, elle mettrait tout le monde en admiration. Car sa seule renommée,

geste. Et bien sûr, Thomas More, bien connu des humanistes qui l'admirent.

Voir M. Screech, « The Meaning of Thaumaste », *Bibliothèque d'Humanisme et Renaissance*, XXII, 1960.

Thaumaste est à coup sûr un intellectuel néoplatonicien, tout moderne, et son désir de dépasser les mots est un des thèmes des querelles sémiotiques de la Renaissance : comment retrouver un langage non corrompu par le temps et l'usage. Le *Tiers Livre* sera tout entier consacré à l'interprétation des signes ambigus, où nous retrouverons les signes des muets (Nazdecabre).

●◆ Voir *Au fil du texte*, p. XI.

ment le bruyt d'icelle espandu par l'air, s'il est receu ès oreilles des studieux et amateurs d'icelle, qu'on nomme Philosophes, ne les laisse dormir ny reposer à leur ayse, tant les stimule et embrase de acourir au lieu, et veoir la personne en qui est dicte science avoir estably son temple et dépromer ses oracles. Comme il nous feut manifestement démonstré en la Reyne de Saba, qui vint des limites d'Orient et mer Persicque pour veoir l'ordre de la maison du saige Salomon, et ouyr sa sapience ; en Anacharsis, qui, de Scythie, alla jusques en Athènes pour veoir Solon ; en Pythagoras, qui visita les vaticinateurs Memphiticques ; en Platon, qui visita les Mages de Egypte et Architas de Tarente ; et en Apollonius Tyaneus, qui alla jusques au mont Caucasus, passa les Scythes, les Massagètes, les Indiens, transfreta le vaste fleuve de Physon, jusques ès Brachmanes, pour veoir Hiarchas, et en Babyloine, Chaldée, Mède, Assyrie, Parthie, Syrie, Phœnice, Arabie, Palestine, Alexandrie, jusque en Ethiopie, pour veoir les Gymnosophistes.

« Pareil exemple avons nous de Tite Live, pour lequel veoir et ouyr plusieurs gens studieux vindrent en Rome, des fins limitrophes de France et Hespaigne.

« Je ne me ose pas recenser au nombre et ordre de ces gens tant parfaictz : mais bien je veulx estre dit studieux, et amateur, non seulement des letres, mais aussi des gens letrez.

« Et de faict, ouyant le bruyt de ton sçavoir tant inestimable, ay délaissé pays, parens, et maison, et me suis icy transporté, riens ne estimant la longueur du chemin, l'attediation de la mer, la nouveaulté des contrées, pour seullement te veoir, et conferer avecques toy d'aulcuns passaiges de philosophie, de magie, de alkymie et de caballe, desquelz je doubte, et ne m'en puis contenter mon esprit, lesquelz si tu me peulx souldre, je me rens dès à present ton esclave, moy et toute ma postérité : car aultre don ne ay que assez je estimasse pour la récompense.

« Je les rédigeray par escript, et demain le feray assa-

répandue en l'air et reçue par les oreilles des gens studieux et aimant la sagesse (qu'on nomme philosophes) ne les laisse dormir ni reposer à leur aise, tant elle les stimule et les enflamme d'accourir à l'endroit et de voir la personne, en qui on dit que cette science a établi son temple et produit ses oracles. Ce qui nous fut représenté par la reine de Saba qui vint des limites d'Orient et de la mer Persique pour voir l'ordre de la maison du sage Salomon et entendre sa sagesse ;

par Anacharsis, qui, depuis la Scythie, alla jusqu'à Athènes pour voir Solon ;

par Pythagore, qui visita les prophètes de Memphis ;

par Platon qui visita les Mages de l'Égypte, et Architas à Tarente ;

par Apollonius de Thyane qui alla jusqu'au Caucase, passa les Scythes, les Massagètes, les Indiens, traversa le large fleuve Phison, jusque chez les brahmanes, pour voir Hiarchas, et en Babylone, Chaldée, Médie, Assyrie, Parthie, Syrie, Phénicie, Arabie, Palestine, Alexandrie, jusque en Éthiopie, pour voir les gymnosophistes.

« Pareil exemple en Tite Live que vinrent voir et entendre plusieurs personnes studieuses depuis le fin fond de France et d'Espagne ;

« Je n'ose pas compter au nombre et au rang de ces gens si parfaits, mais je veux être studieux et amateur non seulement des lettres, mais des gens lettrés.

« Et de fait, entendant le renom de ton savoir si inestimable, j'ai laissé pays, parents et maison, et me suis transporté ici, comptant pour rien la longueur du chemin, la nausée de la mer, la nouveauté des contrées, uniquement pour te voir et parler avec toi de certains passages de philosophie, de magie, d'alchimie et de caballe, sur lesquels j'ai des doutes et ne peux contenter mon esprit ; si tu veux les résoudre pour moi, je me fais dès à présent ton esclave, moi et toute ma postérité, car je ne me vois rien d'autre à te donner qui soit assez pour te récompenser.

« Je les rédigerai par écrit, et demain je le ferai savoir

voir à tous les gens sçavans de la ville, affin que devant eulx publicquement nous en disputons.

« Mais voicy la manière comment j'entens que nous disputerons. Je ne veulx point disputer *pro et contra*, comme font ces folz sophistes de ceste ville et de ailleurs. Semblablement, je ne veulx point disputer en la manière des Academicques, par declamations, ny aussi par nombres, comme faisoit Pythagoras, et comme voulut faire Picus Mirandula à Rome. Mais je veulx disputer par signes seulement, sans parler : car les *materies* sont tant ardues, que les parolles humaines ne seroient suffisantes à les expliquer à mon plaisir.

« Par ce, il plaira à ta magnificence de soy y trouver. Ce sera en la grande salle de Navarre, à sept heures de matin. »

Ces parolles achevées, Pantagruel luy dist honnorablement :

« Seigneur, des graces que Dieu m'a donné, je ne vouldroys denier à nully en départir à mon pouvoir : car tout bien vient de luy de lassus, et son plaisir est que soit multiplié quand on se trouve entre gens dignes et ydoines de recevoir ceste celeste manne de honneste sçavoir. Au nombre desquelz par ce que en ce temps, comme jà bien apperçoy, tu tiens le premier ranc, je te notifie que à toutes heures tu me trouveras prest à obtemperer à une chascune de tes requestes, selon mon petit povoir. Combien que plus de toy je deusse apprendre, que toy de moy : mais, comme as protesté, nous confererons de tes doubtes ensemble, et en chercherons la résolution, dont il la fault trouver, toy et moy.

« Et loue grandement la manière d'arguer que as proposée, c'est assavoir par signes, sans parler : car ce faisant, toy et moy nous entendrons, et serons hors de ces frappemens de mains, que font ces sophistes quand on argue, alors qu'on est au bon de l'argument.

« Or demain je ne fauldray à me trouver au lieu et heure que me as assigné : mais je te pry que entre nous n'y ait point de tumulte, et que ne cherchons point

à tous les gens savants de la ville, afin que nous ayons une dispute publique devant eux.

« Mais voici comment j'entends que nous discuterons. Je ne veux pas argumenter pour et contre comme ces fous sophistes de cette ville et d'ailleurs. De même je ne veux pas argumenter à la façon des aristotéliciens, par déclamations, ni par nombres comme voulait le faire Pic de La Mirandole à Rome. Mais je veux disputer par signes seulement, sans parler, car les matières sont si ardues que les paroles humaines ne suffiraient pas à les expliquer comme il me plaît.

« Pour cela, il plaira à ta magnificence de t'y trouver : ce sera en la grande salle de Navarre, à sept heures du matin. »

Ces paroles achevées, Pantagruel lui dit en l'honorant :

« Seigneur, je ne voudrais refuser à personne, autant que je peux, la communication des grâces que Dieu m'a données : car tout bien vient de lui, et sa volonté est que tout ce bien soit multiplié quand on se trouve entre gens dignes et aptes à recevoir cette céleste manne de savoir honnête. Et parce que j'aperçois déjà que tu tiens le premier rang parmi ces gens, je te fais savoir que tu me trouveras prêt à toute heure à répondre à chacune de tes requêtes selon mon modeste pouvoir. Bien que je doive apprendre plus de toi que toi de moi. Mais comme tu l'as déclaré, nous discuterons de tes doutes ensemble et en chercherons la solution qu'il faut trouver, toi et moi.

« Et je loue grandement la manière d'argumenter que tu as proposée, par signes et sans parler : car ce faisant toi et moi nous comprendrons et nous échapperons à tous ces applaudissements que font les sophistes quand on dispute alors qu'on est au meilleur moment de l'argument. Donc demain je ne manquerai pas de me trouver aux lieu et heure que tu m'as assignés, mais je te prie qu'il n'y ait pas de tumulte entre nous et que

l'honneur ny applausement des hommes, mais la vérité seule. »

A quoy respondit Thaumaste :

« Seigneur, Dieu te maintienne en sa grace, te remerciant de ce que ta haulte magnificence tant se veult condescendre à ma petite vilité. Or, à Dieu, jusques à demain.

— A Dieu », dist Pantagruel.

Messieurs, vous aultres qui lisez ce present escript, ne pensez pas que jamais il y eut gens plus eslevez et transportez en pensée, que furent, toute celle nuyct, tant Thaumaste que Pantagruel. Car ledict Thaumaste dist au concierge de l'hostel de Cluny, auquel il estoit logé, que de sa vie ne se estoit trouvé tant altéré comme il estoit celle nuyct : « Il m'est (disoit-il) advis que Pantagruel me tient à la gorge : donnez ordre que beuvons, je vous prie. »

De l'aultre cousté, Pantagruel entra en la haulte game, et de toute la nuict ne faisoit que ravasser après [1] :

le livre de Beda, *De Numeris et Signis* ;

le livre de Plotin, *De Inenarrabilibus* ;

le livre de Proclus, *De Magia* ;

et les livres de Artemidorus, *Peri onirocriticon* ;

et de Anaxagoras, *Peri Semion* ;

Dynarius, *Peri Aphaton* ;

et les livres de Philistion ;

et Hipponax, *Peri Anecphoneton* ;

et ung tas d'aultres, tant que Panurge luy dist :

« Seigneur, laissez toutes ces pensées, et vous allez coucher : car je vous sens tant esmeu en voz espritz, que bien tost tomberiez en quelque fiebvre ephemere par cest excès de pensement. Mais, premier beuvant vingt et cinq ou trente bonnes foys, retirez-vous et

---

1. Cette liste d'ouvrages aux noms évocateurs rassemble des textes réels de sémiotique et d'autres moins sûrs (Dinarius et Hipponax sont inconnus, les livres de Philistion perdus, mais... il était mime).

nous ne cherchions pas l'honneur ni l'applaudissement des hommes, mais la vérité seule. »

À quoi Thaumaste répondit : « Seigneur, Dieu te maintienne en sa grâce, en remerciement ce que ta haute magnificence veut bien tant condescendre à ma petitesse. Donc, adieu jusqu'à demain.

— Adieu, dit Pantagruel.

Messieurs, vous qui lisez ce présent écrit, croyez qu'il n'y a jamais eu de gens plus haut transportés en pensée que furent toute cette nuit tant Thaumaste que Pantagruel. Car Thaumaste dit au portier de l'hôtel de Cluny auquel il était logé que de sa vie il n'avait été aussi altéré que cette nuit-là : « Je crois (disait-il) que Pantagruel me tient à la gorge : donnez ordre pour que nous buvions, je vous prie. »

De l'autre côté Pantagruel entra dans les hautes spéculations et de toute la nuit ne faisait que rêvasser après

le livre de Bède, *Des nombres et des signes*,

le livre de Plotin, *Des choses irracontables*,

le livre de Proclus, *De la magie*,

et les livres d'Artémidore, *Sur l'interprétation des songes*,

et d'Anaxagoras, *Sur les signes*,

et Dinarius, *Sur l'indicible*

et les livres de Philistion et Hipponax, *Sur le non-dit,*

et un tas d'autres, jusqu'à ce que Panurge lui dise : « Seigneur, laissez toutes ces pensées et allez vous coucher : car je vous sens les esprits si agités que vous tomberiez en quelque courte fièvre par cet excès de pensée. Mais, buvant d'abord vingt-cinq ou trente bonnes fois, retirez-vous et dormez à votre aise, car

dormez à vostre aise, car de matin je respondray et argueray contre Monsieur l'Angloys, et, au cas que je ne le mette *ad metam non loqui*, dictes mal de moy. »

Dont dist Pantagruel :

— Voire mais, mon amy Panurge, il est merveilleusement sçavant : comment luy pourras-tu satisfaire ?

— Tresbien, respondit Panurge. Je vous pry, n'en parlez plus, et m'en laissez faire. Y a-il homme tant sçavant que sont les diables ?

— Non, vrayement, dist Pantagruel, sans grace divine speciale.

— Et toutesfoys, dist Panurge, j'ai argué maintesfoys contre eulx, et les ay faictz quinaulx et mys de cul. Par ce, soyez asseuré de cest Angloys, que je vous le feray demain chier vinaigre devant tout le monde. »

Ainsi passa la nuyct Panurge à chopiner avecques les paiges et jouer toutes les aigueillettes de ses chaulses à *primus et secundus*, ou à la vergette. Et, quand ce vint à l'heure assignée, il conduysit son maistre Pantagruel au lieu constitué. Et hardiment qu'il n'y eut petit ny grand dedans Paris qu'il ne se trouvast au lieu, pensant : « Ce diable de Pantagruel, qui a convaincu tous les Sorbonicoles, à cest heure aura son vin, car cest Angloys est ung aultre diable de Vauvert. Nous verrons qui en gaignera. »

Ainsi tout le monde assemblé, Thaumaste les attendoit. Et lors que Pantagruel et Panurge arriverent à la salle, tous ces grymaulx, artiens, et intrans, commencerent à frapper des mains, comme est leur badaude coustume. Mais Pantagruel s'escrya à haulte voix, comme si ce eust esté le son d'ung double canon, disant : « Paix, de par le diable, paix ! Par Dieu, coquins, si vous me tabustez icy, je vous coupperay la teste à trestous. »

A laquelle parolle ilz demourerent tous estonnez comme cannes, et ne osoient seulement tousser, voire eussent-ils mangé quinze livres de plume. Et furent tant alterez de ceste seule voix, qu'ilz tiroient la langue

le matin je répondrai et arguerai contre monsieur l'Anglais, et au cas où je ne le mettrais pas à bout de parole, dites du mal de moi. »

Pantagruel dit : « Mais, mon ami Panurge, il est merveilleusement savant : comment pourras-tu le rendre content ?

— Parfaitement, dit Panurge. Je vous en prie, n'en parlez plus et laissez-moi faire. Y a-t-il homme aussi savant que les diables ?

— Non vraiment, dit Pantagruel, sauf grâce divine spéciale.

— Et toutefois, dit Panurge, j'ai argumenté maintes fois contre eux, et je les ai eus et mis sur le cul. Donc soyez assuré que cet Anglais, je lui ferai chier vinaigre devant tout le monde. »

Ainsi Panurge passa la nuit à chopiner avec les pages et à jouer toutes les aiguillettes de ses chausses à premier et second ou à la vergette. Et quand arriva l'heure assignée, il conduisit son maître Pantagruel au lieu établi. Et hardiment il n'y avait petit ni grand dans Paris qui ne se trouvât au rendez-vous, pensant : « Ce diable de Pantagruel qui a convaincu tous les sorbonicoles, aura cette fois-ci sa dose, car cet Anglais est un autre diable de Vauvert. Nous verrons bien qui gagnera. »

Ainsi tout le monde assemblé, Thaumaste les attendait. Lorsque Pantagruel et Panurge entrèrent dans la salle, tous ces grimauds, étudiants ès arts et délégués des étudiants, commencèrent à taper des mains comme c'est leur badauderie ordinaire. Mais Pantagruel s'écria à haute voix, comme si c'était le son d'un double canon : « Paix, par le diable, paix ! Par Dieu, coquins, si vous me dérangez, je vous couperai la tête à tous. »

À cette déclaration ils demeurèrent muets de stupeur et n'osaient même plus tousser, même s'ils avaient eu quinze livres de plumes dans l'estomac. Et ils furent si altérés de cette seule parole, qu'ils tiraient la langue demy pied hors de la gueule : comme si Pantagruel leur eust les gorges sallé.

Lors commença Panurge à parler, disant à l'Angloys :

« Seigneur, es-tu icy venu pour disputer contentieusement de ces propositions que tu as mis, ou bien pour apprendre et en sçavoir la vérité ? »

A quoy respondit Thaumaste : « Seigneur, aultre chose ne me ameine, sinon bon desir de apprendre et sçavoir ce dont j'ay doubté toute ma vie, et n'ay trouvé ny livre ny homme qui me ayt contenté en la résolution des doubtes que j'ay proposez. Et au regard de disputer par contention, je ne le veulx faire ; aussi est-ce chose trop vile, et la laisse à ces maraulx de Sophistes.

— Doncques, dist Panurge, si moy, qui suis petit disciple de mon maistre Monsieur Pantagruel, te contente et te satisfoys en tout et par tout, ce seroit chose indigne d'en empescher mondict maistre : par ce, mieulx vauldra qu'il soit cathédrant, jugeant de noz propos, et te contentent au parsus, s'il te semble que je ne aye satisfaict à ton studieux désir.

— Vrayement, dist Thaumaste, c'est tresbien dit. Commence doncques. »

Or notez, que Panurge avoit mis au bout de sa longue braguette ung beau floc de soye rouge, blanche, verte, et bleue, et dedans avoit mis une belle pomme d'orange.

Adoncques, tout le monde assistant, et speculant en bonne silence, Panurge, sans mot dire, leva les mains, et en feist ung tel signe : car de la main gauche il joingnit l'ongle du doigt indice à l'ongle du poulce, faisant au meillieu de la distance comme une boucle, et de la main dextre serroit tous les doigts au poing, excepté le doigt indice, lequel il mettoit et tiroit souvent par entre les deux aultres susdictz de la main gauche ; puis, de la dextre, estendoit le doigt indice et le meillieu, les esloingnant le mieulx qu'il povoit, et les tirant vers Thaumaste : et puis mettoit le poulce de la main gauche

d'un bon demi-pied hors de la gueule, comme si Pantagruel leur avait salé la gorge.

Lors Panurge commença à parler à l'Anglais :

« Seigneur, es-tu venu ici pour disputer belliqueusement de ces propositions que tu as faites, ou bien pour apprendre et pour savoir la vérité ? »

À quoi Thaumaste répondit : « Seigneur, rien d'autre ne m'amène que le bon désir d'apprendre et savoir ce dont j'ai toujours douté toute ma vie ; et je n'ai trouvé ni livre ni homme qui m'ait satisfait en la résolution de ces doutes que je vous ai proposés. Et pour ce qui est de disputer par conflit, je ne veux pas le faire, c'est une chose trop vile, et je la laisse à ces marauds de sophistes.

— Donc, dit Panurge, si moi, qui suis un petit disciple de mon maître Pantagruel, je te contente et te satisfais en tout et par tout, ce serait chose indigne d'en encombrer mon dit maître. C'est pourquoi il vaudrait mieux qu'il siège, comme juge de nos propos, et te satisfaisant en surplus s'il te semble que je n'aie pas satisfait à ton studieux désir.

— Vraiment, dit Thaumaste, c'est très bien dit. Commence donc. »

Or notez que Panurge avait mis au bout de sa longue braguette un beau nœud de soie rouge, blanche, verte et bleue, et avait mis dedans une belle orange.

Alors, devant toute l'assistance qui regardait en silence, Panurge, sans mot dire, leva les mains, et fit un signe comme ceci : de la main gauche, il joignit l'ongle de l'index et l'ongle du pouce, faisant au milieu comme une boucle, et de sa main droite, il serrait tous ses doigts en poing sauf l'index, qu'il mettait et retirait souvent entre les deux susdits doigts de la main gauche ; puis de la dextre il étendit l'index et le majeur, les écartant autant qu'il pouvait, et les tirant vers Thaumaste ; puis il mit le pouce de la main gauche sur l'angle

sur l'anglet de l'œil gauche, estendant toute la main
comme une aesle d'oyseau, ou une pinne de poisson,
et la meuvant bien mignonnement deçà et delà ; et
autant en faisoit de la dextre sur l'anglet de l'œil
dextre : et ce dura bien par l'espace d'ung bon quart
d'heure.

Dont Thaumaste commença à paslir et trembler, et
luy fist tel signe, que de la main dextre, il frappa du
doigt meillieu contre le muscle de la vole, qui est au
dessoubz le poulce, et puis mis le doigt indice de la dextre en pareille boucle de la senestre : mais il le mist par
dessoubz, non par dessus, comme faisoit Panurge.

Adoncques Panurge frappe la main l'une contre
l'aultre et souffle en paulme ; et ce faict, met encores
le doigt indice de la dextre en la boucle de la gauche,
le tirant et mettant souvent : et puis estendit le menton, regardant intentement Thaumaste.

Dont le monde, qui n'entendoit riens à ces signes,
entendit bien que en ce il demandoit, sans dire mot,
à Thaumaste : « Que voulez-vous dire là ? »

De faict, Thaumaste commença à suer à grosses
gouttes, et sembloit bien ung homme qui estoit ravy
en haulte contemplation. Puis se advisa, et mist tous
les ongles de la gauche contre ceulx de la dextre,
ouvrant les doigts comme si ce eussent esté demys
cercles, et élevoit tant qu'il povoit les mains en ce signe.

A quoy Panurge soubdain mist le poulce de la main
dextre soubz les mandibules, et le doigt auriculaire
d'icelle en la boucle de la gauche, et en ce point faisoit
sonner ses dentz bien mélodieusement les basses contre
les haultes.

Dont Thaumaste, de grand hahan, se leva, mais en
se levant il fist ung gros pet de boulangier : car le bran
vint après, et puoit comme tous les diables ; et les
assistans commencèrent se estouper les nez : car il se
conchioit de angustie. Puis leva la main dextre, la
clouant en telle façon, qu'il assembloit les boutz de tous
les doigts ensemble, et la main gauche assist toute plaine
sur la poictrine.

de l'œil gauche, tendant toute la main comme une aile d'oiseau, ou une nageoire de poisson, la remuant agilement çà et là, et il en faisait autant de la main droite à l'angle de l'œil droit ; et cela dura bien un bon quart d'heure.

Ce dont Thaumaste commença à pâlir et trembler et lui fit signe ainsi : de la main droite, il frappa du majeur contre le muscle de la paume sous le pouce, et puis mit l'index de la droite dans la boucle de la gauche, mais il le mit par-dessous et non par-dessus comme faisait Panurge.

Donc Panurge frappe les mains l'une contre l'autre, et souffle dans les paumes ; ce fait, il met encore l'index de la droite en la boucle de la gauche, le tirant et entrant souvent ; puis il étendit le menton, regardant fixement Thaumaste.

Les gens, qui ne comprenaient rien à ces signes, comprirent bien que par là il demandait, sans mot dire, à Thaumaste : « Que voulez-vous dire par là ? »

De fait Thaumaste commença de suer à grosses gouttes, et semblait un homme ravi en haute contemplation. Puis il se remit, et mit tous les ongles de la gauche contre ceux de la droite, ouvrant les doigts comme si ç'avaient été des demi-cercles, et il élevait les mains le plus qu'il pouvait pour ce signe.

À quoi Panurge soudain mit le pouce de la main droite sous les mandibules, et l'auriculaire de la droite en la boucle de la gauche, et alors il faisait sonner ses dents bien mélodieusement, celles du bas contre celles du haut.

Ce dont Thaumaste en grand ahan se leva, mais en se levant il fit un gros pet de boulanger, car la merde vint après et il puait comme tous les diables ; et les assistants commencèrent à se boucher le nez, car il se conchiait d'angoisse. Puis il leva la main droite, la clouant de telle façon qu'il assemblait les bouts de tous les doigts ensemble, et il posa sa main gauche toute plate sur sa poitrine.

A quoy Panurge tira sa longue braguette avecques son floc, qu'il estendit d'une couldée et demie, et la tenoit en l'air de la main gauche, et de la dextre print sa pomme d'orange, et, la gettant en l'air par sept foys, à la huytiesme la cacha au poing de la main dextre, la tenant en hault tout coy ; et puis commença à secouer sa belle braguette, en la monstrant à Thaumaste.

Après cella, Thaumaste commença à enfler les deux joues, comme ung cornemuseur, et souffler, comme se il enfloit une vessie de porc.

A quoy Panurge mist ung doigt de la gauche au trou du cul, et de la bouche tiroit l'air comme quand on mangeue des huytres en escalle, ou quand l'on hume sa souppe ; et ce faict, ouvre quelque peu la bouche, et avecques le plat de la main dextre en frappoit dessus, faisant en ce ung grand son et parfond, comme s'il venoit de la superficie du diaphragme par la trachée artère : et le feist par seize foys.

Mais Thaumaste souffloit tousjours comme une oye. Adoncques Panurge mist le doigt indice de la dextre dedans la bouche, le serrant bien fort avecques les muscles de la bouche : et puis le tiroit, et, le tirant, faisoit ung grand son, comme quand les petitz garsons tirent d'ung canon de seux avecques belles rabbes, et le fist par neuf foys.

Et alors Thaumaste s'escria : « Hà, Messieurs, le grand secret ! » — et puis tira ung poignart qu'il avoit, le tenant par la poincte contre bas.

A quoy Panurge print sa longue braguette, et la secouoit tant qu'il povoit contre ses cuisses ; et puis, mist ses deux mains, lyéez en forme de peigne, sur sa teste, tirant la langue tant qu'il povoit, et tournant les yeulx en la teste, comme une chievre qui meurt.

« Hà, j'entends, dist Thaumaste, mais quoy ? » faisant tel signe, qu'il mettoit le manche de son poignart contre la poictrine, et sur la poincte mettoit le plat de la main, en retournant quelque peu le bout des doigts.

A quoy Panurge baissa sa teste du cousté gauche, et mist le doigt meillieu en l'oreille dextre, élevant le

À quoi Panurge tira sa longue braguette avec son ruban, qu'il étendit d'une coudée et demie, et la tenait en l'air de la main gauche ; et de la droite il prit son orange, et la jeta en l'air sept fois ; à la huitième, il la cacha dans le poing droit, la tenant en haut tout silencieux : puis il commença à secouer sa belle braguette en la montrant à Thaumaste.

Après cela Thaumaste commença à enfler les deux joues comme un joueur de cornemuse et à souffler comme s'il gonflait une vessie de porc.

À quoi Panurge mit un doigt de la main gauche à son trou du cul, et de la droite il tirait l'air comme quand on mange des huîtres, ou quand on hume sa soupe ; et ce fait, ouvre un peu la bouche, et avec le plat de la main droite frappe dessus, faisant un son grave et profond, comme s'il venait de la superficie du diaphragme par la trachée-artère : et il le fit seize fois.

Mais Thaumaste soufflait toujours comme une oie. Donc Panurge mit l'index de la droite dans sa bouche, le serrant bien fort avec les muscles de la bouche ; et puis le tirait et en le tirant, faisait un grand son, comme les petits garçons tirent d'un canon de sureau avec des bouts de raves, et le fit neuf fois.

Et alors Thaumaste s'écria : « Ah, messieurs, le grand secret ! » et puis il tira un poignard, le tenant la pointe en bas.

À quoi Panurge prit sa longue braguette, et il la secouait tant qu'il pouvait entre ses cuisses ; et puis mit ses mains liées en forme de peigne, sur sa tête, tirant la langue tant qu'il pouvait et tournant les yeux comme une chèvre agonisante.

« Ah ! j'entends, dit Thaumaste, mais quoi ? » faisant tel signe : il mettait le manche de son poignard contre sa poitrine, et sur la pointe mettait le plat de la main, en retournant un peu le bout des doigts.

À quoi Panurge baissa la tête du côté gauche, et se mit le majeur en l'oreille droite, élevant le pouce contre-

poulce contremont. Et puis croisa les deux bras sur la poictrine, toussant par cinq foys, et à la cinquiesme, frappant du pied droit contre terre. Et puis leva le bras gauche, et, serrant tous les doigtz au poing, tenoit le poulce contre le front, frappant de la main dextre par six fois contre la poictrine.

Adoncques se leva Thaumaste, et, ostant son bonnet de la teste, remercia ledict Panurge doulcement ; puis dist à haulte voix à toute l'assistence :

« Seigneurs, à ceste heure, puis-je bien dire le mot evangelicque : *Et ecce plusquam Solomon hic*[1]. Vous avez icy ung tresor incomparable en vostre presence ; c'est Monsieur Pantagruel, duquel la renommée me avoit icy attiré du fin fonds de Angleterre, pour conférer avecques luy des doubtes inexpuysables, tant de magie, alkymie, de caballe, de géomantie, de astrologie, que de philosophie, lesquelz je avoys en mon esprit. Mais de présent je me courrouce contre la renommée, laquelle me semble estre envieuse contre luy : car elle n'en raporte point la milliesme partie de ce que en est par efficace.

« Vous avez veu, comment son seul disciple me a contenté, et m'en a plus dit que je ne demandoys ; et d'abundant, m'a ouvert et ensemble soulu d'aultres doubtes inestimables. En quoy je vous puis asseurer qu'il m'a ouvert le vray puys et abysme de Encyclopédie, voire en une sorte que je ne pensoys pas trouver homme qui en sceust les premiers elemens seulement : c'est quand nous avons disputé par signes, sans dire mot ny demy. Mais à tant je redigeray par escript ce que avons dit et resolu, affin que lon ne pense point que ce ayent esté mocqueries, et le feray imprimer à ce que chascun y apreigne comme je ay faict. Dont povez juger, ce que eust peu dire le maistre, veu que

---

1. Phrase prononcée par le Christ pour définir sa sagesse qui dépasse celle du plus sage de l'Ancien Testament (Matthieu, XII, 42).

mont ; et puis croisa les deux bras sur la poitrine, toussant par cinq fois, et à la cinquième, frappant du pied droit par terre. Et puis il leva le bras gauche, et serrant tous les doigts du poing, tenait le pouce contre son front, frappant de la main droite six fois sur sa poitrine.

Alors se leva Thaumaste, et en levant son bonnet, remercia Panurge doucement. Puis dit à haute voix à l'assistance :

« Seigneurs, maintenant je peux dire le mot de l'Évangile : "Et celui-là est plus que Salomon." Vous avez ici un trésor incomparable en votre présence, c'est Monseigneur Pantagruel, dont la renommée m'avait attiré du fin fond d'Angleterre pour conférer avec lui des doutes inépuisables de magie, alchimie, cabale, géomancie, astrologie et philosophie, que j'avais en l'esprit. Mais à présent je suis fâché contre la renommée qui me semble jalouse de lui, car elle ne rapporte pas la millième partie de ce qu'il est capable de faire.

« Vous avez vu comment son disciple seul m'a contenté et m'en a plus révélé que je n'en demandais, et généreusement m'a ouvert et résolu d'autres points douteux inestimables. En quoi je peux vous assurer qu'il m'a ouvert le vrai puits et abîme d'Encyclopédie, voire d'une manière telle que je ne croyais pas trouver un homme qui en sache seulement les premiers éléments : c'est dans la dispute par signes sans dire mot et demi. Mais je rédigerai par écrit ce que nous avons dit et réglé, afin qu'on ne pense pas que ce soit une plaisanterie, et je le ferai imprimer pour ce que chacun s'instruise comme je l'ai fait. D'où vous pouvez juger ce que doit

le disciple a faict telle prouesse : car *Non est discipulus supra magistrum* [1].

« En tous cas, Dieu soit loué, et bien humblement vous remercie de l'honneur que nous avez faict à cest acte ; Dieu vous le retribue eternellement. »

Semblables actions de graces rendit Pantagruel à toute l'assistence, et, de là, partant, mena disner Thaumaste avecques luy, et croyez qu'ilz beurent comme toutes bonnes ames le jour des Mortz, le ventre contre terre, jusques à dire : Dont venez-vous ?

Saincte Dame, comment ilz tiroient au chevrotin ! Il n'y eut par sans faulte celluy qui n'en beust XXV. ou XXX. muys. Et sçavez-vous comment ? *Sicut terra sine aqua* [2] : car il faisoit chault ; et davantaige se estoient altérez.

Et au regard de l'exposition des propositions mises par Thaumaste, et des significations des signes desquelz ilz userent en disputant, je vous les exposeroys selon la relation de entre eulx mesmes : mais l'on m'a dit que Thaumaste en feist ung grand livre, imprimé à Londres, auquel il declaire tout sans riens laisser : par ce, je m'en deporte pour le présent.

---

1. Autre phrase d'évangile (Luc, VI, 40) souvent reprise en univers universitaire.
2. Psaume 142-6 qui définit le désir du croyant assoiffé de Dieu.

être le maître si le disciple a fait une telle prouesse :
car le disciple n'est pas au-dessus du maître.

« En tout cas, Dieu soit loué, et je vous remercie de
l'honneur que vous nous avez fait dans cette rencontre.
Dieu vous le rende éternellement. »

Semblable action de grâces rendit Pantagruel à toute
l'assistance, et en sortant il mena Thaumaste dîner avec
lui : et croyez qu'ils burent comme les bonnes âmes le
Jour des Morts, à rouler par terre, jusqu'à ne pas se
reconnaître.

Sainte Dame, comme ils tiraient sur l'outre ! aucun
n'en but moins de XXV ou XXX muids. Et savez-vous
comment ? comme la terre sans eau, car il faisait chaud
et ils s'étaient altérés davantage.

En ce qui concerne l'explication des propositions
faites par Thaumaste et des significations des signes
dont ils usèrent en disputant, je vous les exposerais
selon la relation qu'ils en firent, mais l'on m'a dit que
Thaumaste en fit un grand livre imprimé à Londres,
auquel il déclare tout sans rien oublier, donc je laisse
cela de côté actuellement.

Comment Panurge fut amoureux d'une haulte dame de Paris, et du tour qu'il luy fist

Panurge commença à estre en réputation en la ville de Paris par ceste disputation que il obtint contre l'Angloys : et faisoit dès lors bien valoir sa braguette, et la feist au-dessus esmoucheter de broderie à la Tudesque. Et le monde le louoit publicquement, et en fut faict une chanson, dont les petitz enfans alloient à la moustarde [1] : et estoit bien venu en toutes compaignies des dames et damoyselles, en sorte qu'il devint glorieux, si bien qu'il entreprint venir au dessus d'une des grandes dames de la ville.

De faict, laissant ung tas de longs prologues et protestations que font ordinairement ces dolens contemplatifz amoureux de Quaresme, luy dist ung jour :

« Ma dame, ce seroit ung bien fort utile à toute la républicque, delectable à vous, honneste à vostre lignée, et à moy nécessaire, que feussiez couverte de ma race ; et le croyez : car l'expérience vous le demonstrera. »

La dame, à ceste parolle, le recula plus de cent lieues, disant :

« Meschant fol, vous appertient-il de me tenir telz propos ? Et à qui pensez-vous parler ? Allez, ne vous trouvez jamais devant moy : car, si n'estoit pour ung petit, je vous feroys coupper bras et jambes.

---

1. Expression traditionnelle pour désigner les petits refrains satiriques.

CHAPITRE XIV

Comment Panurge fut amoureux d'une haute dame de Paris, et du tour qu'il lui joua

Panurge commença d'avoir de la réputation à Paris grâce à cette dispute qu'il remporta sur l'Anglais, et il faisait dès lors fort bien valoir sa braguette et la fit toute orner de broderie à la tudesque. Et le monde le louait publiquement, et il en fut fait une chanson que les petits enfants chantaient en allant à la moutarde. Il était bien venu en toute compagnie des dames et demoiselles, de sorte qu'il devint vaniteux jusqu'à entreprendre de venir sur une des grandes dames de la ville.

De fait, laissant un tas de longs prologues et protestations que font ordinairement ces dolents contemplatifs amoureux de Carême, il lui dit un jour :

« Ma dame, ce serait une œuvre fort utile à l'État, agréable pour vous, honorable pour votre lignée, et nécessaire pour moi, que vous soyez couverte de ma race ; croyez-le, l'expérience vous le démontrera. »

La dame à cette parole s'écarta de lui de plus de cent lieues, disant :

« Méchant fou, vous convient-il de me tenir de tels propos ? et à qui croyez-vous parler ? Allez, ne vous trouvez plus jamais devant moi, car je vous ferais presque couper bras et jambes.

— Or (dist il), ce me seroit bien tout ung d'avoir bras et jambes couppez, en condition que nous fissions, vous et moy, ung transon de chere lie, jouant des manequins à basses marches : car (monstrant sa longue braguette) voicy Maistre Jehan Jeudy, qui vous sonneroit une *antiquaille* dont vous sentiriez jusques à la mouelle des os : car il est galland, et vous sçait bien trouver les alibitz forains [1] et petitz poullains grenez en la ratouère, que après luy il n'y a que espousseter. »

A quoy respondit la dame :

« Allez, meschant, allez. Si vous m'en dictes encores ung mot, je appelleray le monde, et vous feray icy assommer de coups.

— Ho (dist il), vous n'estes pas si male que vous dictes, non [2] : ou je suis bien trompé à vostre physionomie ; car plus tost la terre monteroit ès cieulx, et les haulx cieulx descendroient en l'abysme, et tout ordre de nature seroit perverty, qu'en si grande beaulté et elegance, comme la vostre, y eust une goutte de fiel, ny de malice. L'on dit bien que à grand peine :

> *Veit-on jamais femme belle,*
> *Qui aussi ne feust rebelle ;*

« Mais cella est dit de ces beaultez vulgaires. Toutesfois, la vostre est tant excellente, tant singulière, tant celeste, que je croy que nature l'a mise en vous comme en paragon pour nous donner à entendre combien elle peut faire, quand elle veult employer toute sa puissance et tout son sçavoir.

« Ce n'est que miel, ce n'est que sucre, ce n'est que manne celeste, de tout ce qu'est en vous.

« C'estoit à vous, à qui Paris debvoit adjuger la pomme d'or, non à Venus, non, ny à Juno, ny à Minerve : car oncques n'y eut tant de magnificence en

---

1. Pièces annexes d'un procès...
2. Panurge commence seulement à utiliser un discours « correct » de séduction et de flatterie, avec une syntaxe recherchée, des compa-

— Mais cela me serait indifférent d'avoir les bras et les jambes coupées, si nous faisions, vous et moi, un bout de festin, avec grandes orgues des mains, car (montrant sa longue braguette) voici Maître Jean Jeudy, qui vous jouerait bien une gaillarde dont vous sentiriez le bienfait jusqu'à la moelle des os : car il est galant, et vous sait si bien trouver les petits trucs annexes et les petits bubons gonflés dans la ratière, qu'après lui il ne reste rien à épousseter. »

À quoi la dame répondit :

« Partez, méchant, partez. Si vous m'en dites encore un mot, j'appelle les gens et je vous ferai assommer de coups.

— Oh, dit-il, vous n'êtes pas si mauvaise que vous le dites, non, ou je me suis bien trompé à votre physionomie ; car la terre monterait plutôt aux cieux, et les hauts cieux descendraient à l'abîme, et tout l'ordre de nature serait perverti, avant qu'en beauté et élégance si grande que les vôtres, il y ait une goutte de fiel ou de malice. L'on dit bien qu'il est difficile

> *Qu'on voie jamais femme belle*
> *Qui aussi ne fut rebelle ;*

mais cela est dit des beautés vulgaires. Mais la vôtre est si excellente, si unique, si céleste que je crois que nature l'a mise en vous comme en parangon pour nous donner à comprendre la splendeur de ce qu'elle peut faire quand elle veut employer toute sa puissance et tout son savoir.

« Ce n'est que miel, ce n'est que sucre, ce n'est que manne céleste, que toute votre personne.

« C'était à vous que Pâris devait adjuger la pomme d'or, non à Vénus, non, ni à Junon, ni à Minerve : car jamais il n'y eut tant de magnificence en Junon, tant

---

raisons mythologiques (jugement de Pâris) que la poésie aime fort, ainsi que le platonisme pour qui le bien et le beau s'allient. L'expression triviale de « frotter son lard » rompt le charme.

Juno, tant de prudence en Minerve, tant de élégance en Venus, comme il y a en vous.

« O dieux et deesses celestes, que heureux sera celluy à qui ferez ceste grâce de vous accoller, de vous bayser, et de frotter son lart avecques vous. Par Dieu, ce sera moy, je le voy bien : car desjà vous me aymez tout plain, je le congnoys. Doncques, pour gaigner temps, faisons. »

Et la vouloit embrasser, mais elle fist semblant de se mettre à la fenestre pour appeller les voisins à la force.

Adoncques s'en sortit Panurge bien tost, et luy dist en fuyant :

« Ma dame, attendez-moy icy ; je les voys quérir moy-mesme, n'en prenez pas la peine. »

Ainsi s'en alla, sans grandement se soucier du reffus qu'il avoit eu, et n'en fist oncques pire chere.

Le lendemain, il se trouva à l'esglise, à l'heure qu'elle alloit à la messe : et à l'entrée, luy bailla de l'eau beniste, se inclinant parfondement devant elle ; et après, se alla agenouiller auprès de elle familierement, et luy dist :

« Ma dame, saichez que je suis tant amoureux de vous, que je n'en peuz ny pisser ny fianter. Je ne sçay comment l'entendez. S'il m'en advenoit quelque mal, que en seroit-il !

— Allez, allez (dist elle), je ne m'en soucie pas ; laissez-moy icy prier Dieu.

— Mais (dist il), équivoquez sur « A Beaumont le Vicomte[1] ».

— Je ne sçauroys, dist elle.

— C'est (dist il), « A beau con le vit monte ». Et sur cella priez Dieu qu'il me doint ce que vostre noble cueur desyre, et me donnez ces patenostres par grace.

---

1. Contrepèterie célèbre. La réponse de la dame est elle-même ambiguë : ne sait-elle pas équivoquer, ou ne veut-elle prononcer le résultat ? ou même seulement prononcer les syllabes litigieuses ?

de sagesse en Minerve, tant d'élégance en Vénus, qu'il ne s'en trouve en vous.

« Ô dieux et déesses célestes, qu'heureux sera celui à qui vous ferez la grâce de vous accoler, de vous baiser de ses baisers et de frotter son lard avec vous. Par Dieu, ce sera moi, j'en suis sûr, car déjà vous m'aimez tout plein, je le sais. Donc pour gagner du temps, aux actes. »

Il voulait l'embrasser, mais elle fit semblant de se mettre à la fenêtre pour appeler les voisins à l'aide.

Donc Panurge sortit bien vite et dit en fuyant :

« Ma dame, attendez-moi ici, je vais les chercher moi-même, ne prenez pas cette peine. »

Il s'en alla ainsi sans beaucoup se soucier de son refus, et n'en fit pas plus grise mine.

Le lendemain, il se trouve à l'église à l'heure où elle allait à la messe, et à l'entrée il lui donna l'eau bénite, s'inclinant profondément devant elle, et ensuite alla s'agenouiller près d'elle familièrement, et lui dit :

« Ma dame, sachez que je suis si amoureux de vous que je ne peux plus ni pisser ni fianter. Je ne sais pas comment vous l'interprétez. S'il m'en arrivait du mal, qu'en penseriez-vous ?

— Allez, allez, dit-elle, je ne m'en soucie pas ; laissez-moi ici prier Dieu.

— Mais, dit-il, équivoquez sur « À Beaumont-le-Vicomte ».

— Je ne saurais.

— C'est « à beau con le vit monte ». Et sur cela priez Dieu qu'il me donne ce que votre noble cœur désire, et donnez-moi votre chapelet, par grâce.

— Tenez, dist elle, et ne me tabustez plus. »

Et ce dict, luy vouloit tirer ses patenostres [1], qui estoient de cestrin avecques grosses marches d'or. Mais Panurge promptement tira ung de ses cousteaux, et les couppa tresbien, et les emporta à la fryperie, luy disant :

« Voulez-vous mon cousteau ?

— Non, non, dist-elle.

— Mais (dist il), à propos, il est bien à vostre commandement, corps et biens, tripez et boyaulx. »

Ce pendant, la dame n'estoit pas fort contente de ses patenostres : car c'estoit une de ses contenances à l'esglise. Et pensoit : « Ce bavart icy est quelque esventé, homme d'estrange pays ; je ne recouvreray jamais mes patenostres. Que m'en dira mon mary ? Il s'en courroucera à moy ; mais je luy diray que ung larron me les a couppées dedans l'esglise, ce que il croira facilement, voyant encores le bout du ruban à ma ceincture. »

Après disner, Panurge l'alla veoir, portant en sa manche une grande bourse pleine de gettons : et luy commença à dire :

« Lequel des deux s'entreayme le plus, ou vous moy, ou moy vous ? »

A quoy elle respondit :

« Quant est de moy, je ne vous hays point : car, comme Dieu le commande, je ayme tout le monde.

— Mais à propos (dist il), n'estes-vous pas amoureuse de moy ?

— Je vous ay (dist elle), jà dit tant de foys que vous ne me tenissiez plus telles parolles ! si vous m'en parlez encores, je vous monstreray que ce n'est pas à moy à qui vous debvez ainsi parler de deshonneur. Allezvous en, et me rendez mes patenostres, que mon mary ne me les demande.

. 1. Les femmes portent alors des grands chapelets attachés à la ceinture. Les dix grains qui servent de support aux *Ave Maria* sont

« — Tenez, dit-elle, et ne me dérangez plus. »

Elle voulait tirer pour lui son chapelet, qui était de bois de senteur avec de gros grains d'or. Mais Panurge, promptement, tira un de ses couteaux, le coupa très facilement et le subtilisa, en lui disant :

« Voulez-vous mon instrument ?

— Non, non.

— Mais, à propos, il est bien à votre commandement, corps et bien, tripes et boyaux. »

Cependant la dame n'était pas très contente d'avoir perdu son chapelet, car c'était une de ses attitudes à l'église, et elle pensait : « Ce bavard-là est quelque éventé, un étranger, je ne retrouverai jamais mon chapelet. Que dira mon mari ? Il se fâchera contre moi. Mais je lui dirai que c'est un voleur qui me l'a coupé à l'église, ce qu'il croira facilement en voyant le morceau du ruban encore à ma ceinture. »

Après dîner, Panurge alla la voir, portant dans sa manche une grande bourse pleine de monnaie, et commença à lui dire :

« Lequel des deux s'entre-aime le plus, ou vous moi, ou moi vous ? »

Elle répondit :

« Pour moi, je ne vous hais pas, car selon le commandement de Dieu, j'aime tout le monde.

— Mais réellement, n'êtes-vous pas amoureuse de moi ?

— Je vous ai déjà dit tant de fois de ne plus me tenir de tels propos ! Si vous m'en parlez encore, je vous montrerai que ce n'est pas à moi que vous devez parler de ces choses déshonorantes... Allez-vous-en, et rendez-moi mes patenôtres avant que mon mari ne me les demande.

---

séparés par des plus gros ; les deux extrémités se réunissent par une « boucle » travaillée. Le chapelet peut devenir un bijou de prix.

— Comment (dist il), Madame, vos patenostres ?
Non feray, par mon sergent ; mais je vous en veulx bien
donner d'aultres.

« En aymerez-vous mieulx d'or bien esmaillé, en
forme de grosses spheres, ou de beaux lacz d'amours,
ou bien toutes massifves comme gros lingotz d'or ? ou
si en voulez en ebene, ou de gros hiacinthes taillez,
avecques les marches de fines turquoises, ou de beaux
topazes marchez de fins grenatz, ou de beaux balays
à tout grosses marches de dyamens à vingt et huyct
quarres ?

« Non, non, c'est trop peu. J'en sçay ung beau cha-
pellet de fines esmerauldes, marchées de ambre gris,
et à la boucle ung union Persicque gros comme ung
pomme d'orange : elles ne coustent que vingt-et-cinq
mille ducatz. Je vous en veulx faire ung présent : car
j'en ay du content. »

Et ce disoit, faisant sonner ses gettons comme si ce
feussent escuz au soleil.

« Voulez-vous une pièce de veloux violet cramoysi
tainct en grene, une pièce de satin broché ou bien cramoysi ? Voulez-vous chainez, doreures, templettes,
bagues ? Il ne fault que dire ouy. Jusques à cinquante
mille ducatz, ce ne m'est riens cela. »

Par la vertu desquelles parolles, il luy faisoit venir
l'eau à la bouche. Mais elle luy dist :

« Non, je vous remercie : je ne veulx riens de vous.

— Par Dieu (dist il), si veulx bien moy de vous : mais
c'est chose qui ne vous coustera riens, et n'en aurez de
riens moins. Tenez (montrant sa longue braguette) :
voicy qui demande logis. »

Et après, la vouloit accoller. Mais elle commença à
s'escryer, toutesfoys non pas trop hault. Et adoncques
Panurge tourna son faulx visaige, et luy dist :

« Vous ne voulez doncques aultrement me laisser ung
peu faire ? Bren pour vous. Il ne vous appartient pas
tant de bien ny de honneur ; mais, par Dieu, je vous
feray chevaucher aux chiens. »

Et ce dict, s'en fouyt le grand pas, de peur des coups.

— Comment, madame, votre chapelet ? Je n'en ferai rien, par mon sergent, mais je veux bien vous en donner un autre. En aimeriez-vous mieux d'or émaillé, en forme de grosses sphères, ou de beaux liens d'amour, ou bien tout massif, comme des lingots d'or ? Ou si vous voulez en ébène, ou en grosses hyacinthes taillées, avec les grains des dizaines en fines turquoises, ou des topazes séparées de fins grenats, ou de beaux rubis balais avec de grosses séparations de diamants à vingt-huit facettes ? Non, non, c'est trop peu. Je connais un beau chapelet d'émeraudes fines, séparées de grains d'ambre gris, à la boucle, une perle de Perse grosse comme une orange : elles ne coûtent que vingt-cinq mille ducats. Je veux vous en faire cadeau, car j'ai bel argent comptant. »

Et il faisait sonner sa monnaie comme si c'étaient des écus soleil.

« Voulez-vous une pièce de velours violet cramoisi teint en écarlate ? Voulez-vous des chaînes, dorures, ornements de tempes, bagues ? il ne faut que dire oui. Jusqu'à cinquante mille ducats, c'est sans importance. »

Par la vertu de ces paroles il lui faisait venir l'eau à la bouche. Mais elle dit :

« Non, je vous remercie, je ne veux rien de vous.

— Par Dieu, moi je veux bien de vous, mais c'est une chose qui ne vous coûtera rien. Tenez (montrant sa longue braguette) : voici qui demande logis. »

Et après il voulait l'empoigner par le cou. Mais elle commença à crier, pas trop fort quand même. Alors Panurge baissa le masque et dit :

« Vous ne voulez donc pas me laisser faire ? Merde pour vous. Vous ne valez pas tant de bien et d'honneur mais, par Dieu, je vous ferai chevaucher par les chiens. »

Cela dit, il s'enfuit à toute vitesse, de peur des coups.

Or notez que le lendemain estoit la grand feste du
Corps-Dieu [1], à laquelle toutes les femmes se mettent
en leur triumphe de habillemens, et pour ce jour ladicte
dame s'estoit vestue d'une tresbelle robbe de satin cramoysi, et d'une cotte de veloux blanc bien précieux.

Ce jour de la vigile, Panurge chercha tant d'ung
cousté et d'aultre, qu'il trouva une chienne qui estoit
en chaleur, laquelle il lya avecques sa ceincture, et la
mena en sa chambre, et la nourrit tresbien ce dit jour
et toute la nuyct ; et au matin la tua, et en print ce que
sçavent les géomantiens grégeoys [2], et le mist en pièces
le plus menu qu'il peut, et les emporta bien cachées,
et s'en alla à l'esglise où la dame debvoit aller pour suy-
vre la procession, comme c'est de coustume à ladicte
feste. Et, alors qu'elle entra, Panurge luy donna de
l'eaue béniste, bien courtoisement la saluant, et quelque peu de temps après qu'elle eut dit ses menuz suffrages, il s'en va joingdre à elle en son banc, et luy bailla
ung rondeau par escript en la forme que s'ensuyt :

RONDEAU [3]

Pour ceste foys, que à vous, dame tresbelle,
Mon cas disoys, par trop feustes rebelle
De me chasser, sans espoir de retour :
Veu que à vous oncq ne feis austere tour
En dict ny faict, en soubson ny libelle.

Si tant à vous desplaisoit ma querelle,
Vous pouviez par vous, sans maquerelle,
Me dire : « Amy, partez d'icy entour
  Pour ceste foys. »

---

1. La fête du *Corpus Christi* — Saint-Sacrement —, que nous appelons Fête-Dieu, a lieu juste après la Pentecôte : une procession par-
court la ville avec le Saint-Sacrement. La vigile, veille de chaque fête,
est déjà consacrée à la prière.
2. « Ce que savent les géomanciens grégeois » n'a rien de divina-
toire : l'odeur du sexe de la femelle en chaleur fait toute l'action des
« drogues » de Panurge.

Or notez que le lendemain c'était la fête du Corps-Dieu, pour laquelle les femmes se mettent dans leur habillement le plus triomphal ; et pour ce jour la dame s'était vêtue d'une très belle robe de satin cramoisi et d'une cotte de velours blanc très précieux.

La veille de la fête, Panurge chercha tant de côté et d'autre qu'il trouva une chienne en chaleur, qu'il lia avec sa ceinture, l'amena dans sa chambre et la nourrit très bien ce jour et toute la nuit ; et au matin il la tua. Il en prit ce que savent les géomanciens grecs, et le mit en morceaux les plus petits qu'il put, et les emporta bien cachés ; il alla à l'église où la dame devait aller pour suivre la procession, comme c'est la coutume pour cette fête. Quand elle entra, Panurge lui donna de l'eau bénite, en la saluant bien courtoisement, et un peu de temps après qu'elle eut dit ses petites prières, il alla la rejoindre sur son banc. Il lui donna un rondeau écrit comme il s'ensuit :

RONDEAU

En ce jour où, ma dame très rebelle,
Mon cas je vous disais, vous me fûtes rebelle
En me chassant sans espoir de retour :
Pourtant jamais ne vous fis mauvais tour
En dit, ou fait, en soupçon ni libelle.

Si à ce point vous déplaisait ma plainte,
Vous pouviez bien sans maquerelle feinte
Me dire seule que je parte d'entour
            Pour cette fois.

3. Poésie parodique. La forme du rondeau, d'usage raffiné, comprend quelques décalages lexicaux : « cas », comme toujours chez Rabelais, signifie à la fois situation (terme juridique, de surcroît) et sexe (venu de l'italien familier, *cazzo*) : l'allusion à une maquerelle intermédiaire suppose qu'elle est putain ; et la demande finale, « faire une culbute », renvoie à des plaisanteries sur le fait que les femmes tombent « naturellement » sur le dos (*Tiers Livre*, chap. XIX).

Tort ne vous foys, si mon cueur vous décelle,
En remonstrant comme le ard l'estincelle
De la beaulté que couvre vostre atour :
Car riens n'y quiers, sinon qu'en vostre tour
Me faciez dehait la combrecelle
          Pour ceste foys.

Et, ainsi qu'elle ouvroit le papier pour veoir que c'estoit, Panurge promptement sema la drogue qu'il avoit sur elle en divers lieux, et mesmement au repliz de ses manches et de sa robbe, et puis luy dist :

« Ma dame, les pouvres amans ne sont pas tousjours à leur ayse. Quant est de moy, j'espère que les malles nuictz, les travaulx et ennuytz, ausquelz me tient l'amour de vous, me seront en déduction de autant des peines de purgatoire. A tout le moins priez Dieu qu'il me doint en mon mal patience. »

Panurge n'eut achevé ce mot, que tous les chiens qui estoient en l'esglise ne s'en vinssent à ceste dame, pour l'odeur des drogues que il avoit espandu sur elle. Petitz et grans, gros et menuz, tous y venoient, tirant le membre, et la sentant et pissant par tout sur elle. Et Panurge les chassa quelque peu, et print congié de elle, et s'en alla en quelque chapelle pour veoir le deduyt : car ces villains chiens la conchioient toute et compissoyent tous ses habillemens, tant qu'il y eut ung grand levrier qui luy pissa sur la teste, et luy culletoit son collet par derrière, les aultres aux manches, les aultres à la crope : et les petitz culletoient ses patins. En sorte que toutes les femmes de là autour avoient beaucoup affaire à la saulver.

Et Panurge de rire, et dist à quelqu'ung des seigneurs de la ville : « Je croy que ceste dame là est en chaleur, ou bien que quelque levrier l'a couverte fraischement. »

Et, quand il veit que tous les chiens grondoient bien à l'entour de elle comme ilz font autour d'une chienne chaulde, il s'en partit, et alla querir Pantagruel. Et par toutes les rues où il trouvoit des chiens, il leur bailloit

Tort ne vous fais en vous ouvrant mon cœur,
En vous montrant qu'il brûle de l'ardeur
De la beauté que cachent vos atours :
Je ne veux rien, sinon qu'à votre tour
Vous me fassiez la culbute en douceur
Pour cette fois.

Et pendant qu'elle ouvrait le papier pour voir ce que c'était, Panurge sema promptement la drogue qu'il avait en divers lieux de sa personne, et surtout dans les replis de ses manches et de sa robe ; puis il lui dit :

« Ma dame, les pauvres amants ne sont pas toujours à l'aise. Pour moi, j'espère que les mauvaises nuits, les travaux et ennuis, auxquels me réduit l'amour de vous, me seront déduits de mes peines de purgatoire. Pour le moins priez Dieu qu'il me donne patience pour supporter mon mal. »

Panurge n'eut pas achevé ces mots, que tous les chiens qui étaient dans l'église vinrent vers cette dame à cause de l'odeur des drogues qu'il avait répandues sur elle. Petits et grands, gros et menus, tous y venaient, tirant leur membre et la reniflant, et pissant partout sur elle. Panurge les chassa quelque peu, et prit congé d'elle, et s'alla cacher dans une chapelle pour voir la plaisanterie : car ces vilains chiens la conchiaient et compissaient ses habits. Il y eut même un grand lévrier qui lui pissa sur la tête et frottait son cul à son collet par-derrière, les autres aux manches, les autres à la croupe, et les petits à ses patins. De sorte que toutes les femmes d'alentour avaient beaucoup de peine à la sauver.

Et Panurge de rire ; et il dit à l'un des seigneurs de la ville : « Je crois que cette dame-là est en chaleur, ou bien que quelque lévrier l'a couverte récemment. »

Et quand il vit que tous les chiens grondaient autour d'elle comme ils le font autour d'une chienne, il s'en alla et alla chercher Pantagruel. Dans toutes les rues où il trouvait des chiens, il leur donnait un coup de pied,

ung coup de pied, disant : « Et ne yrez-vous point à
voz compaignons aux nopces ? Devant, devant ! »

Et, arrivé au logis, dist à Pantagruel :

« Maistre, je vous pry, venez veoir tous les chiens
de ceste ville qui sont assemblez à l'entour d'une dame,
la plus belle de ceste ville, et la veullent jocqueter. »

A quoy voulentiers consentit Pantagruel, et veit le
mystère, qu'il trouva fort beau et nouveau [1].

Mais le bon fut à la procession : car il se y trouva
plus de six cens chiens à l'entour d'elle, qui luy faisoient
mille hayres : et par tout où elle passoit, les chiens frays
venuz la suyvoient à la trace, pissans par le chemin où
ses robbes avoient touché. Et tout le monde se arrestoit à ce spectacle, consyderans les contenances de ces
chiens, qui luy montoient jusques au col, et luy gaste-
rent tous ses beaulx acoustremens, qu'elle ne sceut y
trouver remede, sinon s'en aller à son hostel. Et chiens
d'aller après, et quand elle fut entrée en sa maison, et
fermé la porte après elle, tous les chiens y accouroient
de demye lieue, et compisserent si bien la porte de sa
maison, qu'ilz y feirent ung ruysseau de leurs urines,
où les cannes eussent bien noué.

1. On notera que le bon et vertueux Pantagruel ne trouve rien à
redire au méfait.

disant : « Vous n'allez pas rejoindre vos compagnons à la noce ? foncez ! »

Et arrivé au logis, il dit à Pantagruel :

« Maître, s'il vous plaît, venez voir tous les chiens de cette ville qui sont assemblés autour d'une dame, la plus belle de la ville, et qui la veulent emmancher ! »

Pantagruel consentit volontiers et vit le mystère qu'il trouva fort beau et nouveau.

Mais le meilleur fut pour la procession. Car il se trouva plus de six cents chiens autour d'elle, qui lui faisaient mille tourments. Et partout où elle passait les chiens nouvellement venus la suivaient à la trace, pissant le long du chemin où ses robes avaient touché. Et tout le monde s'arrêtait à ce spectacle, observant les contenances de ces chiens qui lui montaient jusqu'au cou et lui gâtèrent ses beaux habits, tant qu'elle ne sut trouver de remède, que de rentrer à son hôtel. Et chiens de la suivre. Quand elle fut rentrée et que la porte se fut refermée sur elle, tous les chiens y accouraient de deux kilomètres à la ronde, et ils compissèrent si bien la porte de sa maison qu'ils firent un ruisseau d'urine où les canards auraient pu nager.

Comment Pantagruel partit de Paris,
ouyant nouvelles que les Dipsodes
envahissoient le pays des Amaurotes.
Et la cause pourquoy
les lieues sont tant petites en France.
Et l'exposition d'ung mot escript en ung aneau

Peu de temps après, Pantagruel ouyt nouvelles que
son pere Gargantua avoit esté translaté au pays des
Phées [1] par Morgue, comme fut jadis Enoch et
Helye : ensemble que, le bruyt de sa translation
entendu, les Dipsodes estoient yssuz de leurs limites,
et avoient gasté ung grand pays de Utopie, et tenoient
de present la grand ville des Amaurotes assiegée. Dont
partit de Paris sans dire à dieu à nully, car l'affaire
requeroit diligence [2], et s'en vint à Rouen.

Or, en cheminant, voyant Pantagruel que les lieues
de France estoient petites par trop au regard des aultres pays, en demanda la cause et raison à Panurge,
lequel luy dist une histoire que mect Marotus [3] du Lac,
monachus, ès *Gestes des Roys de Canarre* : disant que,
d'ancienneté, les pays n'estoient poinct distinctz par
lieues, miliaires, ny parasanges, jusques à ce que le

1. La translation chez les fées est une forme de mort réservée aux
héros. Il faut noter que Gargantua réapparaîtra malgré tout au *Tiers
Livre*. Le rapprochement avec Énoch et Élie, emportés au ciel, mêle
les prophètes bibliques aux fées du cycle arthurien.
2. Suivant le canevas normal des romans, le personnage, après
des années d'apprentissage, doit affronter l'aventure qui le fera héros.

CHAPITRE XV

Comment Pantagruel partit de Paris, entendant dire que les Dipsodes envahissaient le pays des Amaurotes. Et pourquoi les lieues sont si courtes en France. Et l'explication d'un mot écrit dans un anneau

Peu de temps après, Pantagruel apprit des nouvelles : son père Gargantua avait été transporté au pays des fées par Morgane, comme jadis Énoch et Élie ; quand cela s'était su, les Dipsodes étaient sortis de leurs frontières et avaient dévasté un grand morceau de l'Utopie, et tenaient actuellement assiégée la capitale des Amaurotes. Il partit de Paris sans dire au revoir à personne, car l'affaire demandait de la rapidité, et il alla à Rouen.

En route, Pantagruel constata que les lieues de France étaient bien plus petites que celles des autres pays et en demanda la cause et justification à Panurge, qui lui raconta une histoire insérée par Marotus du Lac, moine, dans les *Gestes du roi de Canarre*. Dans le temps, les pays n'étaient pas séparés par lieues, milliaires ni parasanges, jusqu'à ce que le roi Pharamond

Ici une juste guerre, qu'il doit mener pour défendre son pays et ses gens : le procédé sera le même, plus explicite, dans *Gargantua*.

3. Petit clin d'œil à un ami travesti en chroniqueur de fantaisie, et en moine, ce qui doit bien le faire rire (c'est l'année où Marot publie *L'Adolescence clémentine*, et passe quelque temps en prison pour avoir « mangé du lard » en Carême).

roy Pharamond[1] les distingua, ce que fut faict en la manière que s'ensuyt. Car il print dedans Paris cent beaux jeunes et gallans compaignons bien déliberez, et cent belles garses picardes : et les feist bien traicter et bien penser par huict jours, puis les appella, et à ung chascun bailla sa garse, avecques force argent pour les despens, leur faisant commandement qu'ilz s'en allassent en divers lieux par cy et par là : et, à tous les passaiges qu'ilz chevaucheroient leurs garses, que ilz missent une pierre, et ce seroit une lieue.

Par ainsi les compaignons joyeusement partirent, et, pour ce qu'ilz estoient frays et de séjour, ils chevauchoient à chasque bout de champ : et voylà pourquoy les lieues de France sont tant petites. Mais quand ilz eurent long chemin parfaict, et estoient jà las comme pouvres diables, et qu'il n'y avoit plus d'olif en ly caleil, ilz ne chevauchoient pas si souvent, et se contentoient bien (j'entends quant aux hommes) de quelque meschante et paillarde foys le jour. Et voylà qui faict les lieues de Bretaigne, de Lanes, d'Allemaigne, et aultres pays plus esloingnez, si grandes. Les aultres mettent d'aultres raisons : mais celle-là me semble la meilleure. »

A quoy consentit voulentiers Pantagruel.

Partans de Rouen, arrivèrent à Hommefleur, où se mirent sur mer Pantagruel, Panurge, Epistemon, Eusthenes, et Carpalim. Auquel lieu, attendant le vent propice et calfretant leur nef, receut d'une dame de Paris (laquelle il avoit entretenu bonne espace de temps) unes lettres inscriptes au dessus :

Au plus aymé des belles, et moins loyal des preux,

P N T G R L[2]

---

1. Pharamond, grand-père (mythique) de Mérovée, lui-même grand-père (mythique) de Clovis, est tenu pour le premier roi des Francs, et donc le premier roi de France.
2. Les voyelles ne sont pas notées, comme en hébreu.

les distingue, ce qui fut ainsi fait. Il prit dans Paris cent beaux et galants compagnons bien décidés, et cent belles garces picardes, et il les fit bien traiter et soigner pendant huit jours, puis les appela et donna à chacun sa garce, avec beaucoup d'argent pour les dépenses, leur ordonnant d'aller en divers endroits par-ci par-là, et de mettre une pierre à tous les endroits où ils chevaucheraient leur garce : et ce serait une lieue.

Alors les compagnons partirent joyeusement, et comme ils étaient frais et reposés, ils chevauchaient à chaque bout de champ, et voilà pourquoi les lieues en France sont si petites. Mais quand ils eurent fait un long chemin, et se trouvaient fatigués comme de pauvres diables, qu'il n'y avait plus d'huile dans leur burette, ils ne chevauchaient pas si souvent et se contentaient (je veux dire : les hommes) de quelque méchante et paillarde fois par jour. Et voilà pourquoi les lieues de Bretagne, des Landes, d'Allemagne et autres pays éloignés sont si grandes. Les autres indiquent d'autres raisons, mais celle-là me semble la meilleure.

À quoi Pantagruel s'accorda volontiers.

Partant de Rouen, ils arrivèrent à Honfleur, où ils prirent la mer, Pantagruel, Panurge, Épistémon, Eusthènes et Carpalim. Là, en attendant le vent propice et en calfatant leur nef, Pantagruel reçut d'une dame de Paris (avec laquelle il avait eu des relations longtemps) une lettre avec marqué dessus :

Au plus aimé des belles et moins loyal des preux,

PNTGRL

Laquelle inscription leue, il fut bien esbahy, et, demandant au messagier le nom de celle qui l'avoit envoyé, ouvrit les lettres, et riens ne trouva dedans escript, mais seulement ung aneau d'or, avecques ung dyament en table. Et lors appela Panurge, et luy monstra le cas.

A quoy Panurge luy dist, que la fueille de papier estoit escripte, mais c'estoit par telle subtilité que l'on n'y veoit point d'escripture [1].

Et pour le sçavoir, la mist auprès du feu, pour veoir si l'escripture estoit faicte avecques du sel ammoniac destrempé en eau.

Puis la mist dedans de l'eau, pour sçavoir si la letre estoit escripte du suc de tithymalle.

Puis la monstra à la chandelle, si elle estoit point escripte du jus de oingnons blans.

Puis en frotta une partie de huyle de noix, pour veoir si elle estoit point escripte de lexif de figuyer.

Puis en frotta une part de laict de femme allaictant sa fille première née, pour voir si elle estoit point escripte de sang de rubetes.

Puis en frotta ung coing de cendres d'ung nic de arondelles, pour veoir si elle estoit escripte de la rousée qu'on trouve dedans les pommes de Alicacabut.

Puis en frotta ung aultre bout de la sanie des oreilles, pour veoir si elle estoit escripte de fiel de corbeau.

Puis les trempa en vinaigre, pour veoir si elle estoit escripte de laict de espurge.

Puis les gressa d'axunge de souriz chauves, pour veoir si elle estoit escripte avecques sperme de baleine qu'on appelle ambre grys.

Puis la mist tout doulcement dedans ung bassin d'eau fraische, et soubdain la tira, pour veoir si elle estoit escripte avecques alum de plume.

---

1. Les procédés de déchiffrage et les procédures de codage et de dissimulation, dignes des agents secrets, sont authentiques, et connus pour certains depuis l'Antiquité. Par contre, les auteurs et livres cités en référence sont inconnus.

Ayant lu cette inscription, il fut bien ébahi et, demandant au messager le nom de celle qui lui envoyait ce message, il ouvrit les lettres, et ne trouva dedans rien d'écrit, mais seulement un anneau d'or avec un diamant plat. Et lors il appela Panurge et lui montra le cas.

Panurge dit que la feuille de papier devait être écrite, mais par telle astuce qu'on ne voyait pas l'écriture.

Et pour le savoir, il la mit près du feu, pour voir si l'écriture était faite avec de l'ammoniaque mêlé d'eau.

Puis la mit dans l'eau pour savoir si la lettre était écrite de jus d'euphorbe laiteuse.

Puis la mit devant la chandelle, pour voir si elle n'était pas écrite au jus d'oignon blanc.

Puis en frotta une partie d'huile de noix, pour voir si elle n'était pas écrite en lessive de figuier.

Puis en frotta une partie du lait d'une femme qui allaitait sa fille première-née, pour voir si elle n'était pas écrite du sang de crapaud.

Puis en frotta un coin de cendres de nid d'hirondelles, pour voir si elle était écrite de la rosée qu'on trouve dans les pommes d'alkékenge.

Puis en frotta un autre bout de cérumen pour voir si elle était écrite en fiel de corbeau.

Puis la trempa dans le vinaigre pour voir si elle était écrite en lait d'euphorbe purgative.

Puis la graissa de gras de chauve-souris, pour voir si elle était écrite avec du sperme de baleine qu'on appelle ambre gris.

Puis la mit tout doucement dans un bassin d'eau fraîche, et soudain la retira pour voir si elle était écrite avec de l'alun.

Et, voyant qu'il n'y congnoissoit riens, appella le
messagier et luy demanda : « Compaing, la dame qui
t'a icy envoyé t'a-elle point baillé de baston [1] pour
apporter ? », pensant que feust la finesse que met Aulle
Gelle. Et le messagier luy respondit : « Non, Monsieur. »

Adoncques Panurge luy voulut faire raire les cheveulx, pour sçavoir si la dame avoit point faict escripre
avecques fort moret, sur sa teste raise, ce qu'elle vouloit mander : mais, voyant que ses cheveulx estoient
fort grans, il s'en désista, considérant que en si peu de
temps ses cheveulx n'eussent pas creuz si longs.

Alors dist à Pantagruel :

« Maistre, par les vertuz Dieu, je n'y sçauroys que
faire ny dire. Je ay employé, pour congnoistre si rien
y a icy escript, une partie de ce que en met Messere
Francesco di Nianto le Thuscan qui a escript la manière
de lire lettres non apparentes : et ce que escript Zoro-
aster, *Peri Grammaton acriton*, et Calphurnius Bassus,
De Literis illegibilibus ; mais je n'y voy riens, et croy
qu'il n'y a aultre chose que l'aneau. Or le voyons. »

Lors, en le regardant, trouvèrent escript par le dedans
en hebreu : LAMAH HAZABTANI [2].

Dont appellèrent Epistemon, luy demandant que
c'estoit à dire ? A quoy respondit que c'estoit ung nom
hebraicque, signifiant : *Pourquoy me as-tu laissé ?*

Dont soubdain réplicqua Panurge :

« J'entends le cas. Voyez-vous ce dyament ? C'est
ung dyament faulx. Telle est doncques l'exposition de
ce que veult dire la dame :

« *Dy, amant faulx, pourquoy me as tu laissée ?* »

Laquelle exposition entendit Pantagruel incontinent : et luy souvint comment, à son departir, il n'avoit
point dit à dieu à la dame, et s'en contristoit, et vou-

---

1. Le bâton servirait à enrouler le message, faisant apparaître les
mots à mettre à la suite.

Et voyant qu'il n'y reconnaissait rien, il appela le messager et lui demanda : « Ami, la dame qui t'a envoyé ici ne t'a-t-elle pas donné un bâton à apporter ? » pensant que c'était la ruse d'Aulu-Gelle. Et le messager répondit : « Non, monsieur. »

Alors Panurge voulut lui faire tondre les cheveux, pour savoir si la dame n'avait pas fait écrire son message avec une encre forte sur sa tête rasée ; mais voyant que ses cheveux étaient très longs, il y renonça, considérant qu'en si peu de temps les cheveux n'auraient pas autant poussé.

Alors il dit à Pantagruel :

« Maître, par les vertus de Dieu, je ne saurais que faire ni que dire ; j'ai employé, pour savoir si quelque chose était écrit ici, une partie de ce que met Messire Francisco de Néant le Toscan qui a écrit *Des lettres invisibles* ; et ce qu'écrit Zoroastre *Sur les lettres indiscernables*, et Calpurnius Bassus *Sur les lettres illisibles* : mais je n'y vois rien et je crois qu'il n'y a que l'anneau. Examinons-le donc. »

Alors en le regardant ils trouvèrent écrit dedans en hébreu : Lamah hazabtani.

Ils appelèrent donc Épistémon, lui demandant ce que cela voulait dire. Il répondit que c'était un mot hébreu signifiant : « Pourquoi m'as-tu laissé ? »

Immédiatement Panurge répliqua : « J'entends le cas. Voyez-vous ce diamant ! C'est un diamant faux : telle est donc l'interprétation de ce que veut dire la dame :

« *Dis, amant faux, pourquoi m'as-tu laissée ?* »

Pantagruel comprit instantanément cette interprétation et se rappela comment, à son départ, il n'avait pas dit adieu à la dame ; il s'en attristait et serait volon-

---

2. Cette inscription est la transcription, en hébreu, du cri du Christ en agonie (Matthieu, XXVII, 46).

lentiers feust retourné à Paris pour faire sa paix avecques elle. Mais Epistemon luy reduyt à memoire le
departement de Eneas d'avecques Dido, et le dict de
Heraclides Tarentin, que, à la navire restant à l'ancre,
quand la necessité presse, il fault coupper la chorde plus
tost que perdre temps à la deslyer. Et qu'il debvoit
laisser tous pensemens pour survenir à la ville de sa nativité qui estoit en dangier.

De faict, une heure après, se leva le vent nommé
nord-nord-west, auquel ilz donnèrent pleines voilles,
et prindrent la haulte mer, et, en briefz jours, passans
par Porto Sancto, par Medere, firent scalle ès Isles de
Canarre[1]. De là partans, passerent par Cap Blanco,
par Senege, par Cap Virido, par Gambre, par Sagres,
par Melli, par le Cap de Bona Sperantza, Piedsmont
scalle au royaulme de Melinde. De là partans, firent
voile au vent de la Transmontane, et passant par
Meden, par Uti, par Uden, par Gelasim, par les Isles
des Phées, et jouxte le royaulme de Achorie. Finablement arriverent au port de Utopie, distant de la ville
des Amaurotes de troys lieues et quelque peu davantaige.

Et quand ilz furent en terre quelque peu refraichiz,
Pantagruel dist :

« Enfans, la ville n'est pas loing d'icy. Devant que
marcher oultre, il seroit bon de deliberer de ce qu'est
à faire, affin que ne semblons ès Athéniens, qui ne con-
sultoient jamais, sinon après le cas faict. N'estes-vous
pas deliberez de vivre et mourir avecques moy ?

— Seigneur ouy, dirent-ilz tous ; et vous tenez asseuré
de nous, comme de vos doigtz propres.

— Or (dist il), il n'y a qu'ung poinct que me tiengne
suspend et doubteux : c'est que je ne sçay en quel ordre,

---

1. Pantagruel et ses amis suivent une navigation possible le long
de l'Afrique, sur les routes commerciales des Portugais, puis s'éva-
dent dans des pays imaginaires empruntés à l'*Utopie* de Thomas
More.

tiers retourné à Paris pour faire la paix avec elle. Mais Épistémon lui rappela la séparation d'Énée avec Didon, et la phrase d'Héraclide de Tarente : « Qu'en cas de nécessité urgente, il faut couper la corde de l'ancre du navire plutôt que de perdre le temps de la dénouer. » Et qu'il devait laisser toutes ses préoccupations pour arriver dans sa ville natale qui était en danger.

De fait, une heure après, le vent nommé nord-nord-ouest se leva, auquel ils donnèrent toutes leurs voiles et ils prirent la haute mer ; en peu de jours, par Porto-Santo et Madère, ils firent escale aux Canaries ; de là passèrent le cap Blanc, Sénégal, cap Vert, Gambie, Sagre, Mali, le cap de Bonne-Espérance, Piedmont, escale au royaume de Mélinde. De là ils firent voile au vent de tramontane, passant par Rien, Où, Aucun, Risible, les îles des Fées, et le long du royaume de Sans-pays. Enfin ils arrivèrent au port d'Utopie, qui n'est qu'à trois lieues et quelques de la ville des Amaurotes.

Et quand ils se furent quelque peu rafraîchis à terre, Pantagruel dit :

« Enfants, la ville n'est pas loin d'ici. Avant d'aller plus loin, il serait bon de tenir conseil sur ce qu'il faut faire, afin que nous ne soyons pas comme les Athéniens qui ne consultaient jamais, sinon après que l'acte est fait. N'êtes-vous pas décidés à vivre et mourir avec moi ?

— Seigneur, oui, dirent-ils tous. Et soyez sûr de nous comme de vos propres doigts.

— Il n'y a qu'un point qui me fasse hésiter et douter : c'est que je ne sais en quel état et de quel nombre

ny en quel nombre sont les ennemys qui tiennent la ville assiégée : car, quand je le sçauroys, je m'y en iroys en plus grande asseurance. Par ce, advisons ensemble du moyen comment nous le pourrons sçavoir. »

A quoy tous ensemble dirent :

« Laissez-nous y aller veoir, et nous attendez icy ; car, pour tout le jourd'huy, nous vous en apporterons nouvelles certaines.

— Moy, dist Panurge [1], j'entreprens de entrer en leur camp par le meillieu des gardes et du guet, et bancqueter avec eulx à leurs depens, sans estre congneu de nully, et de visiter l'artillerie, les tentes de tous les capitaines, et me prelasser par les bandes, sans jamais estre descouvert : car le diable ne me affineroit pas, car je suis de la lignée de Zopyrus [2].

— Moy, dist Epistemon, je sçay tous les stratagemates et prouesses des vaillans capitaines et champions du temps passé, et toutes les ruses et finesses de discipline militaire. Je iray, et, encores que feusse descouvert et decelé, j'eschapperay en leur faisant croire de vous tout ce que me plaira : car je suis de la lignée de Sinon [3].

— Moy, dist Eusthenes, je entreray par atravers leurs tranchées, maulgré le guet et tous les gardes : car je leur passeray sur le ventre et leur rompray bras et jambes, et feussent-ilz aussi fors que le diable ; car je suis de la lignée de Hercules.

— Moy, dist Carpalim, je y entreray si les oyseaulx y entrent : car j'ay le corps tant allaigre que je auray saulté leurs tranchées et percé oultre tout leur camp, davant qu'ilz me ayent apperceu. Et ne crains ny traict,

---

1. Les compagnons promettent d'accomplir des exploits impossibles : ceci hérite des scènes de « gab » du roman médiéval, telle celle du *Pèlerinage de Charles*, où les pairs de Charlemagne promettent au cours d'un grand banquet offert par l'empereur de Constantinople des prouesses surprenantes (heureusement Dieu apportera son aide à leur réalisation). Chacun des compagnons désigne au fond sa qualité principale, et l'exprime en termes généalogiques (il hérite des

sont les ennemis qui tiennent la ville : quand je le saurai, j'irai plus rassuré. Avisons ensemble du moyen de le savoir. »

À quoi tous ensemble dirent :

« Laissez-nous y aller voir, et attendez-nous ici ; car pour aujourd'hui nous vous en apporterons des nouvelles certaines.

— Moi, dit Panurge, j'entreprends d'entrer dans leur camp au milieu des gardes et du guet, et de banqueter à leurs dépens sans être vu de personne, et de visiter l'artillerie, les tentes de tous les capitaines, et de me prélasser au milieu des troupes sans jamais être découvert : car le diable ne me tromperait pas, je suis de la lignée de Zopire.

— Moi, dit Épistémon, je sais tous les actes de guerre et prouesses des vaillants capitaines et champions du temps passé, et toutes les ruses et finesses de l'art militaire. J'irai, et même si je suis découvert et trouvé, j'échapperai en leur faisant croire de vous tout ce qu'il me plaira : car je suis de la lignée de Sinon.

— Moi, dit Eusthénès, j'entrerai à travers leurs tranchées malgré le guet et les gardes : car je leur passerai sur le ventre et leur romprai bras et jambes, même s'ils sont aussi forts que le diable : car je suis de la lignée d'Hercule.

— Moi, dit Carpalim, j'y entrerai si les oiseaux y entrent, car j'ai le corps si allègre que j'aurai sauté leurs tranchées et traversé tout leur camp avant qu'ils m'aient aperçu. Et je ne crains ni javelot, ni flèche, ni cheval,

vertus de sa race et du héros fondateur de cette race — si « héros » il y a à proprement parler). Voir plus loin les promesses d'exploits sexuels.

2. Zopire est un espion persan qui s'est mutilé pour se faire passer auprès des Grecs pour un transfuge : il devient la figure du traître rusé (l'histoire est vue par les yeux des Grecs, bien sûr).

3. Sinon, autre traître, mais pour la bonne cause puisqu'il est grec, et persuade les Troyens de faire entrer le cheval dans Troie.

ny flesche, ny cheval, tant soit légier, et feust-ce Pegasus de Perseus, ou Pacollet, que devant eulx je n'eschappe guaillart et sauf. J'entreprens de marcher sur les espiz de bled, sur l'herbe des prez, sans qu'elle fléchisse dessoubz moy ; car je suis de la lignée de Camille Amazone [1]. »

---

1. L'amazone Camille est une héroïne de l'*Énéide*. Le cheval Pégase, monture favorite du héros Persée, est ailé ; Pacolet est un nain qui fabrique un cheval magique dans le roman *Valentin et Ourson* ; Rabelais attribue le nom au cheval.

même léger, et même si c'est le Pégase de Persée ou Pacolet, qui ne m'empêcheront pas de m'échapper gaillard et sauf. J'entreprends de marcher sur les épis de blé, sur l'herbe des prés, sans qu'elle plie sous moi : car je suis de la lignée de l'amazone Camille. »

CHAPITRE XVI

Comment Panurge, Carpalim, Eusthenes, et Epistemon, compaignons de Pantagruel, desconfirent six cens soixante chevaliers bien subtilement

Ainsi qu'il disoit cela, ilz vont adviser six cens soixante chevaliers, montez à l'advantaige sur chevaulx legiers, qui accouroient là veoir quelle navire c'estoit qui estoit de nouveau abordée au port, et couroient à bride avallée pour les prendre s'ilz eussent peu.

Lors dist Pantagruel : « Enfans, retirez-vous en la navire : car voicy de noz ennemys qui accourent, mais je vous les tueray icy comme bestes, et feussent-ilz dix foys autant. Ce pendant, retirez-vous, et en prenez vostre passe-temps. »

Adonc respondit Panurge : « Non, Seigneur, il n'est pas de raison que ainsi faciez ; mais, au contraire, retirez-vous en la navire, et vous et les aultres : car moy tout seul les desconfiray icy — mais il ne fault pas tarder. Avancez, vous. »

A quoy dirent les aultres : « C'est bien dist. Seigneur, retirez-vous, et nous ayderons icy à Panurge, et vous congnoistrez que nous sçavons faire. »

Adoncq Pantagruel dist : « Or je le veulx bien ; mais, au cas que feussiez les plus foybles, je ne vous fauldray. »

Alors Panurge tira deux grandes cordes de la nef, et les atacha au tour qui estoit sur le tillac, et les mist en terre et en fist ung long circuyt, l'ung plus loing,

Comment Panurge,
Carpalim, Eusthénès et Épistémon, compagnons de Pantagruel, déconfirent six cent soixante chevaliers bien subtilement

Pendant qu'il disait cela, ils voient six cent soixante chevaliers, montés en outre sur des chevaux légers, qui accouraient pour voir quel navire venait d'arriver au port, et qui couraient à bride avalée pour les prendre s'ils pouvaient.

Lors dit Pantagruel : « Enfants, retirez-vous dans le navire : car voici nos ennemis qui accourent, mais je vous les tuerais comme des bêtes, fussent-ils dix fois autant. Pendant ce temps retirez-vous et distrayez-vous. »

Panurge dit : « Non seigneur, il n'y a pas de raison que vous fassiez ainsi ; au contraire, retirez-vous dans le navire et je les déconfirai à moi tout seul, mais il ne faut pas tarder. Avancez, vous autres. »

Les autres dirent : « C'est bien dit, seigneur, retirez-vous et nous aiderons ici Panurge, et vous connaîtrez ce que nous savons faire. »

Alors Pantagruel dit : « Je le veux bien, mais au cas où vous seriez les plus faibles, je ne vous ferai pas défaut. »

Alors Panurge tira deux grandes cordes du navire et il les attacha au treuil qui était sur le tillac, les posa par terre et en fit un grand cercle, l'un large, l'autre

l'aultre dedans cestuy-là[1]. Et dist à Epistemon :
« Entrez-vous en dedans la navire, et, quand je vous
sonneray, tournez le tour diligentement, en ramenant
à vous ces deux chordes. »

Puis dist à Eusthenes et à Carpalim : « Enfans,
attendez icy, et vous offrez à ces ennemys franchement,
et obtemperez à eulx, et faictes semblant de vous rendre : mais advisez, que ne entrez point au cerne de ces
chordes ; retirez-vous tousjours hors. »

Et incontinent entra dedans la navire, et print ung
fes de paille et une botte de pouldre de canon, et
l'espandit par le cerne des chordes, et à tout une
migraine de feu se tint auprès.

Tout soubdain, arrivèrent à grande force les chevaliers, et les premiers chocquerent jusque auprès de la
navire, et, parce que le rivage glissoit, tumberent, eulx
et leurs chevaulx, jusques au nombre de quarante et
quatre. Quoy voyans, les aultres approcherent, pensans
que on leur eust resisté à l'arrivée. Mais Panurge leur
dist :

« Messieurs, je croy que vous soyez faict mal :
pardonnez-le nous, car ce n'est pas de nous, mais c'est
de la lubricité de l'eau de mer, qui est tousjours unc-
tueuse. Nous nous rendons à vostre bon plaisir. »

Autant en dirent ses deux compaignons et Epistemon, qui estoit sur le tillac.

Et ce pendant Panurge s'esloingnoit, et veoit que tous
estoient dedans le cerne des chordes, et que ses deux
compaignons s'en estoient esloignez, faisans place à
tous ces chevaliers, qui à foulle alloient pour veoir la
nef et qui estoit dedans : dont tout soubdain crya à
Epistemon : « Tire ! Tire ! »

A quoy Epistemon commença de tirer au tour, et les
deux chordes se vont empestrer entre les chevaulx
et les ruoyent par terre bien aysement avecques les

---

1. La ruse s'apparente au piège à lacet, mais conçu sur une grande
dimension. On passera « normalement » du piégeage au rôtissage.
Le contexte est vaguement anthropophagique !

à l'intérieur de celui-ci. Et il dit à Épistémon : « Entrez dans le bateau et quand je donnerai le signal, tournez le treuil activement en ramenant à vous ces deux cordes. »

Puis il dit à Eusthénès et Carpalim : « Enfants, attendez ici et offrez-vous à ces ennemis franchement, obéissez-leur et faites semblant de vous rendre : mais faites attention de ne pas entrer à l'intérieur de ces cordes ; restez toujours dehors. »

Immédiatement il entra dans le navire et prit une charge de paille et un tonneau de poudre à canon, il la répandit dans l'espace entre les cordes et se tint à côté avec une grenade à feu.

Soudain les chevaliers arrivèrent en plein élan et les premiers foncèrent jusqu'auprès du navire, et parce que le rivage glissait, ils tombèrent, eux et leurs chevaux, jusqu'au nombre de quarante-quatre. En voyant cela les autres approchèrent, pensant qu'on leur avait opposé de la résistance à leur arrivée. Mais Panurge dit :

« Messieurs, je crois que vous vous êtes fait mal : pardonnez-le-nous, car ce n'est pas notre faute, mais l'eau de mer est glissante, elle est toujours visqueuse. Nous nous rendons à votre bon plaisir. »

Autant en dirent ses deux compagnons et Épistémon qui était sur le tillac.

Et cependant Panurge s'éloignait et voyait que tous étaient dans l'espace cerné par les cordes, et que ses deux compagnons s'étaient éloignés, pour faire de la place à tous ces chevaliers qui venaient en grand nombre pour voir la nef et ceux qui étaient dedans. Alors il cria soudain à Épistémon : « Tire ! Tire ! »

Épistémon commença de tourner le treuil, et les deux cordes se vont empêtrer entre les chevaux et les faire tomber par terre bien facilement avec leurs cavaliers.

chevaucheurs ; mais eulx, ce voyans, tirèrent à l'espée et les vouloient desfaire : dont Panurge met le feu en la trainée, et les fist tous là brusler comme âmes damnées. Hommes et chevaulx, nul n'en eschappa, excepté ung qui estoit monté sur ung cheval turcq, qui gaingnoit à fuyr ; mais, quand Carpalim l'apperceut, il courut après en telle hastiveté et allaigresse qu'il le attrapa en moins de cent pas, et, saultant sur la croupe de son cheval, l'embrassa par derriere et l'amena à la navire.

Ceste desconfiture parachevée, Pantagruel fut bien joyeux, et loua merveilleusement l'industrie de ses compaignons, et les fist refraichir et bien repaistre sur le rivage joyeusement, et boire d'autant le ventre contre terre, et leur prisonnier avecques eulx familierement ; sinon que le pouvre diable n'estoit point asseuré que Pantagruel ne le devorast tout entier, ce qu'il eust faict, tant avoit la gorge large, aussi facilement que feriez ung grain de dragée, et ne luy eust monstré en sa bouche non plus qu'ung grain de mil en la gueulle d'ung asne.

Ainsi qu'ilz bancquetoient, Carpalim dist :
« Et, ventre Saint Quenet [1], ne mangerons nous jamais de venaison ? Ceste chair sallée me altere tout. Je m'en voys vous apporter icy une cuysse de ces chevaulx que avons faict brusler ; elle sera assez bien roustie. »
Tout ainsi qu'il se levoit pour ce faire, apperceut, à l'orée du boys, ung beau grand chevreul, qui estoit yssu du fort, voyant le feu de Panurge, à mon advis. Et incontinent se mist après à courir de telle roiddeur, qu'il sembloit que feust ung carreau d'arbaleste : et l'atrapa en moins d'ung riens, et en courant tua des pieds dix ou douze, que levraulx, que lapins qui jà estoient hors de page [2].

---

1. Le nom de saint « Quenet » est controversé : diminutif de Jacques ? de Cosme ? « chiennet » ? ou désignation sexuelle ?

Mais eux tirèrent l'épée et voulaient les couper : Panurge mit alors le feu à la traînée de poudre et les fit tous brûler là comme des âmes damnées. Hommes et chevaux, nul n'en échappa, sauf un qui était monté sur un cheval turc qui fuyait ; mais quand Carpalim l'aperçut, il courut après lui avec une telle vitesse et légèreté qu'il l'attrapa en moins de cent pas, et sautant sur la croupe de son cheval, l'entoura de ses bras par-derrière et l'amena au navire.

Cette déconfiture achevée, Pantagruel fut bien joyeux et loua grandement l'activité de ses compagnons. Il les fit rafraîchir et bien restaurer sur le rivage joyeusement, et boire le ventre contre terre, et leur prisonnier avec eux familièrement, sauf que le pauvre diable n'était pas sûr que Pantagruel n'allait pas le dévorer tout entier, ce qu'il aurait pu faire tant il avait la gorge large, aussi facilement que vous une dragée, et ça ne se serait pas plus vu en sa bouche qu'un grain de mil en la gueule d'un âne.

Pendant qu'ils banquetaient, Carpalim dit : « Ventre saint Quenet, ne mangerons-nous jamais de gibier ? Cette viande salée me donne soif. Je m'en vais vous apporter ici une cuisse de ces chevaux que nous avons fait brûler, elle sera bien rôtie. »

Comme il se levait pour le faire, il aperçut à l'orée du bois un grand beau chevreuil, qui était sorti des profondeurs du bois, voyant le feu de Panurge à mon avis. Immédiatement il se mit à courir à la vitesse d'un carreau d'arbalète : et il l'attrapa en moins de rien, et, en courant, tua des pieds dix ou douze bêtes, tant levrauts que lapins déjà hors de page.

---

2. « Être hors de page », c'est-à-dire avoir dépassé l'âge d'être page : un lapin adulte, en somme.

Doncq il frappa le chevreul de son malcus à travers la teste, et le tua, et, en l'apportant, recueillit ses levraulx. Et de tant loing que peust estre ouy il s'escrya, disant :

« Panurge, mon amy, vinaigre ! vinaigre [1] ! »

Dont pensoit le bon Pantagruel, que le cueur luy fist mal, et commanda qu'on luy apprestast du vinaigre : mais Panurge entendit bien, qu'il avoit levrault au croc ; et de faict, le monstra au noble Pantagruel comment il portoit à son col ung beau chevreul et toute sa ceincture brodée de levraulx.

Incontinent, Epistemon fist deux belles broches de boys à l'anticque ; et Eusthenes aydoit à escorcher ; et Panurge mist deux selles d'armes des chevaliers en tel ordre qu'elles servirent de landiers, et firent leur roustisseur de leur prisonnier : et au feu où brusloient les chevaliers, firent roustir leur venaison.

Et après, grand chère à force vinaigre. Au diable l'ung, qui se faignoit ! C'estoit triumphe de les veoir bauffrer.

Lors dist Pantagruel :

« Pleut à Dieu que chascun de vous eust deux paires de sonnettes de sacre [2] au menton, et que je eusse au mien les grosses horloges de Renes, de Poictiers, de Tours, et de Cambray, pour veoir l'aubade que nous donnerions au remuement de noz badigoinces.

— Mais, dist Panurge, il vault mieulx penser de nostre affaire ung peu, et par quel moyen nous pourrons venir au dessus de noz ennemys.

— C'est bien advisé », dist Pantagruel.

Et pourtant demanda à leur prisonnier :

« Mon amy, dys nous icy la vérité, et ne nous mens en rien, si tu ne veulx estre escorché tout vif : car c'est moy qui mange les petitz enfans. Contez nous entièrement l'ordre, le nombre et la forteresse de l'armée.

---

1. Le vinaigre sert aux marinades des gibiers.
2. On met des clochettes au cou des oiseaux de proie chasseurs, pour les récupérer plus facilement.

Donc il frappa le chevreuil de son couteau à travers la tête et le tua, et rassembla ses levrauts en le rapportant. D'aussi loin qu'on pouvait l'entendre, il cria : « Panurge, mon ami, vinaigre ! vinaigre ! »

Le bon Pantagruel pensait que le cœur lui faisait mal et il commanda qu'on lui prépare du vinaigre ; mais Panurge comprit bien qu'il y avait du levraut au garde-manger et de fait il le montra au grand Pantagruel portant à son cou un beau chevreuil et toute sa ceinture brodée de levrauts.

Immédiatement Épistémon fit deux belles broches de bois à l'ancienne, et Eusthénès aidait à écorcher. Panurge mit deux selles d'armes des chevaliers de manière qu'elles servent de landiers, et leur prisonnier fut fait rôtisseur ; et au feu où brûlaient les chevaliers, ils firent rôtir leur venaison. Et après, festin, avec flots de vinaigre. Le diable emporte celui qui aurait fait semblant ! C'était triomphe de les voir bâfrer.

Lors dit Pantagruel :

« Plût à Dieu que chacun d'entre nous ait deux paires de sonnettes d'épervier au menton et que j'aie au mien les grosses cloches de Rennes, Poitiers, Tours et Cambrai, pour voir l'aubade que nous ferions en remuant les mâchoires !

— Mais, dit Panurge, il vaut mieux penser un peu à notre affaire, et par quel moyen nous pourrons l'emporter sur nos ennemis.

— C'est bien pensé », dit Pantagruel.

Et donc il demanda à leur prisonnier :

« Mon ami, dis-nous la vérité, et ne mens pas si tu ne veux pas être écorché vif, car c'est moi qui mange les petits enfants. Racontez-nous entièrement l'ordre, la quantité et la force de l'armée. »

A quoy respondit le prisonnier :

« Seigneur, sachez pour la vérité que en l'armée y a troys cens geans, tous armez de pierre de taille, grans à merveilles, toutesfoys non tant du tout que vous, excepté ung qui est leur chef, et a nom Loupgarou [1], et est tout armé d'enclumes Cyclopicques. Il y a cent soixante et troys mille pietons, tous armez de peaulx de lutins [2], gens fors et courageux ; troys mille quatre cens hommes d'armes ; troys mille six cens doubles canons, et d'espingarderie sans nombre ; quatre vingtz quatorze mille pionniers ; quatre cens cinquante mille putains [3], belles comme déesses...

— Voylà pour moy, dist Panurge.

— Dont les aulcunes sont Amazones, les aultres Lyonnoyses, les aultres Parisiennes, Tourangelles, Angevines, Poictevines, Normandes, Allemandes : de tous pays et toutes langues y en a.

— Voire mais (dist Pantagruel), le roy y est il ?

— Ouy, Seigneur, dist le prisonnier : il y est en personne ; et nous le nommons Anarche, roy des Dipsodes, qui valent autant à dire comme *gens alterez* : car vous ne veistes oncques gens tant alterez ny beuvans plus voulentiers. Et a sa tente en la garde des geans.

— C'est assez, dist Pantagruel. Sus, enfans, n'estes vous pas deliberez d'y venir avecques moy ? »

A quoy respondit Panurge :

« Dieu confonde qui vous laissera ! J'ay jà pensé comment je vous les rendray tous morts comme porcs, qu'il n'en eschappera au diable le jarret. Mais je me soucye quelque peu d'ung cas.

— Et qu'est ce ? dist Pantagruel.

— C'est, dist Panurge, comment je pourray avanger

---

1. La croyance aux loups-garous est vivace : un être humain ensorcelé se transforme en loup, dont il adopte les mœurs carnassières. On ne se demandera pas de qui descendent les géants méchants, non prévus dans le cousinage de Pantagruel qui, lui, peut attester sa lignée depuis le Déluge.

À quoi répondit le prisonnier :

« Seigneur, sachez en vérité qu'il y a dans l'armée trois cents géants, tous armés de pierres de taille, grands extraordinairement, toutefois pas autant que vous, sauf un qui est leur chef, qui a nom Loup-Garou et il est armé d'enclumes de cyclopes. Il y a trois cent soixante-trois mille piétons, tous armés de peaux de lutins, gens forts et courageux ; trois mille quatre cents hommes d'armes ; trois mille six cents doubles canons et une foule de grosse artillerie ; quatre-vingt-quatorze mille pionniers ; quatre cent cinquante mille putains, belles comme des déesses...

— Voilà pour moi, dit Panurge.

— ... dont certaines sont amazones, d'autres lyonnaises, les autres parisiennes, tourangelles, angevines, poitevines, normandes, allemandes : il y en a de toutes langues et de tous pays.

— Certes, dit Pantagruel. Mais le roi est-il là ?

— Oui, seigneur, dit le prisonnier. Et nous l'appelons Anarche, roi des Dipsodes, ce qui veut dire Gens altérés ; car vous n'avez jamais vu de gens si altérés, ni buvant si volontiers. Et sa tente est gardée par les géants.

— C'est assez, dit Pantagruel. Sus, enfants, n'êtes-vous pas d'accord de venir avec moi ? »

À quoi répondit Panurge :

« Dieu punisse celui qui vous laissera ! J'ai déjà pensé comment je les rendrai aussi morts que des cochons, qu'il n'en réchappera même pas un jarret. Mais je me fais du souci pour quelque chose.

— Quoi ? dit Pantagruel.

— C'est, dit Panurge, comment je pourrai avancer

2. La peau des créatures surnaturelles est invulnérable.

3. La présence des prostituées dans les armées est si habituelle qu'on peut les compter dans l'organisation de l'armée, au même titre que les troupes et équipements, même si le nombre fait apparaître ici des proportions toutes fantastiques entre ces éléments.

à braquemarder toutes les putains qui y sont en ceste
après-disnée, qu'il n'en eschappe pas une, que je ne passaige en forme commune.

— Ha, ha, ha », dist Pantagruel.

Et Carpalim dist :

« Au diable de Biterne ! Par Dieu, j'en embourre-
ray quelque une !

— Et moy, dist Eusthenes, quoy ? qui ne dressay
oncques puis que bougeasmes de Rouen, au moins que
l'agueille montast jusques sur les dix ou unze heures,
voire encores que l'aye dur et fort comme cent diables.

— Vrayement, dist Panurge, tu en auras des plus
grasses et des plus refaictes.

— Comment, dist Epistemon, tout le monde chevauchera, et je meneray l'asne ? Le diable emport qui en
fera riens. Nous userons du droict de guerre : *Qui
potest capere capiat* [1].

Et le bon Pantagruel ryoit à tout, puis leur dist :

« Vous comptez sans vostre hoste. J'ay grand peur
que, devant qu'il soit nuict, ne vous voye en estat, que
ne aurez pas grand envie d'arresser, et qu'on vous chevauchera à grand coup de picque et de lance.

— Non, non, dist Epistemon. Je vous les rends à
roustir ou bouillir, à fricasser ou mettre en paste. Ilz
ne sont pas si grand nombre comme estoit Xercès : car
il avoit trente cens mille combatans, si croyez Hero-
dote et Troge Pompone. Et toutesfois Themistocles à
peu de gens les desconfit. Ne vous souciez, pour Dieu.

— Merde, merde, dist Panurge. Ma seule braguete
espoussetera tous les hommes, et sainct Balletrou, qui
dedans y repose, decrottera toutes les femmes.

— Sur doncques, enfans, dist Pantagruel : commençons à marcher. »

---

1. Transposition au sens littéral (prendre) et sexuel d'un conseil
évangélique (Matthieu, XIX, 12), sur les choix à prendre et… la conti-
nence à supporter.

à braquemarder toutes les putains en cet après-dîner pour qu'il n'en échappe aucune que je ne traverse à la façon commune.

— Ha, ha, ha, dit Pantagruel. »

Et Carpalim dit :

« Au diable de Biterne ! Par Dieu j'en embourrerai quelqu'une !

— Et moi, dit Eusthénès, quoi ! moi, qui depuis que nous avons bougé de Rouen n'ai pas mis mon aiguille bien droite à moins que dix ou onze heures, même que je l'ai dure et forte comme cent diables !

— Vraiment, dit Panurge, tu en auras des plus grasses et des plus replètes.

— Comment, dit Épistémon, tout le monde chevauchera et je mènerai l'âne ? Le diable emporte qui ne fera rien. Nous userons du droit de guerre : *Qui peut prendre, qu'il prenne.* »

Et le bon Pantagruel riait de tout, puis leur dit :

« Vous comptez sans votre hôte. J'ai peur qu'avant qu'il soit nuit, je ne vous voie en état de ne pas avoir envie de bander, et qu'on ne vous chevauche à grands coups de pique et de lance.

— Non, non, dit Épistémon. Je vous les ramène à rôtir ou à bouillir, à fricasser ou à mettre en pâté. Ils ne sont pas si nombreux que l'armée de Xerxès, qui avait trois millions de combattants, si vous croyez Hérodote et Trogue Pompée. Et pourtant Thémistocle le battit avec peu de gens. Ne vous faites pas de souci, pour Dieu.

— Merde, merde, dit Panurge. Ma seule braguette époussettera tous les hommes, et saint Balletrou, qui repose dedans, décrottera toutes les femmes.

— Sus donc, enfants, dit Pantagruel : commençons à marcher. »

CHAPITRE XVII

Comment Pantagruel erigea ung trophée en memoire de leur prouesse, et Panurge ung aultre en memoire des levraulx. Et comment Pantagruel de ses petz engendroit les petiz hommes, et de ses vesnes les petites femmes. Et comment Panurge rompit ung gros baston sur deux verres

« Devant que partons d'icy, dist Pantagruel, en mémoire de la prouesse que avez présentement faict, je veulx ériger en ce lieu ung beau Trophée[1]. »

Adoncques ung chascun d'entre eulx, en grand liesse et petites chansonnettes villaticques, dressèrent ung grand boys, auquel y pendirent : une selle d'armes, ung chanfrain de cheval, des pompes, des estrivieres, des esperons, ung haubert, ung hault appareil asseré, une hasche, ung estoc d'armes, un gantelet, une masse, des goussetz, des grèves, ung gorgery, et aussi de tout appareil requis à ung Arc triumphal ou Trophée.

Puis, en memoire eternelle, escripvit Pantagruel le dicton victorial comme s'ensuyt :

Ce fut icy que apparut la vertuz
De quatre preux et vaillans champions,

---

1. La mode des trophées à l'antique se développe dans la décoration et surtout dans les fêtes célébrant toujours peu ou prou la prouesse des monarques.

CHAPITRE XVII

Comment Pantagruel érigea un trophée
en mémoire de leur prouesse,
et Panurge un autre en mémoire des levrauts.
Et comment Pantagruel
de ses pets engendrait des petits hommes et
de ses vesses des petites femmes.
Et comment Panurge
rompit un gros bâton sur deux verres

« Avant que nous partions d'ici, dit Pantagruel, en   ☙
mémoire de la prouesse que vous venez de faire, je veux
ériger en ce lieu un beau trophée. »

Donc chacun d'entre eux, en grande joie et chantant
des petites chansons villageoises, dressèrent un grand
support de bois, auquel ils suspendirent : une selle
d'armes, un chanfrein de cheval, des pompons, des étri-
vières, des éperons, un haubert, une armure d'acier, une
hache, un estoc d'armes, un gantelet, une masse, des
goussets, des cuissardes, un gorgerin, et tout ustensile
requis à un arc de triomphe ou trophée.

Puis en mémoire éternelle, Pantagruel écrivit l'inscription de victoire, comme s'ensuit :

Ce fut ici qu'apparut la vertu
De quatre preux et vaillants champions,

☙ Voir *Au fil du texte*, p. XI.

Qui non d'harnoys, mais de bon sens vestuz,
Comme Fabie ou les deux Scipions,
Firent six cens soixante morpions,
Puissans ribaulx, brusler comme une escorce :
Prenez y tous, roys, ducz, rocz, et pions,
Enseignement, que engin mieulx vault que force [1].
            Car la victoire,
            Comme est notoire,
            Ne gist que en heur.
            Du consistoire,
            Ou règne en gloire
            Le hault Seigneur,
Vient, non au plus fort ou greigneur,
Mais à qui luy plaist, com fault croire.
Doncq a et chevance et honneur
Cil qui par foy en luy espoire.

En ce pendant que Pantagruel escrivoit les carmes
susdictz, Panurge emmancha en ung grand pal les
cornes du chevreul, et la peau, et le pied droict de
devant d'iceluy. Puis, les oreilles de troys levraulx, le
râble d'ung lapin, les mandibules d'ung lièvre, une gue-
dofle de vinaigre, une corne où ilz mettoient le sel, leur
broche de boys, une lardouère, ung meschant chaudron
tout pertuysé, une breusse où ilz saulsoient, une salière
de terre, et ung goubelet de Beauvoys.

Et, en imitation des vers et Trophée de Pantagruel,
escrivit ce que s'ensuyt :

Ce fut icy, que à l'honneur de Bacchus [2]
Fut bancqueté par quatre bons pyons :
Qui gayement, tous mirent abaz culz
Soupples de rains comme beaux carpions.

---

1. « Ruse vaut mieux que force » : cette conclusion n'est pas précisément conforme à l'idéal chevaleresque, et entremêle les références royales aux termes du jeu d'échecs (rocs, pions). Par contre, le
fait de s'en remettre à Dieu pour donner la victoire, qui ne dépend
donc pas réellement des forces humaines, est de très bonne ortho-
doxie, et Pantagruel appliquera ce précepte avec succès.

Qui de bon sens non d'armes défendus
Comme Fabius et les deux Scipions
Firent six cent soixante morpions
Puissants ribauds, brûler comme une écorce :
Prenez-y tous, rois, ducs, tours et pions,
Une leçon : ruse fait plus que force.

       Car la victoire
       Comme est notoire
       Nous vient du sort.
       Du consistoire,
       Où règne en gloire
       Le haut Seigneur

Vient, ni au plus fort ni au meilleur,
Mais à qui lui plaît, il faut le croire.
À qui par foi met en lui son espoir,
Vont alors la chance et l'honneur.

Pendant que Pantagruel écrivait les vers susdits, Panurge emmancha sur un grand pieu les cornes du chevreuil et sa peau et le pied droit de devant. Puis les oreilles de trois levrauts, le râble d'un lapin, les mandibules d'un lièvre, une bouteille de vinaigre, une corne à sel, leur broche de bois, une lardoire, un mauvais chaudron plein de trous, un vase à sauce, une salière de terre et un gobelet de faïence de Beauvais.

Et en imitation des vers et trophée de Pantagruel, il écrivit ce qui s'ensuit :

Ce fut ici qu'en l'honneur de Bacchus
Fut banqueté par quatre bons pions
Qui mirent tous gaiement en bas leurs culs
Souples de reins comme beaux carpillons.

2. Le second poème qui parodie le premier rend dérisoire tout le combat, en ne commémorant que le repas. Les pions du jeu d'échecs deviennent des pions, buveurs de vin.

Lors y perdit rables et cropions
Maistre levrault, quand chascun si efforce :
Sel et vinaigre, ainsi que scorpions,
Le poursuyvoient, dont en eurent l'estorce.
            Car l'inventoire
            D'un defensoire
            En la chaleur,
            Ce n'est que à boire
            Droict et net, voire
            Et du meilleur :
Mais manger levrault, c'est malheur,
Sans de vinaigre avoir memoire.
Vinaigre est son âme et valeur.
Retenez le en point peremptoire.

Lors dist Pantagruel :

« Allons, enfans, c'est trop musé icy à la viande : car à grand peine voit on arriver, que grans bancqueteurs facent beaux faictz d'armes. Il n'est umbre que d'estandart, il n'est fumée que de chevaulx, et n'est clycquetys que de harnoys. »

A quoy respondit Panurge :

« Il n'est umbre que de cuysine. Il n'est fumée que de tetins, et n'est clyquetys que de couillons. »

Puis, se levant, fist ung pet, ung sault, et ung sublet, et crya à haulte voix joyeusement : « Vive tousjours Pantagruel ! »

Ce que voyant, Pantagruel en voulut autant faire : mais du pet qu'il fist [1], il engendra plus de cinquante mille petiz hommes, nains et contrefaictz ; et d'une vesne engendra autant de petites femmes acropies, comme vous en voyés en plusieurs lieux, qui jamais ne croissent, sinon comme les quehues des vaches, contrebas, ou bien comme les rabbes de Lymousin, en rond.

---

1. Enfantement à rebours, comme souvent chez Rabelais ! Il emprunte cette particularité aux *Grandes Chroniques*. Les Pygmées d'Afrique figurent dans les récits mythologico-scientifiques de l'Antiquité comme un peuple de nains sans cesse en lutte avec les grues.

> *Lors y perdit râbles et croupions*
> *Maître Levraut, quand chacun s'y efforce :*
> *Sel et vinaigre ainsi que scorpions,*
> *Le poursuivaient, jusqu'à se faire entorse.*
> > *Car l'invention*
> > *La protection,*
> > *En la chaleur,*
> > *C'est de bien boire,*
> > *Droit et net, voire*
> > *Et du meilleur ;*
> > *Mais manger levraut, c'est malheur*
> > *Si du vinaigre on n'a mémoire :*
> > *Vinaigre est son âme et valeur,*
> > *Retenez ce point péremptoire.*

Lors dit Pantagruel :

« Allons, enfants, c'est trop tardé ici au repas, car c'est bien difficile que banqueteurs fassent beaux faits d'armes. Il n'est ombre que d'étendard, il n'est fumée que de chevaux, et n'est cliquetis que d'armure. »

À quoi répondit Panurge :

« Il n'est ombre que de cuisine ; il n'est fumée que de tétins, et cliquetis que de couillons. »

Puis se levant il fit un pet, un saut et un sifflet, et cria à haute voix joyeusement : « Vive toujours Pantagruel ! »

À ce spectacle, Pantagruel voulut en faire autant, mais du pet qu'il fit, il engendra plus de cinquante mille petits hommes nains et contrefaits ; et d'une vesse engendra autant de petites femmes tassées, comme vous en voyez en plusieurs lieux, qui ne grandissent jamais, sinon comme la queue des vaches, par le bas, ou bien comme les raves du Limousin, en rond.

« Et quoy, dist Panurge, vos petz sont ilz tant fructueux ? Par Dieu, voicy de belles savates d'hommes,
et de belles vesses de femmes : il les fault marier ensemble, ilz engendreront des mousches bovynes. »

Ce que fist Pantagruel : et les nomma Pygmées. Et
les envoya vivre en une isle là auprès, où ilz se sont fort
multipliez despuis. Mais les grues leur font continuellement guerre. Desquelles ilz se defendent courageusement, car ces petitz boutz d'hommes (lesquelz en
Escosse l'on appelle « manches d'estrilles ») sont voulentiers choléricques. La raison physicale est par ce
qu'ilz ont le cueur près de la merde.

En ceste mesme heure Panurge print deux verres qui
là estoient, tous deux d'une grandeur, et les emplyt
d'eau tant qu'ilz en peurent tenir, et en mist l'ung sur
une escabelle, et l'aultre sur une aultre, les esloingnant
à part par la distance de cinq pieds ; puis après print
le fustz d'une javeline de la grandeur de cinq pieds et
demy, et le mist dessus les deux verres, en sorte que
les deux boutz du fustz touchoient justement les bors
des verres.

Cela faict, print ung gros pau, et dist à Pantagruel
et ès aultres :

« Messieurs, considerez comment nous aurons victoire facilement de noz ennemys. Car tout ainsi comme
je rompray ce fustz icy dessus les verres sans que les
verrez soient en rien rompuz ne brysez, encores, qui
plus est, sans que une seulle goutte d'eau en sorte
dehors : tout ainsi nous romprons la teste à noz Dipsodes, sans ce que nul ne nous soit blessé, et sans perte
aulcune de noz besoingnes. Mais, affin que ne pensez
qu'il y ait enchantement, tenez, dist-il à Eusthenes,
frappez de ce pau tant que pourrez au meillieu. »

Ce que fist Eusthenes : et le fustz rompit en deux
pieces tout net, sans que une goutte d'eau tombast des
verres. Puis dist : « J'en sçay bien d'aultres. Allons seulement en asseurance. »

— Eh quoi, dit Panurge, vos pets sont-ils si fructueux ? Par Dieu, voilà de belles savates d'hommes et de belles vesses de femmes : il faut les marier ensemble, ils engendreront des mouches à bœufs. »

Ce que fit Pantagruel, et il les nomma Pygmées. Il les envoya vivre dans une île voisine, où ils se sont multipliés depuis. Mais les grues leur font continuellement la guerre, contre lesquelles ils se défendent courageusement, car ces petits bouts d'hommes, qu'en Écosse on appelle « manches d'étrille », sont souvent colériques. La raison médicale est qu'ils ont le cœur près de la merde.

Dans le même temps, Panurge prit deux verres qui étaient là, d'une même grandeur, et les remplit d'eau à ras bord, il les mit chacun sur un escabeau, les éloignant de cinq pieds ; puis il prit le manche d'une javeline de cinq pieds et demi, et le mit sur les deux verres, de façon que les deux bouts du bâton touchaient juste le bord des verres.

Cela fait, il prit un gros piquet et dit à Pantagruel et aux autres :

« Messieurs, regardez comment nous aurons victoire de nos ennemis. Car comme je romprai ce manche sur les verres sans que les verres soient brisés ou cassés, et même mieux, sans verser une goutte d'eau, ainsi nous romprons la tête à nos Dipsodes sans que nul d'entre nous soit blessé et sans perte de notre matériel. Mais pour que vous ne pensiez pas qu'il y ait un enchantement, tenez, dit-il à Eusthénès, frappez de ce piquet tant que vous pourrez au milieu. »

Ce que fit Eusthénès : et le manche rompit tout net en deux morceaux sans qu'une goutte d'eau tombât des verres. Puis il dit : « J'en sais bien d'autres. Allons bien assurés. »

CHAPITRE XVIII

Comment Pantagruel
eut victoire bien estrangement
des Dipsodes et des Geans

Après tous ces propos, Pantagruel appella leur prisonnier et le renvoya, disant :

« Va-t'en à ton roy en son camp, et luy dys nouvelles de ce que tu as veu, et qu'il se délibère de me festoyer demain sus le midy : car, incontinent que mes galleres seront venues, qui sera de matin au plus tard, je luy prouveray par dix huyct cens mille combatans et sept mille geans, tous plus grans que tu ne me veoys, qu'il a faict follement et contre raison de assaillir ainsi mon pays [1]. »

En quoy faingnoit Pantagruel qu'il eust son armée sur mer. Mais le prisonnier respondit qu'il se rendoit son esclave et qu'il estoit content de jamais ne retourner à ses gens, mais plus tost combattre avecques Pantagruel contre eulx, et, pour Dieu, qu'ainsi le permist.

A quoy Pantagruel ne voulut consentir, ains luy commanda que partist de là briefvement, et allast, ainsi qu'il avoit dist : et luy bailla une boette pleine de euphorbe et de grains de coccognide [2], luy commandant la porter à son roy, et luy dire, que s'il en povoit manger une once sans boire, qu'il pourroit à luy resister sans peur.

Adonc le prisonnier le supplya à joinctes mains que à l'heure de la bataille il eust de luy pitié : dont luy dist Pantagruel :

---

1. Deux ruses de plus : annoncer des renforts alors qu'ils ne sont toujours qu'un petit groupe, empoisonner l'adversaire, ici en déclenchant une soif terrible.

CHAPITRE XVIII

Comment Pantagruel eut victoire étrangement des Dipsodes et des Géants

Après tous ces propos, Pantagruel appela le prisonnier et le renvoya, disant :

« Va voir ton roi en son camp et raconte-lui ce que tu as vu ; qu'il se décide à me festoyer demain à midi, car dès que mes galères seront venues (demain matin au plus tard), je lui prouverai par dix-huit millions de combattants et sept mille géants, tous plus grands que moi, qu'il a commis une folie furieuse en attaquant mon pays. »

En quoi Pantagruel faisait semblant d'avoir son armée sur mer. Mais le prisonnier répondit qu'il était son esclave et qu'il serait content de ne jamais retourner dans son camp et préférait combattre avec Pantagruel contre eux, et, par Dieu, que Pantagruel le permette. Mais Pantagruel ne voulut y consentir, et lui commanda de partir de là rapidement, et de faire comme il lui avait dit ; et il lui donna une boîte pleine d'euphorbe et de baies de Cnide, avec ordre de la porter à son roi et de lui dire que s'il pouvait en manger une once sans boire, il pourrait résister sans peur.

Le prisonnier le supplia à mains jointes qu'il ait pitié de lui, à l'heure de la bataille, et Pantagruel lui dit :

2. Les baies de Cnide sont de violents vomitifs.

« Après que tu auras annoncé à ton roy, je ne te dys pas, comme les caphars, *Ayde-toy, Dieu te aydera* : car c'est, au rebours, *Ayde-toy, le diable te rompra le col*. Mais je te dys : metz tout ton espoir en Dieu, et il ne te délaissera point. Car de moy, encores que soye puissant, comme tu peuz veoir, et aye gens infiniz en armes, toutesfois je n'espère point en ma force, ny en mon industrie : mais toute ma fiance est en Dieu, mon protecteur, lequel jamais ne delaisse ceulx qui en luy ont mys leur espoir et pensée. »

Ce faict, le prisonnier s'en alla : et Pantagruel dist à ses gens :

« Enfans, j'ay donné à entendre à ce prisonnier que nous avons armée sur mer, ensemble que nous ne leur donnerons l'assault que jusques à demain sus le midy, à celle fin que eulx, doubtans la grande venue de gens, ceste nuyct se occupent à mettre en ordre et soy remparer : mais en ce pendant, mon intention est que nous chargeons sur eulx environ l'heure du premier somme. »

Mais laissons icy Pantagruel avecques ses Apostoles. Et parlons du roy Anarche et de son armée.

Quand doncques le prisonnier fut arrivé, il se transporta vers le roy, et luy compta comment il estoit venu ung grand geant, nommé Pantagruel, qui avoit desconfit et faict roustir cruellement tous les six cens cinquante et neuf chevaliers, et luy seul estoit saulvé pour en porter les nouvelles. Davantaige, avoit charge dudict geant de luy dire qu'il luy aprestast au lendemain, sur le midy, à disner : car il se delibéroit de le envahir à ladicte heure.

Puis luy bailla celle boette où estoient les confictures. Mais, tout soubdain qu'il en eut avallé une cueillerée, il luy vint ung tel eschauffement de gorge, avecques ulceration de la luette, que la langue luy pela. Et, pour le remede, ne trouva allegement quiconcques, sinon de boire sans remission : car, incontinent qu'il ostoit le goubelet de la bouche, la langue luy brusloit. Par ainsi, l'on ne faisoit que luy entonner vin avecques ung embut.

« Après que tu auras fait les annonces à ton roi, je ne te dis pas comme les cafards : "Aide-toi, le ciel t'aidera", car c'est c'est l'inverse : "Aide-toi, et le diable te rompra le cou." Mais je te dis : mets ton espoir en Dieu et il ne t'abandonnera pas. Car moi, encore que je sois puissant comme tu peux voir et que j'aie une infinité de gens sous les armes, je ne mets pourtant pas mon espoir en ma force, ni en mon travail : mais toute ma confiance est en Dieu, mon protecteur, qui ne laisse jamais ceux qui ont mis en lui leur pensée et leur espoir. »

Ce fait, le prisonnier s'en alla, et Pantagruel dit à ses gens :

« Enfants, j'ai donné à entendre à ce prisonnier que nous avons une armée sur mer, et que nous leur donnerons l'assaut demain midi seulement, afin qu'eux, craignant le grand renfort de gens, s'occupent cette nuit de se mettre en ordre de bataille et de se protéger. Mais pendant ce temps, mon intention est que nous chargions environ à l'heure du premier sommeil. »

Mais laissons ici Pantagruel avec ses Apôtres. Et parlons du roi Anarche et de son armée.

À son arrivée, le prisonnier se transporta vers le roi et lui raconta comment il était venu un grand géant nommé Pantagruel, qui avait battu et fait rôtir cruellement ses six cent cinquante-neuf chevaliers, et que lui seul en avait réchappé pour porter les nouvelles. De plus, que ledit géant l'avait chargé de lui dire de lui apprêter à dîner demain à midi, car il avait décidé de l'attaquer à cette heure-là.

Puis il lui donna la boîte où étaient les confitures. Mais aussitôt que le roi en eut avalé une cuillerée, il lui vint un tel échauffement de gorge avec ulcération de la luette que la langue lui pela. Pour remède, il ne trouva aucun allègement que de boire sans arrêt ; car sitôt qu'il ôtait le gobelet de sa bouche, la langue lui brûlait. Ainsi on ne faisait que lui entonner du vin avec un embout.

Ce que voyans, ses capitaines, baschatz, et gens de garde, tastirent desdictes drogues pour esprouver si elles estoient tant alteratives : mais y leur en print comme à leur roy. Et tous se mirent si bien à flacconner, que le bruyt en vint par tout le camp, comment le prisonnier estoit de retour, et qu'ilz debvoient avoir au lendemain l'assault, et que à ce jà se préparoit le roy et les capitaines, ensemble les gens de garde, et ce par boire à tyrelarigot. Parquoy ung chascun de l'armée se mist à martiner, chopiner et tringuer de mesmes. Somme, ilz beurent si bien, qu'ilz s'endormirent comme porcs sans nul ordre parmy le camp.

Or maintenant, retournons au bon Pantagruel, et racomptons comment il se porta en cest affaire.

Partant du lieu du Trophée, print le mast de leur navire en sa main comme ung bourdon[1], et mist dedans la hune deux cens trente et sept poinsons de vin blanc d'Anjou, du reste de Rouen, et attacha à sa ceincture la barque toute pleine de sel, aussi aysement comme les lansquenestes portent leurs petitz peniers. Et ainsi se mist à chemin avecques ses compaignons.

Et quand il fut près du camp des ennemys, Panurge luy dist :

« Seigneur, voulez vous bien faire ? Devallez ce vin blanc d'Anjou de la hune, et beuvons icy à la tudesque. »

A quoy se condescendit voulentiers Pantagruel, et beurent si bien, qu'il n'y demoura la seule goutte des deux cens trente et sept poinsons, excepté une ferrière de cuir bouilly de Tours, que Panurge emplyt pour soy, car il l'appelloit son *vade-mecum*, et quelques meschantes baissieres pour le vinaigre.

Après qu'ilz eurent bien tiré au chevrotin, Panurge donna à manger à Pantagruel quelque diable de drogues, composées de trochistz d'alkekangi et de cantharides, et aultres espèces diureticques[2]. Ce faict, Pantagruel dist à Carpalim :

1. Pantagruel emporte les armes qui conviennent à un dieu de la Soif et non des armes de chevalerie. Entre le lansquenet (soldat germanique armé d'une longue lance) et le pèlerin (qui s'appuie sur un

Ce que voyant, ses capitaines, pachas et gens de la garde essayèrent lesdites drogues pour tester si elles étaient si altérantes ; mais cela leur fit le même effet qu'à leur roi. Et tous se mirent si bien à flaconner que le bruit se répandit par tout le camp que le prisonnier était revenu, qu'ils auraient l'assaut le lendemain, que le roi et ses capitaines s'y préparaient déjà, et aussi la garde, en buvant à tire-larigot. Alors chacun de l'armée se mit à boire, chopiner et trinquer de même. Au total, ils burent si bien qu'ils s'endormirent comme des cochons sans que le camp soit organisé.

Or maintenant, retournons au bon Pantagruel, et racontons comment il se comporta en cette affaire.

Partant du lieu du trophée, il prit le mât de leur navire dans la main comme un bâton, et mit dans la hune deux cent trente-sept barriques de vin blanc d'Anjou, le reste de Rouen. Il attacha à sa ceinture la barque pleine de sel aussi facilement que les lansquenets portent leurs petits paniers. Et ainsi il se mit en chemin avec ses compagnons.

Quand il fut près du camp des ennemis, Panurge dit :

« Seigneur, voulez-vous bien faire ? Faites descendre ce vin blanc d'Anjou de la hune, et buvons ici à l'allemande. »

À quoi Pantagruel consentit volontiers, et ils burent si bien qu'il ne demeura rien des deux cent trente-sept barriques, sauf une gourde de cuir bouilli de Tours, que Panurge emplit pour lui, car il l'appelait son *vademecum*, et quelques méchantes bassines de vinaigre.

Après qu'ils eurent bien vidé les outres, Panurge donna à manger à Pantagruel quelques diables de drogues composées de quelques comprimés d'alkékenge et de cantharides et autres espèces de diurétiques. Pantagruel dit à Carpalim :

bourdon), il retrouve là une part de ses fonctions originelles. Ses exploits ne seront en aucun cas conformes au combat du chevalier.

2. Autre écart par rapport à la chevalerie, mais qui permet de retrouver encore une caractéristique des *Chroniques* : le déluge d'urine, organisé sciemment par Panurge.

« Allez-vous en à la ville, en gravant comme ung rat contre la muraille, comme bien sçavez faire, et leur dictes que à heure présente ilz sortent et donnent sur les ennemys tant roiddement qu'ilz pourront : et ce dit, descendez-vous en, prenant une torche allumée, avecques laquelle vous mettrez le feu dedans toutes les tentes et pavillons du camp ; et ce faict, vous cryerez tant que pourrez de vostre grosse voix, qui est plus espoventable que n'estoit celle de Stentor, qui fut ouy par sur tout le bruyt de la bataille des Troyans, et vous en partez dudict camp.

— Voire mais, dist Carpalim, seroit-ce pas bon que je enclouasse toute leur artillerie ?

— Non non, dist Pantagruel : mais bien mettez le feu en leurs pouldres. »

A quoy obtemperant, Carpalim partit soubdain, et fist comme avoit esté decreté par Pantagruel : et sortirent de la ville tous les combattants qui y estoient.

Et, lors que il eut mys le feu par les tentes et pavillons, passoit legierement par sur eulx sans qu'ilz en sentissent rien, tant ilz ronfloient et dormoient parfondement. Il vint au lieu où estoit l'artillerie, et mist le feu en leurs munitions. Mais, — ô la pitié ! — le feu fut si soubdain que il cuyda embrazer le pouvre Carpalim. Et, n'eust esté sa merveilleuse hastiveté et celerité, il estoit fricassé : mais il s'en partit si roiddement qu'ung quarreau d'arbaleste ne va pas plus tost.

Et quand il fut hors des tranchées, il s'escrya si espovantablement, qu'il sembloit que tous les diables feussent deschainés. Auquel son s'esveillerent les ennemys, — mais sçavez vous comment ? aussi estourdys que le premier son de matines, qu'on appelle en Lussonnoys *frote-couille*.

Et ce pendant Pantagruel commença à semer le sel qu'il avoit en sa barque, et, parce qu'ilz dormoient la gueule baye et ouverte, il leur en remplit tout le gouzier, tant que ces pouvres haires toussissoient comme regnards, cryans : « Ha, Pantagruel, Pantagruel, tant tu nous chauffes le tizon ! » Mais tout soubdain, print

« Allez-vous-en en ville, grimpant comme un rat contre la muraille comme vous savez bien le faire, et dites-leur qu'ils fassent une sortie tout de suite et attaquent les ennemis aussi fort qu'ils pourront ; et ce dit, redescendez avec une torche allumée, avec laquelle vous mettrez le feu à toutes les tentes et pavillons du camp ; puis vous crierez tant que vous pourrez de votre grosse voix qui est plus épouvantable que celle de Stentor (qu'on entendait au-dessus du bruit de la bataille des Troyens) et vous partez vite dudit camp.

— Certes, dit Carpalim. Mais ne serait-ce pas bien d'enclouer leur artillerie ?

— Non, non, dit Pantagruel, mais mettez bien le feu aux poudres. »

Obéissant, Carpalim partit vite et fit comme l'avait ordonné Pantagruel. Et tous les combattants de la ville firent une sortie.

Et lorsqu'il eut mis le feu dans les tentes et pavillons, il passa légèrement sur eux sans qu'ils sentent rien, tellement ils ronflaient et dormaient profondément. Il arriva où était l'artillerie et mit le feu aux munitions. Mais, ô pitié, le feu fut si rapide qu'il embrasa presque le pauvre Carpalim, et sans sa merveilleuse rapidité et célérité, il aurait été fricassé, mais il partit aussi roidement qu'un carreau d'arbalète.

Quand il fut hors des tranchées, il cria si épouvantablement qu'il semblait que tous les diables soient déchaînés. À ce bruit les ennemis s'éveillèrent, mais savez-vous comment ? aussi ahuris qu'au premier son de matines, qu'on appelle près de Luçon frotte-couille.

Et cependant Pantagruel commença à semer le sel qu'il avait en sa barque ; et parce qu'ils dormaient gueule bée, il leur en remplit tout le gosier, tant que les pauvres diables toussaient comme des renards, et criaient : « Ah Pantagruel, Pantagruel, tu nous chauffes tellement le tison ! » Mais soudain il prit à Panta-

envie à Pantagruel de pisser, à cause des drogues, que luy avoit baillé Panurge : et pissa parmy leur camp, si bien et copieusement qu'il les noya tous ; et y eut deluge particulier dix lieues à la ronde. Et dit l'histoire, que, si la grand jument de son pere y eust esté et pissé pareillement, qu'il y eust eu deluge plus énorme que celluy de Deucalion : car elle ne pissoit foys qu'elle ne fist une riviere plus grande que n'est le Rosne.

Ce que voyans, ceulx qui estoient yssuz de la ville, disoient : « Ilz sont tous mors cruellement, voyez le sang courir. » Mais ilz y estoient trompez, pensans de l'urine de Pantagruel que feust le sang des ennemys : car ilz ne veoyent sinon au lustre du feu des pavillons, et quelque peu de clarté de la lune.

Les ennemys, après soy estre reveillez, voyans d'ung cousté le feu en leur camp, et l'inundation et deluge urinal, ne sçavoient que dire ny que penser. Aulcuns disoient que c'estoit la fin du monde et le jugement final, qui doibt estre consommé par feu : les aultres, que les dieux marins, Neptune et les aultres, les persecutoient, et que de faict, c'estoit eau marine et sallée.

O qui pourra maintenant racompter comment se porta Pantagruel contre les troys cens geans ! O ma muse, ma Calliope, ma Thalye, inspire moy à ceste heure, restaure-moy mes espritz : car voicy le pont aux asnes [1] de logicque, voicy le tresbuchet, voicy la difficulté de povoir exprimer l'horrible bataille qui fut faicte. A la mienne voulenté que je eusse maintenant ung boucal du meilleur vin que beurent jamais ceux qui liront ceste histoire tant veridicque !

---

1. Morceau inévitable. Le terme appartient à la méthode de la logique pour trouver les propositions intermédiaires des syllogismes. L'invocation à la muse est rituelle dans l'épopée.

gruel l'envie de pisser, à cause des drogues que Panurge lui avait données, et il pissa parmi leur camp si bien et si copieusement qu'il les noya tous, et il y eut un déluge spécial dix lieues à la ronde. Et l'Histoire dit que si la grande jument de son père eût été là et avait pissé pareillement, il y aurait eu un déluge plus énorme que celui de Deucalion, car chaque fois qu'elle pissait, elle faisait une rivière plus grande que le Rhône.

En voyant cela, ceux qui étaient sortis de la ville disaient : « Ils sont tous morts cruellement, voyez le sang courir. » Mais ils y étaient trompés, pensant que l'urine de Pantagruel était le sang des ennemis, car ils ne voyaient qu'à la lumière du feu des tentes et un peu à la clarté de la lune.

Les ennemis après s'être réveillés, voyant d'un côté le feu en leur camp et l'inondation et déluge urinal, ne savaient que dire ni que penser. Certains disaient que c'était la fin du monde et le jugement dernier qui doit être terminé par le feu ; les autres, que les dieux marins, Neptune et les autres, les persécutaient, et que vraiment c'était eau marine et salée.

Oh ! qui pourra raconter maintenant comment Pantagruel se comporta avec les trois cents géants ! Ô ma muse, ô ma Calliope, ô Thalie, inspire-moi maintenant, rends-moi la force de mon esprit, car voici le pont aux ânes de logique, voici le trébuchet, voici la difficulté de pouvoir représenter l'horrible bataille qui eut lieu. Ah ! si j'avais maintenant un flacon du meilleur vin que burent jamais ceux qui liront une histoire si véridique !

CHAPITRE XIX

Comment Pantagruel deffit les troys cens Geans, armez de pierres de taille, et Loupgarou, leur capitaine

Les géans, voyans que tout leur camp estoit submergé, emportèrent leur roy Anarche à leur col, le mieulx qu'ilz peurent, hors du fort [1], comme fist Eneas son père Anchises de la conflagration de Troye. Lesquelz quand Panurge apperceut, dist à Pantagruel : « Seigneur, voylà les geans qui sont yssuz : donnez dessus à vostre mast, à la vieille escrime. Car c'est à ceste heure qu'il se fault monstrer homme de bien [2]. Et de nostre cousté, nous ne vous fauldrons point. Et hardiment, que je vous en tueray beaucoup. Car quoy ? David tua bien Goliath facillement [3]. Moy doncques qu'en battroys douze telz qu'estoit David (car en ce temps-là n'estoit que ung petit chiart), n'en defferay-je pas bien une douzaine ? Et puis ce gros paillard de Eusthenes, qui est fort comme quatre bœufz, ne s'i espargnera pas. Prenez courage, chocquez à travers d'estoc et de taille.

— Or, dist Pantagruel, de couraige j'en ay pour plus de cinquante frans. Mais quoy ? Hercules ne osa jamais entreprendre contre deux.

---

1. Le « fort » est le refuge d'un animal dans l'épaisseur des fourrés.
2. Dans le cadre de l'épopée, après les engagements collectifs (remplacés ici par le désordre et la noyade), il faut un gros plan sur le combat du héros. Le combat des chefs s'inspire du combat entre Roland et le géant Ferragus dans les *Chroniques* du pseudo-Turpin ; le grand coup de pied dans le ventre, méthode peu orthodoxe, vient de l'*Orlando* de Boiardo (une épopée-roman « moderne ») ; l'emploi

CHAPITRE XIX

Comment Pantagruel défit
les trois cents géants armés de pierres de taille
et Loup-Garou, leur capitaine

Les géants, voyant que tout leur camp était submergé, emportèrent leur roi Anarche à leur cou, le mieux qu'ils purent hors de la mêlée, comme Énée emporta son père Anchise de la conflagration de Troie. Quand Panurge les aperçut, il dit à Pantagruel :

« Seigneur, voilà les géants qui sont sortis : donnez dessus avec votre mât, à l'escrime à l'ancienne, car c'est maintenant qu'il faut se montrer homme de bien. De notre côté nous ne vous manquerons pas. Et hardiment, que je vous en tuerai beaucoup. Car quoi ! David tua bien Goliath facilement. Moi donc qui en battrais douze comme David (car en ce temps-là ce n'était qu'un gamin), n'en déferai-je pas bien une douzaine ? Et puis ce gros paillard d'Eusthénès qui est fort comme quatre bœufs ne s'y épargnera pas. Prenez courage, tapez au travers d'estoc et de taille.

— Oh, dit Pantagruel, j'ai du courage pour plus de cinquante francs, mais Hercule même n'osa jamais entreprendre contre deux.

---

de l'ennemi comme d'une massue vient de Merlin Coccaie (épopée parodique moderne, voir dossier, p. 342.

3. Le combat victorieux de David contre le géant philistin Goliath (Samuel, I, 17) est le premier signe qu'il est un élu de Dieu. Ce combat est traditionnellement interprété comme le triomphe promis au faible qui a la juste cause et le soutien de Dieu sur les forces apparentes des méchants.

— C'est, dist Panurge, bien chien-chié en mon nez :
vous comparez-vous à Hercules ? Vous avez plus de
force aux dentz, et plus de sens au cul, que n'eut jamais
Hercules en tout son corps et ame. Autant vault
l'homme comme il s'estime. »

Et ainsi qu'ilz disoient ces parolles, voicy arriver
Loupgarou avecques tous ses geans. Lequel, voyant
Pantagruel seul, fut esprins de temerité et oultrecuy-
dance, par espoir qu'il avoit de occire le pouvre Pantagruel. Dont dist à ses compaignons geans : « Pail-
lars de plat pays, par Mahon, si nul de vous entrepreut
de combatre contre ceulx cy, je vous feray mourir cruellement. Je veulx que me laissez combatre seul : ce pendant vous aurez vostre passe-temps à nous regarder. »

Adonc se retirerent tous les geans avecques leur roy,
là auprès où estoient les flaccons, et Panurge et ses compaignons avecques eulx, qui contrefaisoit ceulx qui ont
eu la vérolle : car il tortoit la gueule et retiroit les
doigts ; et, en parolle enrouée, leur dist : « Je renye
bieu, compaignons, nous ne faisons point la guerre.
Donnez nous à repaistre avecques vous, ce pendant que
noz maistres s'entrebbattent. » A quoy voulentiers le
roy et les geans se consentirent, et les firent bancqueter avecques eulx.

Et ce pendant Panurge leur contoit des fables, et les
exemples de sainct Nicolas [1].

Alors Loupgarou s'adressa à Pantagruel avecques
une masse toute d'acier, pesante neuf mille sept cens
quintaulx, d'acier de Calibbes [2], au bout de laquelle y
avoit treze poinctes de dyamens, dont la moindre estoit
aussi grosse comme la plus grande cloche de Nostre-
Dame de Paris — il s'en failloit par avanture l'espesseur d'ung ongle, ou au plus (que je ne mente) d'ung
doz de ces cousteaulx qu'on appelle *couppe-oreille* :

---

1. La liste des récits fabuleux correspond précisément à ceux qu'utilise Rabelais pour travestir sa Chronique : un pseudo-historien, les
légendes des saints, et les contes de bonne femme.

— C'est bien chien-chié en mon nez, dit Panurge :
vous comparez-vous à Hercule ? Vous avez plus de
force aux dents et plus de sens au cul que n'en eut
jamais Hercule en tout son corps et âme. L'homme vaut
ce qu'il s'estime. »

Et pendant qu'ils disaient ces paroles, voici arriver
Loup-Garou avec tous ses géants. Voyant Pantagruel
seul, il fut pris de témérité et d'outrecuidance, dans
l'espoir d'occire le bon Pantagruel. Il dit à ses compagnons géants : « Paillards de plat pays, par Mahomet,
si l'un de vous entreprend de combattre contre eux, je
vous ferai mourir cruellement. Je veux que vous me
laissiez combattre seul : vous aurez de la distraction à
nous regarder. »

Tous les géants se retirèrent donc avec leur roi là où
étaient les flacons, et Panurge et ses compagnons avec
eux, qui faisait semblant d'avoir la vérole, car il tor-
dait la gueule et retirait les doigts, et avec une voix
enrouée il leur dit : « Jarnidieu, compagnons, nous ne
faisons pas la guerre. Donnez-nous à manger avec vous
pendant que nos maîtres s'entrebattent. » À quoi le roi
et les géants consentirent volontiers et les firent banqueter avec eux.

Cependant, Panurge leur contait des fables et les belles histoires de saint Nicolas.

Alors Loup-Garou marcha sur Pantagruel avec une
masse toute d'acier, pesant neuf mille sept cents quintaux, d'acier du Pont-Euxin, au bout de laquelle il y
avait treize pointes de diamant dont la plus petite était
aussi grosse que la plus grande cloche de Notre-Dame
de Paris. Il s'en fallait peut-être de l'épaisseur d'un
ongle, ou, au plus — que je ne mente pas —, du dos
d'un de ces couteaux qu'on appelle coupe-oreille, mais

Voir J. Céard, « L'Histoire écoutée aux portes de la Légende »,
Études seiziémistes, Genève, Droz, 1980.
2. Le peuple des Kalybes avait dans l'Antiquité la réputation de
travailler le fer de façon exceptionnelle.

mais pour ung petit, ne avant ne arrière. Et estoit phéée, en manière que jamais ne povoit rompre, mais au contraire, tout ce qu'il en touchoit rompoit incontinent.

Ainsi doncques, comme il approchoit en grand fierté, Pantagruel, jectant ses yeulx au ciel, se recommanda à Dieu de bien bon cueur, faisant veu tel comme s'ensuyt [1] :

« Seigneur Dieu, qui tousjours as esté mon protecteur et mon servateur, tu voys la destresse en laquelle je suis maintenant. Riens icy ne me amene, sinon zele naturel, comme tu as concédé ès humains de garder et défendre soy, leurs femmes, enfans, pays, et famille, en cas que ne seroit ton negoce propre, qui est la foy ; car en tel affaire tu ne veulx nul coadjuteur, sinon de confession catholicque, et ministere de ta parolle ; et nous as defenduz toutes armes et defenses : car tu es le Tout Puissant, qui, en ton affaire propre, et où ta cause propre est tirée en action, te peulx defendre trop plus qu'on ne sçauroit estimer, toy qui as mille milliers de centaines de millions de legions d'anges, duquel le moindre peust occire tous les humains, et tourner le ciel et la terre à son plaisir, comme bien appareut en l'armée de Sennacherib [2]. Doncques, s'il te plaist à ceste heure me estre en ayde, comme en toy seul est ma totalle confiance et espoir, je te fays veu que par toutes contrées, tant de ce pays de Utopie que d'ailleurs, où je auray puissance et auctorité, je feray prescher ton sainct Evangile, purement, simplement et entierement, si que les abuz d'ung tas de papelars et faulx prophètes, qui ont par constitutions humaines et inventions depravées envenimé tout le monde, seront d'entour moy exterminez. »

---

1. La prière de Pantagruel nous ramène au pur humanisme, en particulier la promesse d'une prédication pleine et pure de la Parole de Dieu ; cela relève du sublime. La réponse céleste est favorable, évangélique (« *Hoc, fac et vives* », Luc, X, 28) et même historiquement très intelligible : le message est quasiment celui qui fut donné à Constantin lorsqu'il promet de se faire chrétien si Dieu donne la

ni plus ni moins. Et elle était enchantée, de manière qu'elle ne pouvait se rompre, mais au contraire tout ce qu'elle touchait se rompait immédiatement.

Ainsi donc comme il approchait plein d'orgueil, Pantagruel jeta les yeux au ciel et se recommanda à Dieu de bien bon cœur, faisant vœu comme il s'ensuit :

« Seigneur Dieu qui a toujours été mon protecteur et mon sauveur, tu vois la détresse en laquelle je suis maintenant. Rien ne m'amène ici que le zèle naturel que tu as donné aux humains de garder et défendre eux, leurs femmes, enfants, pays et famille, là où ne serait pas en jeu ta cause propre qui est la foi. Car dans telle affaire, tu ne veux aucun coadjuteur sinon catholique et ministre de ta parole, et tu nous as interdit toutes armes et défenses ; car tu es le Tout-Puissant, qui, dans tes affaires propres et là où ta cause est en litige, te peux défendre mieux qu'on ne peut l'imaginer, toi qui as mille milliers de centaines de millions d'anges dont le moindre peut occire tous les humains et tourner le ciel et la terre à son plaisir, comme il se vit sur l'armée de Sennachérib. Donc s'il te plaît de m'aider à cette heure, comme en toi seul je place ma confiance et ma foi, je te fais vœu que dans toutes les contrées, dans ce pays d'Utopie ou ailleurs, où j'aurai puissance et autorité, je ferai prêcher ton saint Évangile, purement, simplement et entièrement, et que les abus d'un tas de papelards et faux prophètes qui ont empoisonné tout le monde par des constitutions humaines et des inventions dépravées seront exterminés d'autour de moi. »

victoire ; on peut évoquer aussi, dans des circonstances déjà recopiées de la conversion de Constantin, le vœu légendaire de Clovis à Tolbiac. Plus récemment, l'imaginaire monarchique a célébré la victoire de François Ier, nouveau Constantin, en des termes et récits de prodiges semblables (Anne-Marie Lecoq, *François Ier imaginaire*, Macula, 1990, p. 308). Les prodiges récompensent la foi, mais leur multiplication frôle la parodie.

2. L'armée de Sennachérib, roi d'Assyrie, qui mettait le siège devant Jérusalem, a été, dit la Bible (Rois, II, 19), exterminée en une seule nuit par un ange à l'épée flamboyante.

Et alors fut ouye une voix du ciel, disant : « *Hoc fac et vinces* » — c'est à dire : « Fays ainsi, et tu auras victoire. »

Ce faict, voyant Pantagruel que Loupgarou approchoit la gueulle ouverte, vint contre luy hardyment, et s'escrya tant qu'il peult : « A mort, ribault, à mort ! » pour luy faire peur, selon la discipline des Lacedemoniens, par son horrible cry. Puis luy getta de sa barque, qu'il portoit à sa ceincture, plus de dix et huyct cacques de sel, dont il luy emplyt et gorge et gouzier, et le nez et les yeulx. Dont irrité, Loupgarou luy lancea ung coup de sa masse, luy voulant rompre la cervelle. Mais Pantagruel fut abille, et eut tousjours bon pied et bon œil ; par ce, demarcha du pied gauche ung pas arriere : mais il ne sceut si bien faire que le coup ne tombast sur la barque, laquelle rompit en six pieces, et versa la reste du sel en terre.

Quoy voyant, Pantagruel desploye ses bras, et comme est l'art de la hasche, luy donna du gros bout de son mast, en estoc, au dessus de la mammelle, et, retirant le coup à gauche en taillade, luy frapa entre col et collet ; puis, avanceant le pied droict, luy donna sur les couillons ung pic du hault bout de son mast, à quoy rompit la hune, et versa troys ou quatre poinssons de vin qui estoient de reste. Dont Loupgarou pensa qu'il luy eust incisé la vessie, et du vin que ce feust son urine qui en sortit.

De ce non content, Pantagruel vouloit redoubler au coulouer : mais Loupgarou, haulsant sa masse, avancea son pas sur luy, et de toute sa force la vouloit enfoncer sur Pantagruel. Et de faict, en donna si vertement que, si Dieu n'eust secouru le bon Pantagruel, il l'eust fendu despuis le sommet de la teste jusques à la ratelle. Mais le coup déclina à droict par la brusque hastiveté de Pantagruel : et entra sa masse plus de soixante piedz en terre, à travers ung gros rochier, dont il feist sortir le feu plus gros qu'ung tonneau.

Ce que voyant Pantagruel, qu'il s'amusoit à tirer sadicte masse, qui tenoit en terre entre le roc, luy court

Alors on entendit du ciel une voix disant : « Fais cela et tu vaincras. »

Pantagruel voyant que Loup-Garou approchait la gueule ouverte vint contre lui hardiment et cria tant qu'il put : « À mort, ribaud, à mort », pour lui faire peur, selon la technique des Lacédémoniens, par cet horrible cri. Puis il lui jeta plus de dix-huit caques de sel de la barque qu'il portait à la ceinture, dont il lui emplit gorge et gosier, le nez et les yeux. Irrité, Loup-Garou lui lança un coup de sa masse, en voulant lui rompre la cervelle. Pantagruel fut assez habile et eut toujours bon pied bon œil. Il fit un pas en arrière du pied gauche, mais il ne put empêcher que le coup ne tombe sur la barque, qui rompit en six morceaux, et le reste du sel se renversa par terre.

Pantagruel déploie alors ses bras, et, selon la technique de la hache, lui donna du gros bout de son mât en estoc au-dessus de la mammelle, et retirant le coup à gauche en taille, le frappa entre col et collet ; puis avançant le pied droit lui donna sur les couillons une pointe du haut bout du mât, où se rompit la hune, et les trois ou quatre poinsons de vin qui restaient tombèrent à terre. Dont Loup-Garou pensa qu'il lui avait incisé la vessie, prenant le vin qui sortait pour son urine.

Non content de cela, Pantagruel voulait continuer en dégageant le fer. Mais Loup-Garou haussa sa masse, avança d'un pas sur lui, et il voulait l'enfoncer de toute sa force sur Pantagruel. Et de fait il frappa si vertement que si Dieu n'avait secouru le bon Pantagruel, il l'aurait fendu du sommet de la tête jusqu'à la ratelle. Mais le coup glissa à droite à cause de la rapidité de Pantagruel, et la masse entra de plus de soixante pieds en terre à travers un gros rocher dont il fit jaillir du feu plus gros qu'un tonneau.

Pantagruel voyant qu'il s'amusait à tirer sa masse qui était coincée en terre contre le rocher lui courut

sus, et luy vouloit avaller la teste tout net : mais son
mast, de male fortune, toucha ung peu au fust de la
masse de Loupgarou, qui estoit phéé (comme avons dit
devant). Par ce moyen, son mast luy rompit à troys
doigts de la poignée. Dont il feust plus estonné qu'ung
fondeur de cloches : et s'escrya : « Ha, Panurge, où
es-tu ? » Ce que ouyant, Panurge dist au roy et aux
geans : « Par Dieu ! ils se feront mal, qui ne les des-
partira. » Mais les geans estoient ayses comme s'ilz
feussent de nopces. Lors Carpalim se voulut lever de
là pour secourir son maistre ; mais ung geant luy dist :
« Par Goulfarin, nepveu de Mahon, si tu bouges d'icy,
je te mettray au fons de mes chaulses, comme on faict
d'ung suppositoire ; aussi bien suis je constipé du
ventre, et ne peulx guerez bien *cagar*, sinon à force de
grincer les dentz. »

Puis Pantagruel, ainsi destitué de baston, reprint le
bout de son mast, en frappant torche lorgne dessus le
geant ; mais il ne luy faisoit mal en plus que feriez baillant une chiquenaude sus ung mail de forgeron. Et ce
pendant Loupgarou tiroit de terre sa masse, et l'avoit
jà tirée, et la paroit pour en ferir Pantagruel : mais Pantagruel, qui estoit soubdain au remuement, declinoit
tout ses coups, jusques à ce que une foys, voyant que
Loupgarou le menassoit, disant : « Meschant, à ceste
heure te hascheray je comme chair à patez ; jamais tu
ne altereras les pouvres gens ! » — luy frappa du pied
ung si grand coup contre le ventre, qu'il le getta en
arriere à jambes rebindaines, et vous le trainnoit ainsi
à l'escorche-cul plus d'ung traict d'arc. Et Loupgarou
s'escryoit, rendant le sang par la gorge : « Mahon !
Mahon ! Mahon ! » A laquelle voix se leverent tous
les geans pour le secourir. Mais Panurge leur dist :
« Messieurs, n'y allez pas, si m'en croyez : car nostre
maistre est fol, et frappe à tors et à travers, et ne regarde
point où : il vous donnera malencontre. » Mais les
géans n'en tindrent conte, voyans que Pantagruel estoit
sans baston.

Et comme ilz approchoient, Pantagruel print Loup-

sus et voulait lui rentrer la tête tout net : mais son mât, par malheur, toucha un peu au fût de la masse de Loup-Garou, qui était enchantée comme nous l'avons dit. Par ce moyen son mât se rompit à trois doigts de la poignée. Il en resta ébahi comme un sonneur de cloches et s'écria : « Ah, Panurge, où es-tu ? » Ce qu'entendant, Panurge dit au roi et aux géants : « Par Dieu, ils se feront du mal si on ne les sépare pas ! » Mais les géants s'amusaient comme à la noce. Carpalim voulut se lever pour secourir son maître, mais un géant lui dit : « Par Goulfarin, neveu de Mahomet, si tu bouges d'ici, je te mettrai au fond de mes chausses comme un suppositoire ; c'est vrai que je suis constipé du ventre et ne peux plus guère chier sinon en grinçant des dents. »

Pantagruel, ainsi destitué de son bâton, reprit le bout de son mât en frappant torche lorgne dessus le géant. Mais ça ne lui faisait pas plus de mal qu'une de vos chiquenaudes à un marteau de forgeron. Cependant Loup-Garou retirait sa massue de la terre et la préparait pour frapper Pantagruel ; mais Pantagruel qui s'activait soudain échappait à tous les coups, jusqu'à une fois, où voyant que Loup-Garou le menaçait et lui disait : « Méchant, maintenant je vais te hacher comme chair à pâté, tu ne donneras plus soif aux pauvres gens ! », il lui donna un si grand coup de pied dans le ventre qu'il l'envoya en arrière jambes en l'air, et vous le traînait à l'écorche-cul sur une longueur de jet. Loup-Garou criait, rendant le sang par la gorge : « Mahomet, Mahomet, Mahomet ! » À ce cri, tous les géants accoururent pour le secourir. Mais Panurge leur dit : « Messieurs n'y allez pas si vous m'en croyez, car notre maître est fou et frappe à tort et à travers, il ne regarde pas où : il vous arrivera malheur. » Mais les géants n'en tinrent pas compte, voyant que Pantagruel était sans bâton.

Comme ils approchaient, Pantagruel prit Loup-

garou par les deux piedz, et du corps de Loupgarou armé d'enclumes, frappoit parmy ces geans armez de pierres de taille, et les abbatoit comme ung maçon faict de couppeaulx, que nul n'arrestoit devant luy qu'il ne ruast par terre. Dont, à la rupture de ces harnoys pierreux, fut faict ung si horrible tumulte qu'il me souvint, quand la grosse tour de beurre, qui estoit à Sainct-Estienne de Bourges, fondit au soleil.

Et Panurge, ensemble Carpalim et Eusthenes, ce pendant esgorgetoient ceulx qui estoient portez par terre. Faictes vostre compte qu'il n'en eschappa ung seul, et, à veoir Pantagruel, sembloit ung fauscheur, qui, de sa faulx (c'estoit Loupgarou), abbatoit l'herbe d'ung pré (c'estoient les geans). Mais à ceste escrime Loupgarou perdit la teste : et ce feut, quand Pantagruel en abbatit ung, qui avoit nom Moricault, qui estoit armé à hault appareil, c'estoit de pierres de gryson, dont ung esclat couppa la gorge tout oultre à Epistemon : car aultrement la plus part d'entre eulx estoient armez à la legière, c'estoit de pierres de tuffe, et les aultres de pierre ardoyzine [1].

Finablement, voyant que tous estoient mors, getta le corps de Loupgarou tant qu'il peult contre la ville, et tomba comme une grenoille sus le ventre en la place mage de ladicte ville, et en tombant, du coup tua ung chat bruslé, une chatte mouillée, une canne petière, et ung oyson bridé.

---

1. Les différentes armures ont la variété des pierres de la Loire. Les enclumes de Loup-Garou sont de fer, à côté des pierres de grison (très dures), du tuffeau (pierre tendre blanche des constructions) et de l'ardoise.

Garou par les deux pieds et du corps de Loup-Garou armé d'enclumes, il frappait ces géants armés de pierres de taille et les abattait comme un maçon fait ses copeaux, si bien que nul ne se dressait devant lui qu'il ne renversât par terre. À la rupture de ces armures de pierres, il se fit un si horrible tumulte qu'il me souvint quand la grosse tour de Beurre de Saint-Étienne de Bourges fondit au soleil.

Et Panurge, Carpalim, Eusthénès pendant ce temps égorgeaient ceux qui tombaient. Comptez s'il en est un qui réchappa, et à voir Pantagruel, il ressemblait à un faucheur qui de sa faux (c'était Loup-Garou), abattait l'herbe d'un pré (c'étaient les géants). Mais à cette escrime Loup-Garou perdit la tête : cela arriva quand Pantagruel en abattit un qui s'appelait Moricaud, qui était armé d'une armure de pierres de grison dont un éclat coupa la gorge d'Épistémon de part en part : car autrement les autres étaient armés à la légère, de pierres de tuffeau, et les autres d'ardoises.

Finalement, voyant que tous étaient morts, il jeta le corps de Loup-Garou aussi fort qu'il put contre la ville, et il tomba sur le ventre comme une grenouille sur la place principale, et en tombant tua du coup un chat échaudé, une chatte mouillée, une canne pétière et un oison bridé.

CHAPITRE XX

Comment Epistemon,
qui avoit la teste tranchée[1],
fut guery habillement par Panurge.
Et des nouvelles
des diables, et des damnez

Ceste desconfite gygantale parachevée, Pantagruel se retira au lieu des flaccons, et appelle Panurge et les aultres, lesquelz se rendirent à luy sains et saulves, excepté Eusthenes, qu'ung des geans avoit egraphigné quelque peu au visaige, ainsi qu'il l'esgorgetoit. Et Epistemon, qui ne comparoit poinct. Dont Pantagruel fut si dolent qu'il se voulut tuer soymesmes ; mais Panurge luy dist : « Dea, Seigneur, attendez ung peu, et nous le chercherons entre les morts, et verrons la vérité du tout. »

Ainsi doncques, comme ilz cherchoient, ilz le trouverent tout roidde mort, et sa teste entre ses bras toute sanglante. Dont Eusthenes s'escrya : « Ha, male mort, nous as-tu tollu le plus parfaict des hommes ! » A laquelle voix se leva Pantagruel, au plus grand dueil qu'on veit jamais au monde. Mais Panurge dist : « Enfans, ne pleurez point. Il est encores tout chault. Je vous le gueriray ussi sain qu'il fut jamais[2]. » Et ce disant, print la teste, et la tint sus sa braguette chaul-

---

1. L'édition de 1534 rajoutera la célèbre contrepèterie : « qui avait la coupe testée ».
2. La scène de résurrection a suscité beaucoup de commentaires, pour savoir si elle se moquait des résurrections (en particulier des

CHAPITRE XX

Comment Épistémon qui avait la tête tranchée fut guéri habilement par Panurge. Et des nouvelles des diables et des damnés

Cette déconfiture gigantale achevée, Pantagruel se retira auprès des flacons et appela Panurge et les autres, qui se rendirent à lui sains et saufs, sauf Eusthénès qu'un des géants avait égratigné un peu au visage pendant qu'il l'égorgeait. Et Épistémon qui ne vint pas. Ce dont Pantagruel fut si triste qu'il voulait se tuer, mais Panurge lui dit : « Seigneur, allons, attendez un peu, et nous le chercherons entre les morts et verrons si c'est vrai. »

Ainsi donc, comme ils cherchaient, ils le trouvèrent raide mort et la tête entre les bras toute sanglante. Eusthénès s'écria : « Ah, Mauvaise Mort, tu nous a pris le plus parfait des hommes ! » À cette lamentation Pantagruel se leva dans le plus grand deuil qu'on vit au monde. Mais Panurge dit : « Enfants, ne pleurez pas. Il est encore tout chaud. Je vous le guérirai, aussi bien portant qu'il a jamais été. » En disant cela il prit la tête et la tint sur sa braguette chaudement pour qu'elle

miracles du Christ), ou des résurrections multipliées dans les légendes (cf., plus haut, saint Nicolas), ou des résurrections romanesques dispensées un peu partout (voir dossier, pp. 330 et 346).

dement, qu'elle ne print vent. Et Eusthenes et Carpalim porterent le corps au lieu où ilz avoient bancquetté : non par espoir que jamais guerist, mais affin que Pantagruel le veist. Toutesfois Panurge les reconfortoit, disant : « Si je ne le guerys, je veulx perdre la teste (qui est le gaige d'ung fol) : laissez ces pleurs, et me aydez. » Adoncq, nettoya tresbien de beau vin blanc le col, et puis la teste : et y synapiza de pouldre de aloès, qu'il portoit tousjours en une de ses fasques ; et après, les oignit de je ne sçay quel oignement, et les afusta justement, vène contre vène, nerf contre nerf, spondyle contre spondyle, affin qu'il ne feust torty colly (car telz gens il hayssoit de mort). Ce faict, luy fist deux ou troys poincts de agueille, affin qu'elle ne tombast de rechief : puis mist à l'entour ung peu d'un unguent, qu'il appelloit resuscitatif.

Et soubdain Epistemon commença à respirer, puis à ouvrir les yeulx, puis à baisler, puis à esternuer, puis feist ung gros pet de mesnage. Dont dist Panurge : « A ceste heure est-il guery asseurement » : et luy bailla à boire ung voirre d'ung grand villain vin blanc, à tout une roustie sucrée. En ceste façon fut Epistemon guery habilement, excepté qu'il fut enroué plus de troys sepmaines, et eut une toux seiche, dont il ne peult oncques guérir, sinon à force de boire.

Et là commença à parler, disant qu'il avoit veu les diables [1], et avoit parlé à Lucifer familierement, et fait grand chere en enfer, et par les Champs Elisées. Et asseuroit devant tous que les diables estoient bons compaignons. Et au regard des damnez, il dist qu'il estoit bien marry de ce que Panurge l'avoit si tost revocqué en vie : « Car je prenoys, dist-il, ung singulier passetemps à les veoir. — Comment ? dist Pantagruel. — L'on ne les traicte pas, dist Epistemon, si mal que vous

---

1. La descente aux Enfers est un épisode habituel des épopées : Ulysse et Énée vont y consulter leurs ancêtres. Les héros rencontrés par Épistémon sont des personnages historiques et des personnages de romans, et parfois les deux ensemble. L'inversion des conditions

n'ait pas de courant d'air. Et Eusthénès et Carpalim
portèrent le corps à l'endroit où ils avaient banqueté,
non par espoir qu'il guérisse, mais pour que Pantagruel
le voie. Toutefois Panurge les réconfortait : « Si je ne
le guéris pas, je veux bien perdre la tête (c'est un serment de fou) : laissez ces pleurs et aidez-moi. » Il nettoya fort bien de beau vin blanc le col, puis la tête, et
y saupoudra de la poudre d'aloès qu'il portait toujours
en une de ses poches ; et après les oignit de je ne sais
quel onguent et les ajusta veine contre veine, spondyle
contre spondyle, afin qu'il ne soit torcol (car il haïssait
ces gens à mort). Cela fait, il lui fit deux ou trois points
d'aiguille pour qu'elle ne tombe pas aussitôt, et mit
autour un peu d'onguent, qu'il appelait ressuscitatif.

Et soudain Épistémon commença à respirer, puis à
ouvrir les yeux, puis à bâiller, puis à éternuer, puis il
fit un gros pet de ménage. Dont dit Panurge : « Maintenant il est guéri à coup sûr. » Et il lui donna à boire
un verre de grand vilain vin blanc, avec une rôtie sucrée.
De cette façon Épistémon fut guéri habilement, sauf
qu'il fut enroué plus de trois semaines et eut une toux
sèche dont il ne put jamais guérir, sinon à force de
boire.

Il commença à parler, disant qu'il avait vu les diables,
et avait parlé à Lucifer familièrement, et fait bonne vie
en enfer et aux champs Élysées. Il assurait devant tous
que les diables étaient bons compagnons. Pour les damnés, il dit qu'il était bien désolé que Panurge l'ait si
tôt ramené à la vie : « Car je prenais, dit-il, un singulier passe-temps à les voir.

— Comment ? dit Pantagruel.

— On ne les traite pas, dit Épistémon, si mal que

penseriez : mais leur estat est changé en estrange façon.
Car je veis :

Alexandre le Grand qui repetassoit de vieilles chausses, et ainsi gaignoit sa pauvre vie.

Xercès cryoit la moustarde.

Darius estoit cureur de retraictz.

Scipion Africain cryoit la lye en ung sabot.

Pharamond estoit lanternier.

Hannibal estoit coquetier.

Priam vendoit les vieulx drapeaulx.

Lancelot du Lac estoit escorcheur de chevaulx mors.

« Tous les chevaliers de la Table Ronde estoient pouvres gaingnedeniers, à tirer la rame et passer les rivieres de Coccytus, Phlegeton, Styx, Achéron et Lethé, quand messieurs les diables se veulent esbatre sur l'eau, comme sont les bastelieres de Lyon et Venize. Mais, pour chascune passade, ilz n'en ont que une nazarde, et, sus le soir, quelque morceau de pain chaumeny.

Les douze pers de France sont là et ne font riens que je aye veu : mais ilz gaignent leur vie à endurer force plameuses, chinquenaudes, alouettes, et grans coups de poing sus les dentz.

Neron estoit vielleux, et Fierabras estoit son varlet : mais il luy faisoit mille maulx, et luy faisoit manger le pain bis, et boire le vin poulsé ; et luy, mangeoit et beuvoit du meilleur.

Jason et Pompée estoient guoildronneurs de navires.

Valentin et Orson servoient aux estuves d'enfer, et estoient racle-toretz.

Giglan et Gauvain estoient pouvres porchiers.

Geoffroy à la grand dent estoit allumetier.

Godefroy de Billon estoit dominotier.

Dom Pietre de Castille, porteur de rogatons.

Morgant, brasseur de byère.

Huon de Bourdeaulx estoit relieur de tonneaulx.

Julles Cesar, souillart de cuisine.

Antiochus estoit rammoneur de cheminées.

Romulus estoit rataconneur de bobelins.

vous penseriez. Mais leur état est changé en étrange façon. Car je vis :

« Alexandre le Grand qui rapetassait les vieilles chausses et gagnait ainsi sa pauvre vie,

« Xerxès criait la moutarde,

« Darius était récureur de cabinets,

« Scipion l'Africain vendait de la lie dans un sabot,

« Pharamond portait une lanterne,

« Hannibal était marchand de volailles,

« Priam vendait les vieux chiffons,

« Lancelot du Lac écorchait les chevaux morts.

« Tous les chevaliers de la Table ronde étaient de pauvres manœuvres, tirant la rame et passeurs du Cocyte, Phlégéton, Styx, Acheron et Léthé, quand messieurs les diables veulent se distraire sur l'eau comme font les bateliers de Lyon et Venise. Mais pour le passage ils n'ont qu'un coup sur le nez et le soir quelque morceau de pain moisi.

« Les douze pairs de France sont là et ne font rien à ce que j'ai vu, mais ils gagnent leur vie à endurer force claques, chiquenaudes, volées et grands coups de poing sur les dents.

« Néron jouait de la vielle et Fierabras était son valet : mais il lui faisait mille maux et lui faisait manger du pain bis et boire le vin tourné ; lui mangeait et buvait du meilleur.

« Jason et Pompée étaient goudronneurs de navires.

« Valentin et Ourson servaient aux étuves d'Enfer et étaient démaquilleurs de masques.

« Giglan et Gauvain étaient pauvres porchers.

« Geoffroy à la grand dent était allumetier.

« Godefroy de Bouillon fabriquait des images en carton.

« Dom Pierre de Castille était porteur de reliques.

« Morgant, brasseur de bière.

« Huon de Bordeaux, relieur de tonneaux.

« Jules César, récureur de cuisine.

« Antiochus était ramoneur de cheminées.

« Romulus était rapiéceur de savates.

Octavien estoit ratisseur de papier.

Charlemaigne estoit houssepaillier.

Le pape Jules, crieur de petitz pastez.

Jehan de Paris, gresseur de botes.

Artus de Bretaigne, degresseur de bonnetz.

Perceforest, portoit une hotte : je ne sçay pas s'il estoit porteur de coustretz.

Nicolas pape tiers estoit papetier[1].

Le pape Alexandre estoit preneur de ratz.

Le pape Sixte, gresseur de verolle.

— Comment ! dist Pantagruel, y a il des verollez de par delà ?

— Certes, dist Epistemon, je n'en veiz oncques tant : il y en a plus de cent millions. Car croyez que ceulx qui n'ont eu la verolle en ce monde icy, l'ont en l'aultre.

— Cor Dieu, dist Panurge, je suis doncques quitte : car je y ay esté jusques au trou de Jubathar, et ay abatu des plus meures !

— Ogier le Dannoys estoit frobisseur de harnoys.

Le roy Pepin estoit recouvreur.

Galien Restauré estoit preneur de taulpes.

Les quatre fils Aymon estoient arracheurs de dentz.

Melusine estoit souillarde de cuisine.

Matabrune, lavandière de buées.

Cleopatra estoit revenderesse d'oignons.

Helene estoit courratiere de chambrieres.

Semyramis estoit espouilleresse de bellistres.

Dido vendoit des mousserons.

Penthasilée estoit croissonniere.

« En ceste façon, ceulx qui avoient esté gros seigneurs en ce monde icy, gaingnoient leur pouvre meschante et paillarde vie là bas. Et au contraire, les philosophes, et ceulx qui avoient esté indigens en ce monde, de par delà estoient gros seigneurs en leur tour.

---

1. Les hardiesses sur le devenir des papes sont de bonne religion. La mise en scène du poète Lemaire de Belges, dont l'*Histoire des schismes* (1511) accuse la papauté de tous les troubles politiques

« Octave était ratisseur de papier.

« Charlemagne était palefrenier.

« Le pape Jules ,crieur de petits pâtés.

« Jean de Paris, graisseur de bottes.

« Arthur de Bretagne, dégraisseur de bonnets.

« Perceforet portait une hotte : je ne sais pas s'il était porteur de fagots.

« Nicolas III, pape, était papetier.

« Le pape Alexandre était preneur de rats.

« Le pape Sixte, graisseur de vérole.

— Comment, dit Pantagruel, il y a des vérolés par-delà ?

— Certes, dit Épistémon, je n'en vis jamais tant : il y en a plus de cent millions. Car croyez que ceux qui n'ont pas eu la vérole en ce monde l'ont en l'autre.

— Corps Dieu, dit Panurge, j'en suis donc quitte, car j'y ai été jusqu'au trou de Gibraltar et en ai sué des plus mûres !

— Ogier le Danois était fourbisseur de harnais,

« Le roi Pépin était recouvreur.

« Galien Restauré était preneur de taupes.

« Les quatre fils Aymon étaient arracheurs de dents.

« Mélusine était récureuse de casseroles.

« Matabrune femme de lessive,

« Cléopâtre revendeuse d'oignons.

« Hélène était entremetteuse de chambrières.

« Sémiramis était épouilleuse de bélûtres.

« Didon vendait des mousserons.

« Penthésilée était cressonnière.

« De cette façon ceux qui avaient été grands seigneurs en ce monde-ci gagnaient leur pauvre méchante et paillarde vie là-bas. Et au contraire les philosophes, et ceux qui avaient été indigents en ce monde, étaient grands seigneurs à leur tour par-delà.

---

des derniers siècles (le tout aux dépens du pape Jules II, pour le service du roi Louis XII), montre en somme le bon droit du gallicanisme.

« Je veiz Diogenes qui se prélassoit en magnificence, avec une grand robbe de pourpre, et ung sceptre : et faisoit enrager Alexandre le Grand, quand il n'avoit bien repetassé ses chausses, et le payoit en grans coups de baston.

« Je veiz Patelin qui marchandoit des petitz pastez que cryoit le pape Jules : et luy demanda : « Combien la douzaine ? — Troys blancs, dist le pape. — Mais, dist Patelin, trois coups de barre ! Baillez icy, villain, baillez, et en allez querir d'aultres. » Et le pouvre pape s'en alloit pleurant. Et quand il fut devant son maistre patissier, il luy dist qu'on luy avoit osté ses pastez. Adonc le patissier luy bailla l'anguillade, si bien que sa peau n'eust riens vallu à faire cornemuses.

« Je veiz Maistre Jehan Le Mayre qui contrefaisoit du pape, et à tous ces pouvres roys et papes de ce monde faisoit baiser ses piedz : et, en faisant du grobis, leur donnoit sa benediction, disant : « Gaingnez les par-dons, coquins, gaignez, ilz sont à bon marché. Je vous absoulz de pain et de souppe : et vous dispense de ne valoir jamais riens. » Et appella Caillete et Triboulet [1], disant : « Messieurs les Cardinaulx, depeschez leurs bulles ; à chascun ung coup de pau sus les reins. » Ce que fut faict incontinent.

« Je veiz Maistre Françoys Villon [2], qui demanda à Xercès : « Combien la denrée de moustarde ? — Ung denier », dist Xercès. A quoy dist ledict de Villon :

« Tes fiebvres quartaines, villain ! la blanchée n'en vault qu'ung pinart, et tu nous surfaiz icy les vivres ! » Et adonc pissa dedans son bacquet, comme font les moustardiers à Paris.

— Or, dist Pantagruel, reserve-nous ces beaulx

---

1. Caillette et Triboulet ont été fous de cour du roi François Ier.
2. Autre héros, le poète Villon. Clément Marot est en train d'édi-ter ses œuvres, son édition paraît en 1533. Rabelais aime mettre en scène Villon (*Quart Livre*, chap. XIII et LXVII), dont la méchan-ceté a quelque rapport avec celle de Panurge. Si les textes de Villon sont bien un produit des clercs de la basoche, il sont aussi parmi

« Je vis Diogène qui se prélassait en magnificence avec une robe de pourpre et un sceptre, et il faisait enrager Alexandre le Grand quand il n'avait pas bien rapetassé ses chausses, et il le payait à coups de bâton.

« Je vis Pathelin qui marchandait les petits pâtés que criait le pape Jules, et il lui demanda : "Combien la douzaine ? — Trois blancs, dit le pape. — Quoi, dit Pathelin, trois coups de barre, oui ! Donnez, vilain, donnez, et allez m'en chercher d'autres." Et le pauvre Pape s'en allait pleurant. Et quand il fut devant son maître pâtissier, il lui dit qu'on lui avait pris ses pâtés, alors le pâtissier lui donna des coups de fouet, si bien que sa peau n'aurait rien valu pour faire des cornemuses.

« Je vis Maître Jean Lemaire qui jouait le rôle de Pape et faisait baiser ses pieds à tous ces pauvres rois et papes du monde et faisant de l'épate, leur donnait sa bénédiction, disant : "Gagnez les pardons, coquins, ils sont à bon marché. Je vous absous de pain et de soupe et vous dispense de ne rien valoir." Et il appela Caillette et Triboulet, disant : "Messieurs les Cardinaux, donnez-leur des bulles : à chacun un coup de pieu sur les reins", ce qui fut fait immédiatement.

« Je vis Maître François Villon qui demanda à Xercès : "Combien le denier de moutarde ? — Un denier", dit Xerxès. À quoi ledit Villon dit : "Attrape la fièvre quarte, vilain, pour un blanc, on n'en a pas trois sous, et tu nous fais surpayer les vivres !", et il pissa dans son baquet comme font les moutardiers de Paris.

— Or, dit Pantagruel, réserve-nous ces beaux contes

les ancêtres de la littérature de Carnaval que Rabelais salue ici. Le débat de Villon et Xerxès est fondé sur une question idiote : une « denrée » est la quantité de produit qu'on peut avoir pour un denier, tautologie ; la blanchée, ce qu'on peut avoir pour un blanc (12 fois plus !) et le pinart est un denier...

comptes à une aultre foys. Seulement dys-nous comment y sont traictez les usuriers. » Adonc dist Epistemon : « Je les veiz tous occupez à chercher les espingles rouillées et vieulx cloux parmy les ruisseaux des rues, comme vous voyez que font les coquins en ce monde. Mais le quintal de ses quinquailleries ne vault que ung boussin de pain ; encores y en a il maulvaise depesche : par ainsi les pouvres malautruz sont aulcunesfoys plus de troys sepmaines sans manger morceau ny miette : et à travailler jour et nuict, attendant la foire à venir : mais de ce travail et de malheureté y ne leur souvient point, tant ilz sont mauldictz et inhumains pourveu que, au bout de l'an, ilz gaingnent quelque meschant denier.

— Or, dist Pantagruel, faisons ung transon de bonne chere, et beuvons, je vous en prie, enfans : car il faict beau boire. » Lors degainnerent flaccons à tas, et des munitions du camp feirent grand chere. Mais le pouvre roy Anarche ne se povoit esjouyr. Dont dist Panurge : « Et de quel mestier ferons-nous Monsieur du Roy icy, affin que il soit jà tout expert à l'art quand il sera de par delà à tous les diables ? — Vrayement, dist Pantagruel, c'est bien advisé à toy. Or, fays en à ton plaisir, je te le donne. — Grant mercy, dist Panurge, le présent n'est pas de refus, et l'ayme de vous. »

pour une autre fois. Dis-nous seulement comment sont traités les usuriers.

— Adonc, dit Épistémon : je les vis tous occupés à chercher des épingles rouillées et des vieux clous dans les ruisseaux des rues, comme vous voyez que font les coquins en ce monde. Mais le quintal de ces quincailleries ne vaut qu'un morceau de pain. Encore cela se vend-il très mal, et les pauvres malotrus sont parfois plus de trois semaines sans manger morceau ni miette, et à travailler jour et nuit en attendant la foire à venir ; mais de ce travail et de leur malheur ils ne se souviennent pas, tant ils sont maudits et inhumains, pourvu qu'au bout de l'an ils gagnent quelque méchant denier.

— Or, dit Pantagruel, faisons un peu bonne chère et buvons, je vous en prie, enfants, car il fait bon boire. »

Alors ils dégainèrent des tas de flacons, et ils firent grand festin des provisions du camp. Mais le pauvre roi Anarche ne pouvait pas se réjouir. Panurge dit :

« Et de quel métier ferons-nous monsieur du roi ici, pour qu'il soit déjà expert en techniques quand il sera par-delà à tous les diables ?

— Vraiment, dit Pantagruel, c'est bien pensé ; fais-en ce qu'il te plaira, je te le donne.

— Grand merci, dit Panurge, le présent n'est pas de refus et je l'aime puisqu'il vient de vous. »

CHAPITRE XXI

Comment Pantagruel
entra en la ville des Amaurotes,
et comment Panurge maria le roy Anarche,
et le feist cryeur de saulce vert

Après celle victoire merveilleuse, Pantagruel envoya Carpalim en la ville des Amaurotes, dire et annoncer comment le Roy Anarche estoit prins, et tous leurs ennemys defaictz. Laquelle nouvelle entendue, sortirent au devant de luy tous les habitans de la ville, en bon ordre : et en pompe triumphale, avecques une liesse divine, le conduirent en la ville. Et furent faictz beaulx feuz de joye par toute la ville, et belles tables rondes, garnies de force vivres, dressées par les rues. Ce fut ung renouvellement du temps de Saturne, tant il fut faict alors grand chere.

Mais Pantagruel, tout le senat ensemblé, dist : « Messieurs, ce pendant que le fer est chault il le fault battre. Aussi, devant que nous debauscher davantaige, je veulx que allions prendre d'assault tout le royaulme des Dipsodes. Par ainsi, ceulx qui avecques moy vouldront venir, se aprestent à demain après boire : car lors je commenceray à marcher. Non pas qu'il me faille gens davantaige pour me ayder à le conquester : car autant vauldroit il que je le tinsse desjà ; mais je voy que ceste ville est tant pleine des habitans qu'ilz ne peuvent se tourner par les rues. Doncques je les meneray comme une colonie en Dipsodie [1], et leur donneray tout le

---

1. L'utilité de fonder des colonies de peuplement pour alléger les

CHAPITRE XXI

Comment Pantagruel
entra dans la ville des Amaurotes
et comment Panurge maria le roi Anarche
et le fit crieur de sauce verte

Après cette victoire merveilleuse, Pantagruel envoya
Carpalim dans la ville des Amaurotes dire et annoncer
comment le roi Anarche était pris et leurs ennemis
vaincus. À cette nouvelle les habitants de la ville sortirent au-devant de lui en bon ordre : et en pompe triom-
phale, avec une joie divine, ils le conduisirent dans la
ville. On fit de beaux feux de joie dans toute la ville,
et de belles tables rondes garnies de force vivres furent
installées dans les rues. Ce fut un retour du temps de
Saturne, tant on fit alors grand chère.

Mais Pantagruel dit devant tout le Sénat assemblé :
« Messieurs, il faut battre le fer pendant qu'il est
chaud. Aussi, avant de nous reposer davantage, je veux
que nous allions prendre d'assaut tout le royaume des
Dipsodes. Que ceux qui veulent venir avec moi s'apprê-
tent pour demain après boire. Non pas qu'il me faille
plus de gens pour m'aider à le conquérir, car c'est
comme si je le tenais déjà ; mais je vois que cette ville
est si pleine d'habitants qu'ils peuvent à peine se tourner
dans les rues. Donc je les mènerai comme une colonie
en Dipsodie et je leur donnerai tout le pays qui est beau,

charges des royaumes n'est plus un vrai débat des guerres européen-
nes modernes, mais elle s'appuie sur l'expérience de l'Empire romain.
On la retrouve sur un autre mode cependant : l'expansion coloniale
outre-mer.

pays, qui est beau, salubre, fructueux, et plaisant sus tous les pays du monde, comme plusieurs de vous sçavent, qui y estes allez aultreffoys. Ung chascun de vous qui y vouldra venir, soit prest comme j'ay dict. » Ce conseil et deliberation fut divulgué par la ville ; et, le lendemain, se trouverent en la place devant le Palays jusques au nombre de dix huyt cens cinquante mille, sans les femmes et petitz enfans. Ainsi commencerent à marcher droict en Dipsodie, en si bon ordre qu'ilz ressembloient ès enfans d'Israël, quand ilz partirent de Egypte pour passer la Mer Rouge.

Mais, devant que poursuyvre ceste entreprinse, je vous veulx dire comment Panurge traicta son prisonnier le roy Anarche. Il luy souvint de ce que avoit raconté Epistemon, comment estoient traictez les roys et riches de ce monde par les Champs Elisées, et comment ilz gaingnoient pour lors leur vie à vilz et salles mestiers [1]. Pourtant, ung jour, habilla sondict roy d'ung beau petit pourpoint de toille, tout deschicqueté comme la cornette d'ung Albanoys, et de belles chaulses à la marinière, sans soulliers : car (disoit-il) ilz luy gasteroient la veue ; et ung petit bonnet pers, avecques une grande plume de chappon, — je faulx, car il m'est advis qu'il y en avoit deux, — et une belle ceincture de pers et vert, disant que ceste livrée luy advenoit bien, veu qu'il avoit esté *pervers*.

En tel point l'amena devant Pantagruel, et luy dist : « Coingnoissez-vous ce rustre ? — Non certes, dist Pantagruel. — C'est Monsieur du Roy de troys cuittes. Je le veulx faire homme de bien : ces diables de roys icy ne sont que veaulx, et ne sçavent ny ne valent riens, sinon à faire des maulx ès pouvres subjectz, et à troubler tout le monde par guerre, pour leur inique et detestable plaisir. Je le veulx mettre à mestier, et le

1. Panurge applique au roi en ce monde le traitement qui lui serait réservé dans les enfers ; il n'oublie pas ses propres coutumes en lui donnant une vieille femme. Le costume de gueux est très étudié : drap

salubre, fructueux et plaisant, comme plusieurs de vous qui y sont allés autrefois le savent. Que celui qui y voudra venir soit prêt comme j'ai dit. » Cette intention et décision furent proclamées en ville, et le lendemain, ils se trouvèrent devant le palais sur la place un million huit cent cinquante mille, sans les femmes et les petits enfants. Ils commencèrent à marcher droit en Dipsodie en si bon ordre qu'ils ressemblaient aux enfants d'Israël quand ils partirent d'Égypte pour passer la mer Rouge.

Mais avant que de poursuivre cette entreprise, je veux vous dire comment Panurge traita son prisonnier le roi Anarche. Il se rappela ce qu'avait raconté Épistémon, comment étaient traités les rois et riches de ce monde aux champs Élysées et comment ils gagnaient alors leur vie dans les métiers vils et sales. Donc un jour il habilla son dit roi d'un beau petit pourpoint de toile, tout déchiqueté de trous comme la cornette d'un Albanais, et de belles chausses de marin sans souliers, car, disait-il, ils lui gâteraient la vue, et d'un petit bonnet pers, avec une grande plume de coq — je me trompe, je crois qu'il y en avait deux —, et d'une belle ceinture de pers et vert, disant que ce costume lui allait bien puisqu'il avait été pervers.

Il l'amena devant Pantagruel en cet état et lui dit : « Connaissez-vous ce rustre ? — Non certes, dit Pantagruel. — C'est monsieur du roi le trois fois raffiné. Je veux le faire homme de bien, ces diables de rois d'ici ne sont que des veaux et ne savent ni ne valent rien, sinon faire du mal aux pauvres sujets et troubler tout le monde par des guerres pour leur inique et détestable plaisir. Je veux lui donner un métier et le faire crieur

de toile (qui s'oppose aux velours royaux), chapeau pointu, couleur verte du fou, pour des noces rustiques.

faire cryeur de saulce vert. Or commence à cryer : *Vous
faut-il point de saulce vert ?* » Et le pouvre diable
cryoit. « C'est trop bas », dist Panurge ; et le print par
l'oreille, disant : « Chante plus hault, en *g, sol, ré, ut*.
Ainsi, diable ! tu as bonne gorge, tu ne fuz jamais si
heureux que de n'estre plus roy. »

Et Pantagruel prenoit à tout plaisir. Car je ose bien
dire que c'estoit le meilleur homme qui fut d'icy au bout
d'ung baston. Ainsi fut Anarche bon cryeur de saulce
vert. Et deux jours après, Panurge le maria avecques
une vieille lanternière ; et luy mesmes fist les nopces
à belles testes de mouton, bonnes hastilles à la moustarde, et beaulx tribars aux ailz, dont il en envoya cinq
sommades à Pantagruel, lesquelles il mangea toutes,
tant il les trouva appetissantes ; et à boire belle biscan-
tine et beau cormé. Et, pour les faire dancer, loua ung
aveugle qui leur sonnoit la note avecques sa vielle. Et
après disner, les amena au palays, et les monstra à Pantagruel, et luy dist, monstrant la mariée : « Elle n'a
garde de peter. — Pourquoy ? dist Pantagruel. — Par
ce, dist Panurge, qu'elle est bien entommée. — Quelle
parabolle est cela ? dist Pantagruel. — Ne voyez-vous
pas, dist Panurge, que les chastaignes qu'on faict cuyre
au feu, si elles sont entières, elles petent que c'est raige ;
et, pour les engarder de peter, l'on les entomme. Aussi
ceste mariée est bien entommée par le bas, ainsi elle
ne petera point. »

Et Pantagruel leur donna une petite loge, auprès de
la basse rue, et ung mortier de pierre à piller la saulce.
Et firent en ce point leur petit mesnage : et fut aussi
gentil cryeur de saulce vert qui feust oncques veu en
Utopie. Mais l'on m'a dict depuis que sa femme le bat
comme plastre, et le pouvre sot ne se ose defendre, tant
il est niès.

de sauce verte. Allez, commence à crier : « Vous faut-il point de sauce verte ? » Et le pauvre diable criait. « C'est trop bas, dit Panurge, et il le prit par l'oreille disant : Chante plus haut, en g, sol, ré, ut. Comme ça, diable ! tu as une bonne voix, tu n'as jamais été si heureux que de n'être plus roi. »

Et Pantagruel trouvait le tout très plaisant, car j'ose bien dire que c'était le meilleur homme qu'il y eût d'ici au bout d'un bâton. Ainsi Anarche fut un bon crieur de sauce verte. Et deux jours après Panurge le maria avec une vieille lanternière, et lui-même fit les noces avec de belles têtes de moutons, bons rôtis de porcs à la moutarde, et beaux rôts à l'ail dont il envoya cinq charges à Pantagruel qui les mangea tous tant il les trouva appétissants ; à boire, de la belle piquette et du bon cormé. Et pour les faire danser, il loua un aveugle qui leur jouait de la vielle. Après dîner il les amena au palais et les montra à Pantagruel, et lui dit en lui montrant la mariée : « Elle ne risque pas de péter.

— Pourquoi ?

— Parce que, dit Panurge, elle est déjà bien entamée.

— Qu'est-ce que c'est que cette parabole ?

— Ne voyez-vous pas, dit Panurge, que les châtaignes qu'on fait cuire au feu pètent si elles sont entières, que c'est rage ; et pour éviter qu'elles pètent, on les entame. Aussi cette mariée est bien entamée par le bas, ainsi elle ne pétera pas. »

Et Pantagruel leur donna une petite loge auprès de la rue basse, et un mortier de pierre pour piler la sauce. Et ils firent comme ça leur petit ménage, et il fut un aussi gentil crieur de sauce verte qu'on ait vu en Utopie. Mais on m'a dit depuis que sa femme le bat comme plâtre, et le pauvre sot n'ose pas se défendre tant il est niais.

CHAPITRE XXII

Comment Pantagruel
de sa langue couvrit toute une armée,
et de ce que l'auteur veit dedans sa bouche

Ainsi que Pantagruel avecques toute sa bande entrerent ès terres des Dipsodes, tout le monde se rendoit à luy : et, de leur franc vouloir, luy apportoient les clefs de toutes les villes où il alloit, excepté les Almyrodes [1], qui voulurent tenir contre luy, et feirent response à ses heraulx qu'ilz ne se rendroient point sinon à bonnes enseignes.

« Et quoy, dist Pantagruel, en demandent-ilz de meilleures que la main au pot, et le verre au poing ? Allons, et qu'on me les mette à sac. » Adoncq tous se mirent en ordre, comme deliberez de donner l'assault.

Mais au chemin, passans une grande campaigne, furent saysiz d'une grosse houzée de pluye. A quoy ilz commencerent à se tremousser et se serrer l'ung l'aultre. Ce que voyant, Pantagruel leur fist dire par les capitaines que ce n'estoit riens, et qu'il voyoit bien au dessus des nues que ce ne seroit qu'une petite venue : mais, à toutes fins, qu'ilz se missent en ordre, et qu'il les vouloit couvrir. Lors se mirent en bon ordre et bien serrez. Adoncques Pantagruel tira sa langue seulement à demy, et les en couvrit comme une gelline faict ses poulletz.

---

1. Seuls les Almyrodes ou « Salés » ne sont pas encore coopérants après la victoire sur les assoifés : on reste dans le champ sémantique global de la boisson et de la canicule, puisque cette guerre se mène en été.

CHAPITRE XXII

Comment Pantagruel
de sa langue couvrit toute une armée
et de ce que l'auteur vit dans sa bouche

Quand Pantagruel et toute son armée entrèrent dans ✎
les terres des Dipsodes, tout le monde se rendait à lui,
et en toute liberté, ils lui apportaient les clés de toutes
les villes où il allait, excepté les Salés qui voulurent résister et firent réponse à ses hérauts qu'ils ne se rendraient
pas sinon avec de bonnes raisons.

« Eh quoi, dit Pantagruel, en demandent-ils de meilleures que la main au pot et le verre au poing ? Allons,
et qu'on mette la ville à sac. »

Tous se mirent en ordre, comme décidés à passer à
l'assaut.

Mais en route, au milieu d'une grande plaine, ils
furent saisis d'une grande averse de pluie. Ils commencèrent à se trémousser et se serrer l'un contre l'autre.
Ce que voyant Pantagruel leur fit dire par les capitaines
que cela n'était rien, et qu'il voyait bien au-dessus des
nuages que ce ne serait qu'une petite pluie, mais à toutes fins utiles, qu'ils se mettent en place, qu'il voulait
les abriter. Alors ils se mirent en bon ordre bien serrés : Pantagruel tira sa langue seulement à moitié et les
en couvrit comme une poule fait ses poulets.

✎ Voir *Au fil du texte*, p. XII.

Ce pendant, je [1], qui vous fays ces tant véritables contes, m'estoys caché dessoubz une fueille de bardane, qui n'estoit point moins large que l'arche du pont de Monstrible ; mais, quand je les veiz ainsi bien couvers, je m'en allay à eulx rendre à l'abrit : ce que je ne peuz, tant ilz estoient, — comme l'on dit : au bout de l'aulne fault le drap. Doncques le mieulx que je peuz, je montay par dessus, et cheminay bien deux lieues sus sa langue, tant que je entray dedans sa bouche. Mais, ô Dieux et Déesses, que veiz-je là ? Juppiter me confonde de sa fouldre trisulque, si j'en mens. Je y cheminoys comme l'on faict en Sophie à Constantinople, et y veiz de grans rochiers, comme les monts des Dannoys, je croy que c'estoient ses dentz : et de grans prez, de grans forestz, de fortes et grosses villes, non moins grandes que Lyon ou Poictiers.

Le premier que y trouvay, ce fut ung bon homme qui plantoit des choulx. Dont, tout esbahy, luy demanday : « Mon amy, que fays-tu icy ? — Je plante, dist-il, des choulx. — Et à quoy ny comment? dys je. — Hà, monsieur, dist il, nous ne pouvons pas estre tous riches. Je gaigne ainsi ma vie : et les porte vendre au marché, en la cité qui est icy derrière. — Jésus ! (dis je), il y a icy ung nouveau monde. — Certes (dist-il), il n'est mie nouveau ; mais l'on dit bien que, hors d'icy, il y a une terre neufve où ilz ont et soleil et lune et tout plain de belles besoingnes : mais cestuy-cy est plus ancien. — Voire, mais (dis-je), mon amy, comment a nom ceste ville où tu portes vendre tes choulx ?

— Elle a (dist il), nom Aspharage, et sont Chrestiens, gens de bien, et vous feront grande chiere. »

Brief, je me deliberay d'y aller.

Or, en mon chemin, je trouvay ung compaignon, qui tendoit aux pigeons. Auquel je demanday :

---

1. Intervention personnelle du narrateur devenu explorateur de Nouveau Monde. Les mondes dans les créatures gigantesques renvoient à Jonas et à sa baleine, et surtout à l'*Histoire vraie* de Lucien

Cependant, moi qui vous fais ces contes très véritables, je m'étais caché sous une feuille de bardane qui n'était pas moins large que l'arche du pont de Montreuil ; mais quand je les vis ainsi bien couverts, je m'en allai me mettre à l'abri avec eux, ce que je ne pus faire tant ils étaient nombreux — comme on dit, au bout de l'aune, il n'y a plus de drap. Donc, le mieux que je pus, je montai par-dessus et cheminai bien deux lieues sur sa langue, si bien que j'entrai dans sa bouche. Mais ô dieux et déesses, que vis-je ? Que Jupiter me frappe de sa foudre à trois pointes si je mens. J'y cheminais comme on fait à Sainte-Sophie de Constantinople, et j'y vis de grands rochers, comme les montagnes des Danois, je crois que c'étaient ses dents ; et de grands prés, de grandes forêts, de fortes et grosses villes, pas moins grandes que Lyon ou Poitiers.

Le premier que je rencontrai fut un bonhomme qui plantait ses choux. Ébahi, je lui demandai :

« Mon ami, que fais-tu ici ?

— Je plante des choux.

— Et pourquoi et comment ?

— Ah, monsieur, nous ne pouvons pas tous être riches ! Je gagne ainsi ma vie et je les porte à vendre au marché de la ville qui est là derrière.

— Jésus, dis-je, il y a ici un nouveau monde.

— Certes il n'est pas nouveau, mais on dit qu'hors d'ici il y a une terre neuve où ils ont soleil et lune et tout plein de belles choses ; mais celui-ci est plus ancien.

— Certes, dis-je, mais, mon ami, comment s'appelle cette ville où tu portes tes choux à vendre ?

— Son nom est Gosier ; et ils sont chrétiens, gens de bien, et vous accueilleront bien. »

Bref, je décidai d'y aller.

Sur mon chemin je trouvai un compagnon qui posait des filets aux pigeons. À qui je demandai :

(voir dossier, p. 333). Voir E. Auerbach, « Le monde que renferme la bouche de Pantagruel » in *Mimesis*, Gallimard, 1968, p. 267.

« Mon amy, dont vous viennent ces pigeons icy ?

— Sire (dist-il), ilz viennent de l'aultre monde. »

Lors je pensay que, quand Pantagruel baisloit, les pigeons à pleines vollées entroient dedans sa gorge, pensans que feust ung columbier.

Puis me entray à la ville, laquelle je trouvay belle, bien forte, et en bel air ; mais à l'entrée les portiers me demandèrent mon bulletin, de quoy je fuz fort esbahy, et leur demanday :

« Messieurs, y a il icy dangier de peste ?

— O, Seigneur, (dirent-ilz), l'on se meurt icy auprès tant que le chariot court par les rues.

— Jesus (dys-je), et où ? »

A quoy me dirent, que c'estoit en Laryngues et Pharingues, qui sont deux grosses villes telles comme Rouen et Nantes, riches et bien marchandes. Et la cause de la peste a esté pour une puance et infecte exhalation qui est sortie des abysmes despuis n'a guières, dont ilz sont mors plus de XXII. cens mille personnes despuis huyct jours.

Lors je pensé et calculé, et trouvé que c'estoit une puante alaine qui estoit venue de l'estomach de Pantagruel alors qu'il mangea tant d'aillade, comme nous avons dit dessus.

De là partant, passay entre les rochiers, qui estoient ses dentz, et feis tant que je montay sus une, et là trouvay les plus beaulx lieux du monde, beaulx grands jeux de paulme, belles galleries, belles prairez, force vignes, et une infinité de cassines à la mode Italicque, par les champs plains de délices : et là demouray bien quatre moys, et ne feis oncques telle chere pour lors.

Puis me descendis par les dentz du derriere pour me venir aux baulievres : mais en passant je fuz destroussé des brigans par une grand forest, qui est vers la partie des oreilles.

Puis trouvay une petite bourgade à la devallée, j'ay oublyé son nom, où je feiz encore meilleure chere que jamais, et gaignay quelque peu d'argent pour vivre. Et

« Mon ami, d'où vous viennent ces pigeons ici ?

— Sire, dit-il, de l'autre monde. »

Lors je pensai que quand Pantagruel bâillait, les pigeons à pleine volée entraient dans sa gorge, pensant que c'était un colombier.

Puis j'entrai dans la ville, que je trouvai belle, solide, et de bon air ; mais à l'entrée les portiers me demandèrent mon bulletin, de quoi je fus très ébahi et leur demandai :

« Messieurs, y a-t-il ici danger de peste ?

— Ô Seigneur, on se meurt ici auprès tant que le chariot des morts court par les rues.

— Jésus, dis-je, et où ? »

À quoi ils répondirent que c'était en Laringues et Pharingues qui sont deux grosses villes telles que Rouen et Nantes, riches et bien marchandes. La cause de la peste était une puante et infecte exhalation venue des abîmes depuis peu dont il était mort plus de vingt-deux cent mille personnes depuis huit jours.

Lors je pensai et calculai, et trouvai que c'était une puante haleine qui était venue de l'estomac de Pantagruel quand il mangea tant d'aillade comme nous l'avons raconté. Partant de là, je passai entre les rochers qui étaient ses dents, et fis tant que je montai sur une, et là je trouvai les plus beaux lieux du monde, beaux grands jeux de paume, belles galeries, belles prairies, force vignes, et une infinité de maisonnettes à la mode italienne parmi des champs pleins de délices ; et je demeurai là bien quatre mois et jamais je ne fis telle bonne vie que là.

Puis je descendis par les dents de derrière pour venir aux baulèvres, mais en passant je fus détroussé par des brigands dans une grande forêt qui est près des oreilles.

Puis je trouvai une petite bourgade en descendant, j'ai oublié son nom, où je fis encore meilleure chère que jamais, et gagnai quelque argent pour vivre. Et savez-vous comment ? À dormir ; car on loue là les

sçavez-vous comment ? A dormir [1], car lon loue là les gens à journée pour dormir, et gaignent cinq et six solz par jour ; mais ceulx qui ronflent bien fort gaignent bien sept solz et demy. Et contoys aux senateurs comment on m'avoit destroussé par la vallée : lesquelz me dirent que pour tout vray les gens de delà les dentz estoient mal vivans et brigans de nature. A quoy je congneu que, ainsi comme nous avons les contrées de deçà et de delà les monts, aussi ont-ilz deçà et delà les dentz. Mais il faict beaucoup meilleur de deçà, et y a meilleur air.

Et là commençay à penser qu'il est bien vray ce que l'on dit, que la moityé du monde ne sçait comment l'aultre vit : veu que nul n'avoit encores escript de ce pays là, où il y a plus de XXV. royaulmes habitez, sans les desers, et ung gros bras de mer ; mais j'en ay composé ung grand livre intitulé l'*Histoire de Guorgias* [2] : car ainsi les ay-je nommez, par ce qu'ilz demourent en la guorge de mon maistre Pantagruel.

Finablement je me vouluz retourner, et, passant par sa barbe, me gettay sus ses espaulles, et de là me devallé en terre et tumbé devant luy.

Et quand il me apperceut, il me demanda : « Dont viens-tu, Alcofrybas ? »

Et je luy responds : « De vostre guorge, Monsieur.

— Et despuis quand y es tu, dist-il ?

— Despuis (dis je) que vous alliez contre les Almyrodes.

— Il y a (dist il) plus de six moys [3]. Et de quoy vivoys-tu ? Que mangeoys-tu ? Que beuvoys tu ? »

Je responds : « Seigneur, de mesmes vous, et des plus fryans morceaulx qui passoient par vostre guorge, j'en prenoys le barraige.

1. Au pays de Cocagne, « cil qui dort jusqu'à midi gaigne cinq sols et demi », dit un refrain de chanson.
2. Voir C. Gaignebet, « Histoire des Gorgias. Les mondes intérieurs renversés chez Rabelais » in *L'Image du monde renversé*, études réunies par J. Lafond et A. Redondo, Paris, Vrin, 1979.

gens à la journée pour dormir, et ils gagnent cinq à six sols par jour ; mais ceux qui ronflent bien fort gagnent bien sept sols et demi. Et je racontai aux sénateurs comment j'avais été détroussé par la vallée : ils me dirent que vraiment les gens de par-delà les dents étaient mal vivants et brigands de nature. À quoi je connus que, comme nous avons des régions de deçà et delà les monts, ils ont aussi deçà et delà les dents. Mais il fait bien meilleur par-deçà, et il y a un meilleur air.

Et là je commençai à penser que ce qu'on dit est bien vrai : que la moitié du monde ne sait comment l'autre vit ; vu que nul encore n'a écrit de ce pays-là, où il y a plus de vingt-cinq royaumes habités, sans compter les déserts et un gros bras de mer. Mais j'en ai composé un grand livre intitulé l'*Histoire des Gorgias* : car ainsi les ai-je nommés, parce qu'ils demeurent en la gorge de mon maître Pantagruel.

Finalement je voulus m'en retourner et, passant par la barbe, je me jetai sur ses épaules, et de là me dévalai par terre et tombai devant lui. Et quand il m'aperçut, il me demanda :

« D'où viens-tu, Alcofribas ? »

Et je lui répondis :

« De votre gorge, monsieur.

— Et depuis quand y es-tu ? dit-il.

— Depuis que vous alliez contre les Almyrodes.

— Il y a plus de six mois ! Et de quoi vivais-tu ? que mangeais-tu ? que buvais-tu ? »

Je répondis :

« Seigneur, de vous-même, et des plus friands morceaux qui passaient par votre gorge, j'en prenais le péage.

---

3. Alcofribas, descendu en été, ressort du gouffre après y avoir passé six mois, soit vers la fin de janvier, à point pour le jour anniversaire de Gargantua, né le 3 février.

— Voire mais (dist il), où chioys tu ?

— En vostre guorge, Monsieur, dys-je.

— Hà, hà, tu es gentil compaignon, dist il. Nous avons, avecques l'ayde de Dieu, conquesté tout le pays des Dipsodes ; je te donne la chastellenie de Salmigondin.

— Grand mercy (dis-je), Monsieur.

— Mais où chiais-tu ?

— Dans votre gorge, monsieur, dis-je.

— Ha, ha, tu es gentil compagnon, dit-il. Nous avons, avec l'aide de Dieu, conquis tout le pays des Dipsodes ; je te donne la châtellenie de Salmigondin.

— Grand merci, monsieur », dis-je.

CHAPITRE XXIII

Comment Pantagruel fut malade,
et la façon comment il guérit

Peu de temps après, le bon Pantagruel tumba malade, et fut tant prins de l'estomach qu'il ne povoit boire ny manger, et, par ce q'ung malheur ne vient jamais seul, il luy print une pisse chaulde [1], qui le tormenta plus que ne penseriez ; mais ses medecins le secoururent tresbien, et avecques force de drogues diuretiques, le feirent pisser son malheur.

Et son urine estoit si chaulde, que despuis ce temps là elle n'est point encores refroidye. Et en avez en France [2], en divers lieux, selon qu'elle print son cours : et l'on l'appelle les bains chaulx, comme : à Coderetz ; à Limous ; à Dast ; à Balleruc ; à Néric ; à Bourbonensy et ailleurs.

En Italie : à Mons Grot ; à Appone ; à Sancto Petro dy Padua ; à Saincte Hélène ; à Casa Nova ; à Sancto Bartholomeo ; en la Conté de Bouloigne ; à la Porrette ; et mille aultres lieux.

Et m'esbahys grandement d'ung tas de folz philosophes et médecins, qui perdent temps à disputer dont vient la chaleur de cesdictes eaux, ou si c'est à cause du baurach, ou du soulphre, ou de l'allun, ou du salpêtre qui est dedans la minere : car ilz ne y font que

---

1. La chaude-pisse est une maladie vénérienne légère : les diurétiques conviennent à un dieu de la Soif...
2. On retrouve ici la fonction créatrice et géographique des géants qui modèlent le paysage : les sources chaudes des Pyrénées y trouvent

Comment Pantagruel fut malade
et la façon dont il guérit

Peu de temps après, le bon Pantagruel tomba malade, et fut si pris de l'estomac qu'il ne pouvait ni boire ni manger, et parce qu'un malheur ne vient jamais seul, il lui prit une chaude-pisse qui le tourmenta plus que vous ne croiriez ; mais ses médecins le secoururent très bien, et avec force drogues diurétiques lui firent pisser son malheur.

Et son urine était si chaude que depuis ce temps elle n'a pas refroidi, et vous en avez en France en divers lieux selon qu'elle a pris son cours : et on appelle cela les bains chauds, comme à Cauterets, à Limoux, à Dax, à Balaruc, à Néris, à Bourbon-Lancy et ailleurs. En Italie à Monte Grotta, Apone, Santo Petro di Padua, Sainte-Hélène, Casa Nova, Sancto Bartolomeo, et au comté de Bologne, à Poretta et mille autres lieux.

Et je m'ébahis grandement qu'un tas de fous philosophes et médecins passent leur temps à disputer d'où vient la chaleur de ces eaux, ou si c'est à cause du borax, ou du soufre, ou de l'alun, ou du salpêtre qui est dans la minière : car ils ne font que rêvasser, et il vaudrait

---

leur origine. Les scientifiques d'alors discutent beaucoup sur l'origine de cette chaleur qui vient sûrement du feu central, mais ne s'exerce que sur certaines sources dont l'usage médical est attesté depuis l'Antiquité. Retour et inversion ironiques : on se guérit à l'urine par où Pantagruel expulse son mal...

ravasser, et mieulx leur vauldroit se aller froter le cul au panicault, que de perdre ainsi le temps à disputer de ce dont ilz ne sçaivent l'origine. Car la resolution est aysée, et n'en fault enquester davantaige, que lesdictz bains sont chaulx parce que ilz sont yssuz par une chauldepisse du bon Pantagruel.

Or, pour vous dire comment il guerist de son mal principal, je laisse icy comment, pour une minorative, il print : quatre quintaulx de scammonnée colophoniacque, six vingtz et dixhuyt chartées de casse, unze mille neuf cens livres de reubarbe, sans les aultres barbouillemens.

Il vous fault entendre que, par le conseil des medecins, feut decreté qu'on osteroit ce que luy faisoit le mal à l'estomach. Et de faict l'on fist XVII. grosses pommes de cuyvre [1], plus grosses que celle qui est à Romme à l'aiguille de Virgile [2], en telle façon qu'on les ouvroit par le meillieu et fermoit à ung ressort.

En l'une entra ung de ses gens portant une lanterne et ung flambeau allumé. Et ainsi l'avalla Pantagruel comme une petite pillule. En cinq aultres entrèrent d'aultres gros varletz, chascun portant ung pic à son col. En troys aultres entrèrent troys paizans, chascun ayant une pasle à son col. En sept aultres entrèrent sept porteurs de coustretz, chascun ayant une gourbeille à son col. Et ainsi furent avallés comme pillules.

Et quand furent en l'estomach, chascun desfit son ressort, et sortirent de leurs cabanes, et premier celluy qui portoit la lanterne, et ainsi chercherent plus de demye lieue où estoient les humeurs corrumpues. Finablement trouverent une montjoye d'ordure : alors les pionniers fraperent sus pour la desrocher, et les aultres, avecques leurs pasles, en emplirent les guorbeilles ; et, quand tout fut bien nettoyé, chascun se retira en sa

1. Les capsules d'exploration s'inspirent certes des remèdes à base de métaux, et même des boules médicales des Médicis ; mais elles appliquent à un cas d'exploration interne les techniques romanesques

mieux qu'ils aillent se frotter le cul sur un chardon que perdre ainsi le temps à disputer de ce dont ils ne savent pas l'origine. Car la résolution est aisée, et il ne faut pas enquêter davantage : les bains sont chauds parce qu'ils sont issus d'une chaude-pisse du bon Pantagruel.

Or pour vous dire comment il guérit de son mal principal, je laisse de côté comment, pour traitement apaisant, il prit : quatre quintaux de scammonée de Colophon, cent vingt et dix-huit charretées de casse, onze mille neuf cents livres de rhubarbe, sans compter les autres barbouillements.

Il vous faut comprendre que le conseil des médecins décréta qu'on enlèverait ce qui lui faisait mal à l'estomac. Et de fait l'on fabriqua dix-sept grosses pommes de cuivre plus grosses que celle qui est à Rome sur l'obélisque de Virgile, de telle forme qu'on les ouvrait par le milieu et qu'on les fermait avec un ressort.

En l'une d'elles entra un de ses serviteurs portant une lanterne et un flambeau allumés. Et ainsi Pantagruel l'avala comme une petite pilule. Dans cinq autres entrèrent d'autres gros valets, chacun portant un pic à son cou. Et trois autres, trois paysans, chacun avec une pelle à son cou. Aux sept autres, sept porteurs de hottes, chacun ayant une corbeille à son cou. Et ainsi ils furent avalés comme des pilules.

Et quand ils furent dans l'estomac, chacun défit son ressort et ils sortirent de leurs cabanes, et d'abord celui qui portait la lanterne ; et ainsi ils cherchèrent sur plus d'une demi-lieue où étaient les humeurs corrompues. Finalement ils trouvèrent une montjoie d'ordure : alors les pionniers frappèrent dessus pour la détruire, et les autres en emplirent les corbeilles avec leurs pelles ; et quand tout fut bien nettoyé chacun se retira en sa

de l'exploration des profondeurs de la mer telles que les décrit le *Roman d'Alexandre*, par exemple.
 2. Obélisque qui était alors complété par une boule dorée.

pomme. Et ce faict, Pantagruel se parforce de rendre
sa gorge, et facillement les mist dehors, et ne mons-
troient en sa guorge en plus qu'ung pet en la vostre,
et là sortirent hors de leurs pillules joyeusement — il
me souvenoit quand les Grégeoys sortirent du Cheval
de Troye — et par ce moyen fut guéry et réduyt à sa
première convalescence.

Et de ces pillules d'arain, en avez une à Orléans, sus
le clochier de l'esglise de Saincte Croix.

Or, Messieurs, vous avez ouy ung commencement
de l'histoire horrificque de mon maistre et seigneur
Pantagruel. Icy je feray fin à ce premier livre : car la
teste me faict ung peu de mal, et sens bien que les registres de mon cerveau sont quelque peu brouillez de ceste
purée de septembre.

Vous aurez le reste de l'histoire à ces foires de Francfort prochainement venantes [1] : et là vous verrez comment il trouva la pierre philosophalle ; comment il
passa les Monts Caspies ; comment il naviga par la mer
Athlanticque, et desfit les Caniballes, et conquesta les
isles de Perlas. Comment il espousa la fille du roy de
Inde, dit Prestre Jehan. Comment il combatit contre
les diables, et feist brusler cinq chambres d'enfer, et
rompit IIII. dentz à Lucifer et une corne au cul. Comment il visita les regions de la lune, pour sçavoir si, à
la vérité, la lune n'estoit pas entiere : mais que les
femmes en avoient III. cartiers en la teste. Et mille
aultres petites joyeusettez toutes veritables : ce sont
beaux textes d'evangiles en françoys.

Bonsoir, Messieurs. *Pardonnate my* : et ne pensez
pas tant à mes faultes que vous ne pensez bien ès
vostres.

---

1. Le programme ne sera pas appliqué : cela ressemblait beaucoup
à Merlin Coccaie. « Textes d'évangiles » remplace les Bibles évoquées
au prologue : on peut s'interroger sur la valeur antiphrastique ou
subversive de cette dernière phrase.

pomme. Et ce fait Pantagruel s'efforça de vomir, et
les mit dehors facilement — et on ne les voyait pas plus
dans sa gorge qu'un pet en la vôtre —, et là ils sortirent joyeusement de leurs pilules — ça me rappelait les
Grecs sortant du cheval de Troie ; et par ce moyen il
fut guéri et ramené à la convalescence.

Vous avez une de ces pilules d'airain à Orléans sur
le clocher de l'église Sainte-Croix.

Or Messieurs, vous avez entendu un commencement
de l'histoire horrifique de mon maître et seigneur Pantagruel. Ici achèverai-je ce premier livre : car la tête me
fait un peu mal et je sens bien que les registres de mon
cerveau sont quelque peu brouillés par la purée de
septembre.

Vous aurez la suite de l'histoire aux prochaines foires
de Francfort, et là vous verrez comment il trouva la
pierre philosophale ; comment il passa les monts Cas-
piens ; comment il navigua sur l'Atlantique et vainquit
les cannibales et conquit les îles de Perlas. Comment
il épousa la fille du roi des Indes, dit prêtre Jean. Comment il combattit contre les diables et fit brûler cinq
chambres d'enfer, et rompit quatre dents à Lucifer et
une corne au cul. Comment il visita les régions de
la lune pour savoir si, à la vérité, la lune n'était pas
entière, et si les femmes n'en auraient pas trois quar-
tiers dans la tête. Et mille autres petites joyeusetés
toutes véritables : ce sont beaux textes d'évangiles en
français.

Bonsoir, Messieurs, pardonnez-moi : et ne pensez pas
autant à mes fautes que vous pensez bien aux vôtres.

LES CLÉS DE L'ŒUVRE

I - AU FIL DU TEXTE

II - DOSSIER HISTORIQUE ET LITTÉRAIRE

Pour approfondir votre lecture, LIRE vous propose une sélection commentée :
• de morceaux « classiques » devenus incontournables, signalés par ●◆ (droit au but).
• d'extraits représentatifs de l'œuvre, signalés par ∾◈ (en flânant).

AU FIL DU TEXTE

Par Catherine Bouttier-Couqueberg,
professeur de lettres supérieures au lycée Carnot, Dijon.

AU FIL DU TEXTE

I - DÉCOUVRIR

> ### La phrase clé
>
> « J'atteste donc des horribles faits et prouesses de Pantagruel,
> dont j'ai été le serviteur depuis que je suis sorti de l'enfance
> [...]. Je me donne à cent mille panerées de beaux diables, [...]
> si je vous mens d'un seul mot [...] ; mais aussi inversement
> [...] puissiez-vous tomber dans l'abîme de soufre, si vous ne
> croyez pas fermement tout ce que je vous raconterai dans cette
> Chronique » (pp. 27-29).

• LA DATE

Réforme et Renaissance semblent à la cour de France faire bon
ménage. François Ier est intéressé par l'humanisme et l'esprit nouveau qu'il fait souffler. Marguerite (voir « Lectures croisées »,
Margarita ante porcos, ci-après), sœur du roi, cultivée et influente,
protège Lefèvre d'Étaples ; elle se sent proche des « évangélistes »
qui, suivant l'exemple de Luther mais sans rompre avec l'Église,
souhaitaient réformer la religion catholique en revenant aux Écritures (voir le dossier historique et littéraire, pp. 348-349, et *Gargantua*, Pocket Classiques, n° 6089, dossier historique et littéraire,
pp. 458-460). En revanche, la Sorbonne s'oppose à toutes ces innovations, interdit en 1523 la traduction du Nouveau Testament à
partir du texte grec. En 1534, l'affaire des Placards irrite le roi qui
condamne les évangélistes.

Rabelais a déjà collectionné des expériences diverses quand il
publie *Pantagruel* en 1532 (« Repères chronologiques », pp. 310-
312). Les livres grecs de ce moine, helléniste fervent, lui sont retirés en 1524 par ses supérieurs. Il change d'ordre puis quitte le
couvent. Il obtient en 1530 son diplôme de médecin à l'université
de Montpellier et y commente en philologue distingué les médecins
grecs, Hippocrate et Galien. Fidèle lecteur d'Érasme, il lui adresse

une lettre d'hommage. Nommé médecin de l'Hôtel-Dieu Notre-Dame à Lyon en 1532, il publie tous azimuts : des ouvrages médicaux et un roman, le *Pantagruel*.

Le roman obtient un grand succès : sept éditions en trois ans. Il est condamné par la Sorbonne en octobre 1533 (voir « Parcours critique » ci-après) ; en 1542, Rabelais publie une version corrigée d'où il a ôté toute allusion aux théologiens et à la Sorbonne. Mais, en raison d'éditions pirates, le roman sera à nouveau condamné en 1543 !

• LE TITRE

De façon attendue, le roman, qui parodie les gestes chevaleresques (dossier historique et littéraire, pp. 329-331), arbore le nom du prince guerrier, du personnage extraordinaire qui en est le héros. L'intitulé complet *Les horribles et épouvantables faits et prouesses du très renommé Pantagruel, roi des Dipsodes, fils du grand géant Gargantua* rappelle les conventions de l'épopée mais en fait trop pour être honnête : l'hyperbole déjà dégonfle la baudruche.

L'étymologie du nom de Pantagruel (p. 47) souligne l'intention farcesque : « *panta* en grec veut dire *tout* et *gruel* en langue arabe veut dire *altéré* ». Cet « éternel assoiffé » provoque des scènes épicoburlesques de pépie et de beuveries (chapitres II, XVIII…).

De mauvais plaisants (voir « Parcours critique ») ont fait de Rabelais un « enragé » (« rabie laesus »). Avant eux, l'écrivain s'était plu à jouer avec son nom en adoptant pour pseudonyme transparent l'anagramme de François Rabelais, Alcofribas Nasier dont la coloration savante prête à sourire tandis que la consonance arabisante est peut-être un hommage à d'illustres savants (préface, p. 6).

• COMPOSITION

Le point de vue de l'auteur

Le pacte de lecture

Comme plus tard l'ouverture de *Gargantua*, le prologue de *Pantagruel* fait office de parabase. En bon camelot, Rabelais vante sa marchandise et dispose favorablement son auditoire par la flatterie : « Très illustres et très chevaleresque gentilshommes. » L'auteur, ou du moins son avatar, Alcofribas Nasier, s'adresse encore à nous au chapitre I pour affirmer l'historicité de son récit (p. 32) et prévenir nos objections : « Je comprends bien qu'en lisant ce passage, vous émettez en vous-mêmes un doute bien raisonnable. » Il s'efface ensuite dans la narration, n'intervenant qu'occasionnellement pour critiquer Anarche (p. 287), ou commenter un diagnostic (p. 301). Au chapitre XXII, il devient acteur en explorant la gorge de Pantagruel et clôt le roman par un nouvel appel aux lecteurs.

Dans le Prologue, il cite ses sources, les *Chroniques de Gargantua*, et précise comment il s'en démarque, parce que, lui, il est « digne de foi ». Il utilise toutes les formes de l'amplification pour décrire les merveilleuses propriétés médicales de son ouvrage : il console de tout, chasse ratée, douleurs des maladies… Une impertinence assez sacrilège (comparaisons avec les vies de saints, la Bible…) donne déjà le ton de l'ensemble.

Les objectifs d'écriture

• Divertir

Rabelais raconte avec vivacité des aventures pittoresques. Il utilise les ressources comiques et fantastiques du gigantisme. Des combats effrayants se déroulent sous nos yeux ébahis : « Il l'aurait fendu du sommet de la tête jusqu'à la ratelle » (p. 267), mais ils s'achèvent par un éclat de rire : « En tombant, il tua du coup un chat échaudé, une chatte mouillée, une cane pétière et un oison bridé » (p. 271). Anecdotes grivoises, voire franchement obscènes, et farces hardies défilent. Rabelais applique sa célèbre maxime : « Rire est le propre de l'homme. » Mais son propos n'est-il que farcesque ? Question récurrente depuis des siècles : Rabelais est-il léger ou grave ? auteur populaire ou littérateur savant ? (préface, pp. 12-16 ; dossier historique et littéraire, pp. 346-350).

• Subvertir

De qui se moque Rabelais ? Il serait plus expédient de nommer ceux dont il ne se moque pas ! Il raille les médecins et les juristes, les guerriers et les clercs, tous insupportables de suffisance. Il parodie les genres littéraires nobles : épopée, romans de chevalerie, historiographie. Il va jusqu'à pasticher l'Histoire Sainte et ses généalogies. Les Romains (Camille, p. 227), les Juifs (David et Goliath, p. 262) entrent dans la danse. Pantagruel en campagne, discours solennels et prières à l'appui, c'est un autre Constantin : à lui aussi, la voix de Dieu promet « Par ce signe, tu vaincras ».

Pourtant ce géant dont il se rit est aussi un modèle de sagesse (autre Salomon au chapitre IX *bis*), ouvert aux innovations humanistes (chapitre VIII), bon roi soucieux de protéger son peuple. Face aux marionnettes ridicules, Pantagruel et Panurge sont-ils les porte-parole de la pensée rabelaisienne ? L'auteur se garde bien d'une telle pesanteur didactique. Pas de thèse mais des possibilités de réflexion, bref une œuvre ouverte pour un lecteur intelligent.

Structure de l'œuvre

Le père et le fils

On lit et on présente souvent *Gargantua* avant *Pantagruel*. Ce choix, cohérent si on considère la stricte chronologie narrative, ne tient pas compte de l'évolution de la pensée rabelaisienne. Mieux vaut respecter l'ordre d'écriture. L'auteur exprime avec une vivacité militante ses choix humanistes : le *Gargantua* propose un programme d'éducation plus détaillé et une attitude plus rassise. Ce premier roman en effet frappe dru sur ceux qui prétendent asservir les esprits.

Le roi ou le bouffon ?

Pantagruel ou Panurge ? Qui est le véritable héros ? Deux romans s'entrecroisent (voir le dossier historique et littéraire, pp. 345-346 et la préface, pp. 8-12). Chacun occupe à son tour le devant de la scène : Pantagruel au début (chap. I à IX *bis*) et à la fin du livre (chap. XXII-XXIII), Panurge au centre (chap. X à XIV). Si l'un ouvre le champ de la politique, l'autre permet plus aisément d'entrer dans les universités. Ils jouent dans des registres comiques différents. Panurge, certes aussi actif que l'indique son nom, est surtout un champion du verbe ; or, n'est-ce pas là le cœur de l'œuvre ?

II - LIRE

Pour approfondir votre lecture, LIRE vous propose une sélection commentée :
• *de morceaux « classiques » devenus incontournables, signalés par* ➜ *(droit au but).*
• *d'extraits représentatifs de l'œuvre, signalés par* ↝ *(en flânant).*

➜ 1 - *Prologue*	pp. 23-29

Véritable pacte de lecture (voir *supra*), ce passage fournit au lecteur attentif les clés de l'œuvre. Mais c'est aussi (surtout ?) un texte plaisant. Dynamisme du boniment, exagération comique, pittoresque des rapides descriptions (le vérolé en traitement, la rage de dents…). Quelques connaissances sur l'époque ne seront pas inutiles pour repérer les traits que décoche au passage Rabelais contre toutes les autorités. Son irrévérence étonne encore aujourd'hui.

↝ 2 - *Tragédie ou comédie ?* chapitre III	pp. 51-55

Allégresse paradoxale, vu la gravité du sujet. Rabelais alterne récit vif et discours direct dans ce passage tonique. Les déplorations de Gargantua sont aussi drôles que ses accès de joie. L'épitaphe : « son petit visage de rebec » pastiche le blason médiéval. L'apostrophe : « m'a mie, mon petit con, ma tendrette, ma braguette, ma savate, ma pantoufle » allie le pathos et les apartés grivois, le sentimental et le trivial. Comme son créateur, le géant aime jouer avec les noms : « mon peton, mon couillon » et parler d'abondance : « Rince les verres, mets la nappe, chasse les chiens, allume les chandelles. » La vie apporte des deuils et l'on pleure « comme une vache » mais la joie de vivre l'emporte et l'on rit « comme un veau ».

3 - *Enfance de Pantagruel : premiers exploits*
de « Un certain jour… »
à « … secousse des bras ».   pp. 57-61

Ce chapitre, comme les grands combats d'Utopie, montre les ressources comiques qu'offre la chronique gigantale. Rabelais pastiche les éducations héroïques, les exploits de Pantagruel sont quantitatifs : il épuise le lait de 4 600 vaches, il faut des chaînes énormes pour le retenir. Allégresse là encore de l'accumulation de détails et clin d'œil au lecteur : des vestiges archéologiques prouvent la fiabilité de l'historien !

La nourriture dans tout le roman occupe une place primordiale : Pantagruel inaugure une longue et joyeuse suite de ripailles. La description passe sans prévenir d'un registre à l'autre : allusions à l'Écriture (Samson et les philistins), documentaire (le cormoran et le poisson, le transport du sel), technique (des arcs-boutants bien stables), familier (les babines mal torchées).

4 - *La lettre de Gargantua*
chapitre VIII   p. 85

Il convient d'étudier en détail ce texte très connu qui chante avec enthousiasme les merveilles du savoir humain et dit l'appétit humaniste (gigantesque !) pour les connaissances encyclopédiques. On le comparera avec les développements du *Gargantua* sur l'éducation, qui réfléchissent davantage sur la pédagogie, et avec les points de vue d'humanistes, comme les Italiens Pic de La Mirandole ou Léonard de Vinci, autres défenseurs du savoir universel.

5 - *Enfin Panurge vint…*
du début à « … aux jambes ».   pp. 161-162

Rencontre romanesque du héros et de son compagnon d'élection : Énée, dit Pantagruel, a trouvé son fidèle Achate. Là encore le topos littéraire est objet de dérision. Panurge ressemble plus au futur picaro (à la Gil Blas), au bohème pique-assiette (à la façon du neveu de Rameau) qu'au valeureux écuyer des gestes chevaleresques.

Comédie de langage d'abord : elle met en scène l'aisance verbale du nouveau héros et présente des duos drôles avec les différents interprètes (on n'omettra pas l'étude de l'onomastique toujours très éclairante chez Rabelais). Leçon ambivalente si tant est qu'il y ait leçon. Hommage à la diversité des langues modernes et anciennes (hébreu, grec, latin) digne d'un humaniste et moquerie aussi du décalage : que de mots pour mendier son pain.

•◆ 6 - *Les comédies du langage*	
chapitre VI ;	pp. 71-75
de « Lors commença… » à « … selon moi » ;	pp. 123-131
de « Combien vraie… »	
à « … Adieu, dit Pantagruel ».	pp. 181-187

Il est intéressant d'étudier en parallèle quelques prestations verbales ridicules : jargon latinisant de l'écolier limousin, plaidoyers de Baisecul et Humevesne, pompeux défi de Thaumaste. On examinera quels procédés syntaxiques et lexicaux utilisent ces « beaux langages » et on verra comment leur échec pratique illustre la morale que dégage le narrateur (p. 75) : « Il faut éviter les mots sans signification avec le même zèle que les capitaines évitent les écueils. »

Le chapitre VI propose une comédie complète : exposition, péripéties et dénouement. Le « très mignon écolier » prétend d'abord s'exprimer en « parisien » (coup de pied à la Sorbonne) et ne fait qu'écorcher le latin, « despumer la verbocination latiale » ! (on s'amusera à rechercher l'origine des mots inventés).

Langage « hérétique », voire « diabolique », s'exclame Pantagruel, un comble pour une université si prompte à censurer le moindre écart théologique ! On n'est pas grand orateur en français parce qu'on « dédaigne l'usage de la langue courante ». La brève traduction « c'est Paris » à l'obscure périphrase « l'alme et inclyte académie que l'on vocite Lutèce », le commentaire de Pantagruel (enfin un parler naturel, donc compréhensible) quand l'écolier étranglé revient à son patois d'origine prouvent qu'il faut parler simple pour parler clair.

↬ 7 - *Le renversement carnavalesque*	
chapitre XVII	pp. 243-247

Habile dénonciation de la guerre et des prestiges par lesquels elle séduit les foules. Il suffit à Rabelais de juxtaposer le poème du roi, éloge des combats, et celui du bouffon qui vante le lièvre. Au noble : « il n'est ombre que d'étendard », répond le grotesque : « il n'est ombre que de cuisine » (voir les théories de Bakhtine citées dans le dossier historique et littéraire de *Gargantua*). Et la gloire s'évanouit comme fumée.

8 - *Voyage à l'intérieur d'un géant*
chapitre XXII

pp. 291-299

Rabelais utilise ici la veine fantastique : le voyage étonnant d'un humain normal à l'intérieur d'un géant (on pourra se servir du film récent *L'Aventure intérieure* qui figure le voyage merveilleux d'une équipe médicale miniaturisée dans un corps humain). Il décrit avec fantaisie et humour les montagnes et jardins, les curieux habitants de cet autre monde qu'est le gosier de Pantagruel. On pourra lire en parallèle *Les Voyages de Gulliver* de Swift qui joue aussi sur le contraste des proportions entre le héros et les Lilliputiens ou les géants qu'il rencontre.

• LES THÈMES CLÉS

Parler en langues

Rabelais s'amuse à reproduire des modes d'expression divers : les langues étrangères que maîtrise Panurge (chap. IX), le patois du Limousin, le style juridique (chap. IX *bis*). Pour le plus grand bonheur du sémiologue, il figure même le langage des signes (chap. XIII) et interprète la symbolique amoureuse (chap. XV). Il se plaît à inventer les mots (« fretinfretailler »...), voire des langages, celui des Antipodes ou d'Utopie. Mais il ne vise pas à étaler des compétences linguistiques !

Langage vrai et langue de bois

Il cherche à révéler les perversions de la communication. Celui qui prétend détenir la Science et s'enferme dans un langage abscons pour exercer sur les autres un pouvoir despotique (à l'image du professeur dans *La Leçon* de Ionesco) est impitoyablement ridiculisé et vaincu : jugement de Baisecul et Humevesne, déconfiture de Thaumaste. La satire, en nos temps de technocratie arrogante, n'a rien perdu de son actualité. Le discours littéraire même est égratigné au passage (convention de l'*oratio* héritée des Latins, rhétorique courtoise).

Rabelais affirme que la seule façon de communiquer est de parler selon la nature. Au plus près du corps. Les gestes crus de Panurge sont explicites et efficaces. Les mots valent par leur pouvoir suggestif, leur référence au concret. Le patois de l'écolier limousin est plus clair que les jargons latinisants.

III - POURSUIVRE

• **LECTURES CROISÉES**

Ulysse aux mille tours

Ulysse, dans toute la tradition littéraire grecque, se distingue par sa créativité : rusé, il est doué pour les inventions pratiques (n'imagine-t-il pas les premières boules Quiès pour protéger ses compagnons du chant des Sirènes ?). Beau parleur, il séduit et trompe par ses discours. Connu sous l'épithète de « polutropos », « aux mille tours », n'est-il pas le père de « panourgos », « l'habile à tout faire » ?

Au chant IX de l'*Odyssée*, prisonnier avec ses compagnons de Polyphème, le cyclope anthropophage, il doit trouver un moyen pour sortir de son antre. Il raconte ainsi son évasion :

« Je coupai environ une brasse d'un olivier vert, mes compagnons l'équarrirent et je taillai le bout de l'épieu en pointe puis je le passai dans le feu ardent pour le durcir ; je le cachai ensuite sous le fumier qui était abondamment répandu dans la caverne [...]. Le soir, le cyclope revint, ramenant ses troupeaux du pâturage et les poussa tous dans la vaste caverne. Il plaça l'énorme pierre devant l'entrée [...]. Quand il eut achevé son travail, il saisit de nouveau deux de mes compagnons et en prépara son repas. Alors tenant dans mes mains une coupe de vin noir, je m'approchai de lui et lui dit : "Cyclope, prends ce vin et bois-le après avoir mangé des chairs humaines. Je t'en rapporterais de nouveau, si, me prenant en pitié, tu me renvoyais chez moi." [...] Je lui en offris trois fois et trois fois il le but dans sa démence. Mais dès que le vin eut troublé son esprit, je lui adressai ces paroles flatteuses :

"Cyclope, tu me demandes mon nom illustre. Mon nom est Personne." » (Pocket Classiques, n° 6018, p. 163, traduction de Leconte de Lisle).

Quand le cyclope, ivre, s'effondre, Ulysse crève de son épieu son œil unique. Au matin, ses compagnons et lui se cachent sous les brebis et béliers et sortent avec eux vers les prés sans que Polyphème puisse les repérer. Et le cyclope se couvrira de ridicule en appelant au secours ses congénères parce que « personne » l'a attaqué et mutilé.

Margarita ante porcos

La sœur du roi de France, Marguerite de Navarre, imagine dans *L'Heptaméron* (écrit à partir de 1546?, publié en 1559), soixante-douze nouvelles contées par de nobles dames et seigneurs. Les histoires tournent souvent autour du thème éternel : l'Amour, ses merveilles et ses tromperies. Elles visent tantôt à édifier, à transmettre une leçon morale, tantôt à divertir. En voici deux qui ont la verdeur et la crudité des récits rabelaisiens.

Telle est prise qui croyait prendre...
(première journée – septième nouvelle)

« En la ville de Paris il y avait un marchand amoureux d'une fille sa voisine [...]. Elle l'aimait tant qu'elle avait oublié la façon dont les femmes ont accoutumé de refuser les hommes. Et lui, la faisait venir où il lui plaisait, ce dont sa mère s'aperçut ; elle lui défendit alors de le revoir jamais, sous peine d'être mise au couvent. Mais cette fille qui aimait le marchand plus qu'elle ne craignait sa mère, l'en rechercha encore davantage. Or un jour, qu'elle était seule dans une garde-robe, ce marchand y entra qui trouva le lieu fort commode et se mit à lui parler le plus familièrement qu'il est possible. Mais une femme de chambre qui l'avait vu entrer, le courut dire à la mère qui y alla très en colère. Quand sa fille l'entendit venir, elle dit en pleurant au marchand : "Hélas, mon ami, à cette heure, l'amour que je vous porte va me coûter cher. Voici ma mère qui connaîtra ce qu'elle a toujours craint et redouté." Le marchand ne s'émut pas pour autant mais alla au devant de la mère. Il la prit dans ses bras, l'étreignit et, avec cette fureur dont il commençait d'entretenir sa fille, jeta la pauvre vieille sur une couchette. Celle-ci trouva le procédé si étrange qu'elle ne savait que dire sinon : "Que voulez-vous ? Rêvez-vous ?" Mais il ne cessait pour autant de la poursuivre d'aussi près que si c'eût été la plus belle fille du monde. Et si elle n'avait crié si fort que ses valets et servantes vinrent à son secours, elle eût passé par le chemin qu'elle craignait de voir prendre à sa fille. Pendant ce temps, sa fille se sauva en une maison voisine et jamais la vieille ne comprit le tour dont le marchand et la fille rirent souvent à ses dépens. »

Malaise dans un cabinet d'aisances
(deuxième journée – onzième nouvelle)

« Un jour où sa maîtresse était allée au couvent des Cordeliers de Thouars, Mᵐᵉ de Ronceux éprouva le besoin urgent d'aller au lieu où l'on ne peut envoyer sa chambrière. Elle emmena avec elle une fille nommée La Mothe, pour lui tenir compagnie, mais par pudeur, la laissa dans la chambre et entra toute seule au cabinet assez obscur qui était commun à tous les Cordeliers : ils avaient si bien restitué là tous leurs repas que le cabinet, le siège, bref tout le lieu étaient entièrement couverts des produits de Bacchus et Cérès passés par le ventre des Cordeliers. Cette pauvre femme, si pressée qu'elle eut à peine le temps de relever sa robe, alla par malheur s'asseoir à l'endroit le plus dégoûtant du cabinet. Elle s'y trouva prise mieux qu'à la glu et toutes ses pauvres fesses, ses habits, ses chaussures furent si gâtés qu'elle n'osait marcher ni se tourner d'aucun côté de peur d'aggraver encore le mal. Elle se mit donc à crier : "La Mothe, ma mie, je suis perdue, déshonorée !" La pauvre fille qui avait entendu raconter des histoires sur la perversité des Cordeliers, pensa que quelques-uns s'étaient cachés là pour faire violence à la dame et courut appeler tous les gens qu'elle trouva : "Venez secourir Mme de Ronceux que les Cordeliers veulent violenter dans ce cabinet." Tous accoururent vivement et trouvèrent la pauvre dame qui criait à l'aide pour qu'une femme vienne la nettoyer. Elle avait le derrière tout découvert pour ne pas gâter ses habits en les approchant de l'ordure. À ce cri, les gentilshommes entrèrent et virent ce beau spectacle [...]. Cela ne fut pas sans rire de leur côté ni sans grande honte du sien car au lieu d'avoir des femmes pour la nettoyer, elle eut des hommes qui la virent nue, au pire état qu'une femme puisse se montrer. »

Après nettoyage et explication de la méprise, la dame finit par rire elle aussi de l'aventure.

Alfred, Boris, Raymond et Frédéric...

• **Alfred Jarry**, avec *Ubu Roi*, produit en 1896 sa « contribution aux Faits et Gestes de Gargantua et de son fils Pantagruel, un cri original et discord dans le concert des accoutumances » (article de *L'Écho de Paris*, 1896). Dans la droite ligne de Rabelais qu'il pastiche parfois, ce « pamphlet à gueule effrontée crache au visage des chimères de la tradition ». Personnage de grosse farce, né de plaisanteries de potaches sur leurs professeurs, Ubu a la gloutonnerie des géants, l'avarice et la violence des méchants rois, Anarche ou Picrochole. Il illustre la monstruosité de l'arrivisme et la cruauté du pouvoir.

Comme son maître, Jarry marie allusions culturelles (réécriture du *Macbeth* de Shakespeare par exemple) et crudité des mots de gueule : cornegidouille, bougre de merdre... Il crée tout un vocabulaire selon le principe des mots-valises : « boudouille (= boudin + andouille), gidouille, bouffre, giborgne »...

« **Mère Ubu.** – Tu pourrais aussi te procurer un parapluie et un grand caban qui tomberait sur les talons.

Père Ubu. – Ah ! je cède à la tentation. Bougre de merdre, merdre de bougre, si jamais je le rencontre au coin d'un bois, il passera un mauvais quart d'heure.

Mère Ubu. – Ah ! bien, Père Ubu, te voilà devenu un véritable homme.

Père Ubu. – Oh non ! moi, capitaine de dragons, massacrer le roi de Pologne ! plutôt mourir !

Mère Ubu (*à part*). – Oh ! merdre ! (*Haut.*) Ainsi, tu vas rester gueux comme un rat, Père Ubu ?

Père Ubu. – Ventrebleu, de par ma chandelle verte, j'aime mieux être gueux comme un maigre et brave rat que riche comme un méchant et gras chat » (I, 1).

Il enchaîne les insultes dans un délire sonore :

« **Bougrelas** (*le frappant*). – Tiens, lâche, gueux, sacripant, mécréant, musulman !

Père Ubu. – Tiens ! Polognard, soûlard, bâtard, hussard, tartare, cafard, mouchard, savoyard, communard !

Mère Ubu (*le battant aussi*). – Tiens, capon, cochon, félon, histrion, souillon, polochon ! » (V, 2).

Il joue sur les à-peu-près :

« **Le commandant.** – Amenez le grand foc, prenez un ris aux huniers !

Père Ubu. – Ceci n'est pas mal, c'est même bon ! Entendez-vous, monsieur l'Équipage ? amenez le grand coq et allez faire un tour dans les pruniers » (V, 4).

• **Boris Vian** (1920-1959), dans *L'Écume des jours*, invente des objets inattendus et des mots inédits : le pianocktail (= piano + cocktail) qui fabrique des boissons assorties aux morceaux de jazz qu'on joue sur son clavier en est un exemple poétique.

Il mêle le quotidien et l'incongru : les anguilles sortent des robinets et les nénuphars éclosent dans les poumons. Colin se prépare : il « accrocha la serviette au séchoir, posa le tapis de bain sur le bord de la baignoire et le saupoudra de gros sel afin qu'il dégorgeât toute l'eau contenue ».

Colin met la table : « Il disposa quelques branches de mimosa en lanières : un jardinier de ses amis l'obtenait par croisement du mimosa en boules avec le ruban de réglisse noir que l'on trouve chez les merciers en sortant de classe. Puis il prit pour chacun deux assiettes de porcelaine blanche croustillonnées d'or transparent, un couvert d'acier inoxydable aux manches ajourés. »

Vian associe des registres de langage différents ; ainsi Nicolas emploie-t-il un langage culinaire très technique : « Il pourrait en résulter une dessication consécutive à l'introduction d'air moins riche en vapeur d'eau. [...] Nicolas reprit sa tâche qui consistait en le démoulage d'aspics de filets de sole. »

Le romancier aime prendre les expressions au pied de la lettre, comme dans cette description de Colin : « Il glissa ses pieds dans des sandales de cuir de roussette et revêtit un élégant costume d'intérieur, pantalon de velours à côtes vert d'eau très profonde et veston de calmande noisette. »

• **Raymond Queneau**, dans *Zazie dans le métro* (1959), s'amuse à écrire les mots tels qu'on les prononce : « gzactement » ou « bloudjinnzes ». Il pratique lui aussi l'allusion culturelle, il emprunte à l'anglais ou au latin : « pour que je me fasse linnecher par le vulgue homme Pécusse » (« lyncher » et « vulgum pecus », « troupeau populaire » en v.o.) ; il construit des mots savants : « factidiversialité » (sur faits divers) ou les introduit en contraste avec le registre familier : « L'armoire à glace insistait. Elle se pencha pour proférer cette pentasyllabe monophasée : "Skeutadittaleur..." »

Le début du roman déjà donne le ton :

« Doukipudonktan, se demanda Gabriel excédé. [... Il] extirpa de sa manche une pochette de soie couleur mauve et s'en tamponna le tarin.

– Qu'est-ce qui pue comme ça ? dit une bonne femme à haute voix.

Elle pensait pas à elle en disant ça, elle était pas égoïste, elle voulait parler du parfum qui émanait de ce meussieu.

– Ça, ptite mère, répondit Gabriel qui avait de la vitesse dans la repartie, c'est Barbouze, un parfum de chez Fior. »

• **Frédéric Dard**, à l'image de ses devanciers, dans la série policière des San-Antonio, utilise l'argot, saute du lexique vulgaire au registre littéraire. Érotisme et violence se lisent au premier et au second degré. Voici, par exemple, une rencontre brûlante dans *Le Secret de Polichinelle* (1958, éd. Fleuve Noir).

« Mes targettes à la pogne, je pars en exploration vers la piaule de la gentille Martine. Je fais toc-toc à sa porte.

Elle demande "qui est làga ?" tout comme la grande vioque du petit chaperon rouqinos, et j'avoue courageusement être le grand méchant loup. Elle délourde sans plus attendre et je me glisse dans sa carrée.

La petite déesse a noué un *bath* ruban bleu, façon Queen Mary, dans ses tifs, et elle a changé sa tenue de travail contre un pyjama de conception flibustière [...]. Un délicat abat-jour en soie répand une lumière orangée très tango-dans-vos-bras. [...] Je la cramponne par une aile et l'invite à s'asseoir sur mes genoux. Elle se laisse aller en douceur et, sans faire de magnes, me colle ses bras autour du cou. Je ne voudrais pas pousser le radioreportage plus loin que la décence ne le permet, afin d'éviter une descente de police, toujours est-il que lorsqu'à vingt-trois heures cinquante-neuf minutes, soixante secondes, les douze coups de minuit dégringolèrent, je savais par cœur ses contours, ses réactions, la façon dont elle appelle sa mère, celle dont elle lui crie de ne pas se déranger, la souplesse de ses reins, sa pigmentation, sa carnation, sa texture, son savoir-faire, sa passivité, ses exigences, les limites de son abandon, son duveté, ses facultés anti-dérapantes, son pouvoir préhensif et compréhensif et ses délicates manières lorsqu'elle effeuille une marguerite, donne des boutons de rose, cultive l'aubépine en branche, met les doigts de pied en bouquet de violettes et se livre au lancement du disque avec une couronne de fleurs d'oranger. »

En respectueux hommage…

• **Balzac**, tourangeau, se sent proche de Rabelais non seulement par le pays mais par l'esprit. Ses *Contes drolatiques*, œuvre de jeunesse, s'inspirent souvent du goût rabelaisien. Dans *La Peau de chagrin*, il imagine un somptueux festin qui aurait pu suffire à rassasier Pantagruel ; les convives comme l'auteur explicitent d'ailleurs le parallèle.

« Mêlée de paroles où les paradoxes douteusement lumineux, les vérités grotesquement habillées se heurtèrent à travers les cris, les jugements interlocutoires, les arrêts souverains et les niaiseries [...]. Furieuse et burlesque, la discussion fut en quelque sorte un sabbat des intelligences. Entre les tristes plaisanteries dites par ces enfants de la Révolution à la naissance d'un journal et les propos tenus par de joyeux buveurs à la naissance de Gargantua, se trouvait tout l'abîme qui sépare le XIXe siècle du XVIe. Celui-ci apprêtait une destruction en riant, le nôtre riait au milieu des ruines » (Pocket Classiques, n° 6107, p. 67).

« Hélas ! reprit Émile d'un air tristement bouffon, je ne vois pas où poser les pieds entre la géométrie de l'incrédule et le *Pater noster* du Pape. Bah ! buvons ! *Trinc* est, je crois, l'oracle de la divine bouteille et sert de conclusion au Pantagruel » (p. 79).

« Que nous vivions avec les sages ou que nous périssions avec les fous, s'écria Raphaël, le résultat n'est-il pas tôt ou tard le même ? Aussi le grand abstracteur de quintessence a-t-il exprimé ces deux systèmes en deux mots : CARYMARY, CARYMARA.

– Tu me fais douter de la puissance de Dieu, car tu es plus bête qu'il n'est puissant, répliqua Émile. Notre cher Rabelais a résolu cette philosophie par un mot plus bref que *Carymary, Carymara*, c'est : *peut-être* » (p. 91).

• **Victor Hugo**, autre rabelaisien passionné, aime chez cet auteur l'alliance du grotesque et du sublime qu'il préconise lui-même au théâtre. Il s'amuse à proposer aux chapitres de ses romans des titres encore plus fleuris et pittoresques que ceux de *Pantagruel*, par exemple dans *Les Misérables* :

À bon évêque, dur évêché ; Que Monseigneur Bienvenu faisait durer trop longtemps ses soutanes ; Tholomyès est si joyeux qu'il chante une chanson espagnole ; Tempête sous un crâne ; Fin joyeuse de la joie ; Où on lira deux vers qui sont peut-être du diable…

• PISTES DE RECHERCHES

Le langage de Rabelais

La présentation face à face du texte original et de sa traduction permettra des exercices ponctuels sur le moyen-français. Le XVIᵉ siècle voit la victoire du français sur le latin comme langue littéraire, savante et même théologique. L'autorité royale, par l'ordonnance de Villers-Cotterêts (1539), l'impose comme langue administrative. La langue est en pleine évolution, les déclinaisons, encore partiellement présentes en ancien-français, se sont effacées mais on reconnaît dans la syntaxe des tours latins.

Le vocabulaire, particulièrement riche chez Rabelais qui n'hésite pas à inventer des mots (et certains resteront dans la langue), nécessite quelques notes explicatives : certains mots du XVIᵉ siècle ont disparu en français moderne (*emmi, oncques…*), d'autres ont subi des transformation phonétiques.

L'orthographe encore hésitante (i ou y ? s ou z ?) peut varier pour un même mot d'une ligne à l'autre. Elle reflète parfois la phonétique (les terminaisons d'imparfait en -oi). Par goût de l'antique, elle se réfère souvent à une étymologie vraie ou fausse (sçavant de *sapiens* refait sur *sciens*). La mode aussi favorise indiscrètement le y, lettre fort esthétique.

La langue de Rabelais

Rabelais est un amoureux du langage. Il collectionne les mots, archaïques, savants, dialectaux… Il mêle les registres, du soutenu à l'obscène. Il se plaît aux énumérations interminables. Il reproduit ou il imagine des proverbes qui souvent feront fortune. Il goûte les images, les termes concrets et expressifs. Il est intéressant d'examiner de près tous ces procédés pour définir l'originalité de Rabelais et comprendre les vocations qu'il a suscitées.

Le XVIᵉ siècle, époque romanesque

On lira avec plaisir *En nos vertes années* de Robert Merle (1979). Dans un langage coloré qui s'inspire de celui du XVIᵉ siècle, l'écrivain raconte les rebondissantes aventures et les multiples amours du jeune Pierre de Siorac, venu étudier la médecine à Montpellier… Michel Ragon propose *Le Roman de Rabelais* (éd. Albin Michel, 1993), biographie alerte et romancée comme son titre l'indique. Des nouvelles, celles de Marguerite de Navarre (1546) dans *L'Heptaméron* ou de Boccace dans le *Décaméron* (1349, en Italie), à travers des anecdotes amoureuses souvent comiques, font partager la vie des bourgeois, des nobles, des cours pendant la Renaissance ; des principes moraux et religieux l'encadrent mais s'y voient aussi une liberté de propos et de mœurs, une joie de vivre gaillarde qui ont séduit les générations suivantes. On a beaucoup fabulé sur cette belle époque dont il ne faudrait pas oublier les cruautés et les sanglants combats. Le héros de R. Merle, protestant en milieu catholique, dans les tomes suivants de ses aventures, connaîtra les guerres de Religion et leurs massacres comme celui de la Saint-Barthélemy.

La satire débondée : sots et soties

Aux XVᵉ et XVIᵉ siècles, dans le milieu contestataire des étudiants, se développe une forme originale de théâtre, la sotie (ou sottie, voir le dossier historique et littéraire, pp. 325-329). Comme la fête des Fous médiévale, elle inverse les hiérarchies : ce sont les sots qui mènent le monde. On y retrouve la liberté de parole et les plaisanteries licencieuses du Carnaval. Mais le dialogue attaque plus vivement les institutions et les puissants.

Ainsi Pierre Gringoire, un des auteurs de soties les plus connus, raille-t-il les moines dans *Le Prince des sots* (1512) :

LE TROISIÈME SOT

Vos prélats font un tas de mines
Mais souvent dessous les courtines (*les rideaux de lit*)
Ont créatures féminines
En lieu d'heures et de psautiers.

LE PREMIER SOT

Tant de prélats irréguliers !

LE DEUXIÈME SOT

Tant de moines apostats !

LE TROISIÈME SOT

L'Église a de mauvais piliers !

LE PREMIER SOT

Il y a un grand tas d'âniers
Qui ont bénéfices à tas.

L'auteur de sotie utilise les calembours, joue sur les différents sens des mots, accumule les termes, rompt le discours, le démonte jusqu'à l'absurde.

SOTONART

Où êtes-vous, fols affolés
Follement folant en folie ?

CROQUEPIE

Ah Dia ! Ils s'en sont envolés !
Légers esprits, volez, volez,
Ôtez-vous de mélancolie,
Pour à présent foler en folie
Par les foloyants folements,
Ces folâtres affolements
Affolés de folle affolance.

Vigiles Triboulet, extrait.

On trouvera dans des pièces de Ionesco, comme *La Leçon* ou *La Cantatrice chauve*, le même usage ludique et féroce des mots pour révéler le vide et les abus du discours. Nathalie Sarraute traque dans toute son œuvre les dessous de la conversation, elle en révèle les conventions et en ridiculise les clichés. Dans son dernier roman, *Ouvrez*, les mots sur scène et en coulisses représentent la grande comédie du langage.

• PARCOURS CRITIQUE

Un pamphlet de 1533

Nicolas Bourbon, humaniste, joue sur la ressemblance entre Rabelais et *rabies*, « la rage » en latin, pour attaquer vigoureusement l'écrivain :

« Préfères-tu voir [nos écoliers] perdre leur si belle jeunesse dans tes fondrières, dans tes contes populaires et frivoles, dans des badinages et des livres lucratifs, dans le fumier, dans la fange ? Crois-moi, Rabelais, laisse [leur] retrouver leur santé morale de crainte que les Muses, que tu persécutes […] ne te fassent sombrer dans la rage. »

Calvin

En 1550, Calvin interdit à Genève les romans de Rabelais, condamnés par les théologiens de la Sorbonne quelques années plus tôt. Il écrit notamment dans le *De Scandalis* :

Certains « comme Rabelais […], après avoir goûté de l'Évangile ont été frappés d'aveuglement […]. Les chiens dont je parle, pour avoir plus de liberté à dégorger leurs blasphèmes sans encourir de blâme, font les plaisants : ainsi ils voltigent par les banquets et joyeuses compagnies et là, en causant, à plaisir ils renversent autant qu'ils le peuvent toute crainte de Dieu ; il est vrai qu'ils s'insinuent par de petites moqueries et farces sans faire semblant de rien sinon de passer le temps à ceux qui les écoutent ; néanmoins leur fin est d'abolir toute révérence de Dieu ».

Rabelais est donc accusé par les catholiques de pencher vers la Réforme et par les réformés de prêcher l'athéisme !

La Bruyère et Voltaire

La sagesse classique du XVIIe siècle, comme la « raison » du XVIIIe siècle, s'accommode mal des fantaisies et outrances rabelaisiennes. La condamnation est sévère. Dans *Les Caractères*, La Bruyère accuse : « Rabelais […] est incompréhensible : son livre est une […] chimère, c'est le visage d'une belle femme avec les pieds et une queue de serpent ; c'est un monstrueux assemblage d'une morale fine et ingénieuse et d'une sale corruption. » Voltaire trouve, dans *Pantagruel* et *Gargantua*, un mélange d'« érudition », d'« ordures » et d'« ennui » ; il ne conserverait de toute l'œuvre qu'un « demi-quart » au plus.

Les révolutionnaires au contraire verront dans l'œuvre de Rabelais l'annonce de leurs combats et, en hommage, rebaptiseront Chinon, Chinon-Rabelais.

Erich Auerbach

Au chapitre 11 de *Mimesis, La représentation de la réalité dans la littérature occidentale* (1946, Paris, Gallimard, N.R.F., 1968), Auerbach commente le chapitre XXXII du roman, où Pantagruel abrite sous sa langue son armée.

Rabelais « se représentait sous le nom de style "socratique" quelque chose de libre et de spontané qui confine même à la bouffonnerie, quelque chose où se cachent à la fois une sagesse divine et une vertu parfaite. [...] En tant que niveau stylistique, ce mélange convenait éminemment à Rabelais, ne fût-ce que pour une raison pratique : il l'autorisait à présenter tout ce qui pouvait heurter les autorités réactionnaires de son temps sous un jour mi-sérieux, mi-plaisant, ce qui lui permettait le cas échéant d'en éluder l'entière responsabilité » (p. 284).

François Bon souligne, dans un essai original, *La Folie Rabelais*, la modernité de l'auteur :

« Par un pur maniement poétique, Rabelais met au jour une large faille noire qui ne tolère pas les réductions monodiques à quoi généralement on le borne. [...] Rabelais n'est pas l'écrivain de la Renaissance mais, en avant d'elle, de ce à quoi elle n'accède pas. Rabelais est immensément notre contemporain d'abord parce qu'il parle de cette bascule noire de l'histoire [...], ensuite parce qu'il est plus vaste, dans ses constructions abruptes, que l'outil conventionnel du roman » (Éditions de Minuit, 1990, p. 20).

Michel Butor et Denis Hollier

Ils ouvrent *Rabelais ou C'était pour rire* (Larousse Université, Thèmes et textes, 1972), par cette déclaration :

« L'œuvre de Rabelais est probablement la plus difficile de toute la littérature française. Mallarmé est aisé à côté, mais cela n'empêche nullement le *Pantagruel*, le *Gargantua* et leur suite d'avoir été et de rester, du moins en certains de leurs passages, parmi les livres les plus populaires. C'est que, contrairement à un préjugé répandu, il n'y a là nulle opposition. [...] L'homme du peuple, comme le savant, sait que le langage a une épaisseur, qu'il nous résiste, qu'il faut faire un effort [...] pour "rompre l'os" si l'on veut "sucer la substantifique moëlle" » (p. 9).

Jean-Louis Barrault, qui a mis en scène en 1968 des épisodes de Rabelais, s'enflamme :

« Rabelais, c'est un arbre. Ses racines sucent la glaise et le fumier. Son tronc est roide comme un phallus. Son feuillage est encyclopédique. Sa floraison rejoint Dieu… Et son époque est la nôtre. »

• **UN LIVRE / DES GRAVURES / DES PIÈCES / UN FILM**

Gravures illustres

Gustave Doré (1832-1883) interprète, en 1851 et en 1873, les romans de Rabelais. Son imagination romantique le porte volontiers vers le fantastique qui convient ici au gigantisme des personnages, à l'incongruité de certaines situations. Son trait souvent caustique fait ressortir le burlesque. La couverture du livre reproduit d'ailleurs une gravure de Doré ; la rencontre entre l'imaginaire du littérateur et celui du peintre est si rare et si parfaite que ces illustrations sont souvent citées comme références.

Au théâtre

Le XVIIe siècle utilise les personnages de Rabelais pour leur pittoresque et leur force comique : Pantagruel ou Panurge deviennent les danseurs de mascarades, comme en 1622, dans *La Naissance de Pantagruel*. La portée satirique du texte disparaît. Au XXe siècle, Alfred Jarry restitue le sens caustique du texte rabelaisien en transposant *Pantagruel* en opéra-bouffe (1910) ; Massenet, en 1913, compose *Panurge*, « haute » farce musicale en trois actes.

Jean-Louis Barrault, dans son *Rabelais*, monté en 1968 sur le ring de l'Élysée-Montmartre, retrouve la saveur populaire des chroniques gargantuesques. Les costumes s'inspiraient des tableaux de Jérôme Bosch. La musique de Michel Polnareff imprimait un rythme allègre au spectacle qui obtint un immense succès.

Au cinéma

Balzac, dans *La Peau de chagrin*, opposait l'exubérance du XVIe siècle à l'amertume du XIXe siècle.

Nous pourrions de même comparer les joyeuses ripailles du *Pantagruel* avec les orgies exhibées par Marco Ferreri dans *La Grande Bouffe* (1973). Quatre amis se réunissent un week-end pour un festin poursuivi jusqu'à ce que mort s'ensuive. Cette farce monstrueuse causa un réel scandale au Festival de Cannes. Ce quadruple hara-kiri gastronomique exprime le violent dégoût qu'inspire à Ferreri la société de consommation, de digestion, indigestion et excrétion. Le film, scandé par une lancinante musique de rumba, oscille entre humour noir et tragique désespéré.

DOSSIER HISTORIQUE ET LITTÉRAIRE

REPÈRES CHRONOLOGIQUES

1483 ou 1484	Naissance de François Rabelais, fils d'Antoine Rabelais, assesseur du lieutenant du bailli de Touraine, propriétaire de La Devinière, près de Chinon. Rien ne prouve cependant que l'enfant ait eu pour autant une vie rustique.
	Arrivée à Paris de professeurs italiens, première importation de l'humanisme grâce aux guerres d'Italie qui commencent cette même année.
1490	Lefèvre d'Étaples, *Introduction à la Métaphysique d'Aristote*.
1492	Découverte du Nouveau Monde.
1494	Brant, *Das Narrenschiff (La Nef des fous)*.
1498	Mort de Charles VIII, Louis XII devient roi. Réforme des études universitaires.
1499	Érasme, premier livre des *Adages*.
vers 1500	Rabelais fait probablement des études de droit civil et de droit canon.
1509	Lemaire de Belges, *Illustrations de Gaule et singularités de Troie* (origines légendaires des Français).
vers 1510	Rabelais est novice au couvent des Cordeliers de La Baumette près d'Angers.
1511	Érasme, *Éloge de la folie*.
1512	Lefèvre d'Étaples, commentaire des Épîtres de saint Paul.
1513	Affaire du savant Reuchlin à Cologne, suspecté de judaïser parce qu'il travaille l'hébreu : les humanistes se mobilisent pour sa défense. Machiavel écrit *Le Prince* (pub. post. 1531).

1514	Budé, *De Asse* (travail philologique et historique sur la civilisation romaine).
1515	Mort de Louis XII, François Ier devient roi et rétablit la situation militaire compromise en Italie.
1517	Publication par Luther de ses 95 thèses.
1519	Charles Quint, roi d'Espagne, devient empereur d'Allemagne. Cortés au Mexique.
vers 1520	Rabelais devient prêtre et franciscain au couvent de Fontenay-le-Comte.
1520	Entrevue du camp du Drap d'Or entre François Ier et Henri VIII d'Angleterre. Condamnation de Luther.
1521	Dans une lettre à Guillaume Budé, P. Lamy et F. Rabelais disent à l'érudit leur désir d'apprendre les langues anciennes et leur admiration pour son œuvre. Début du groupe évangélique de Meaux, patronné par l'évêque Briçonnet et soutenu par Marguerite, sœur du roi. La faculté de Théologie et les supérieurs ecclésiastiques interdisent la langue grecque. Rabelais travaille à traduire les *Histoires* d'Hérodote.
1522	Lefèvre d'Étaples traduit les Évangiles en français. Érasme, *Colloques*.
1522-1524	Guerre des paysans en Allemagne, au départ soulèvement en faveur de la Réforme, mais Luther s'en désolidarise.
1524	Il faut rendre décidément les livres grecs. Lamy quitte le couvent et part à Bâle. Rabelais change de couvent et rentre chez les Bénédictins à Maillezais.
1524-1526	Il est secrétaire de Geoffroy d'Estissac, évêque de Maillezais.
1525	François Ier, fait prisonnier à Pavie, reste en Espagne jusqu'à la paix de 1526. Rupture d'Érasme et Luther.

1526	Ignace de Loyola écrit les *Exercices spirituels*.
vers 1527	Rabelais quitte le couvent et effectue des études de médecine, sous l'habit laïque. Il a deux enfants.
1527	Le pape, le roi, Henri VIII et Venise s'allient contre Charles Quint : prise de Rome par les armées de Charles Quint.
1529	Grande « Rebeine » (révolte populaire) de Lyon. Les Turcs devant Vienne. Le pirate Barberousse prend Alger pour le compte du sultan Soliman. Paix de Cambrai entre France et Espagne.
1530	Inscrit à l'université de Montpellier, il y devient bachelier en médecine. Marguerite de Navarre, *Comédies*. Fondation du Collège des lecteurs royaux. Lefèvre d'Étaples traduit la Bible en français.
1531	Pour son cours de stage, il commente Hippocrate et Galien sur les textes d'origine. Édite les *Lettres médicinales* de Manardi, le *Testament* de Cuspidius, et divers textes d'Hippocrate. Ligue de Smalkalde : les princes protestants contre leur empereur. Marguerite de Navarre, *Le Miroir de l'âme pécheresse*.
1532- fév. 1535	Médecin de l'Hôtel-Dieu de Lyon et correcteur chez l'éditeur Gryphe.
1532	Début du schisme d'Angleterre. Marot, *Adolescence clémentine*. Octobre : *Pantagruel*. Novembre : lettre à Érasme : « Je vous salue encore et encore, père très aimant, père et parure de la patrie, protecteur des lettres, invincible champion du vrai. »
1532-1533	*Pantagrueline Prognostication* (fin 1532 ou début 1533).

1533	Entrevue de François Ier et du pape : mariage d'Henri et de Catherine de Médicis, nièce du pape. Conquête du Pérou. Octobre : *Pantagruel* est censuré par la Sorbonne pour obscénité.
1533-1534 (hiver)	Rabelais à Rome comme secrétaire du cardinal Du Bellay.
1534	Traité d'Augsbourg entre François Ier et les princes protestants. Contacts entre Barberousse et la France. Barberousse prend Tunis. Ambassade turque en France. Alciat, *Emblèmes*. Octobre : Affaire des Placards. Rabelais édite la *Topographie de Rome* de Marliani et un *Almanach* pour 1535.
1535	Début (?) : *Gargantua*. Janvier : procession expiatoire pour l'affaire des Placards. Écrasement des anabaptistes à Münster. Juin : reprise de Tunis par Charles Quint. Juillet : édit de Coucy qui pardonne les infractions religieuses. Du Bellay emmène Rabelais à Ferrare. Olivetan, neveu de Calvin, traduit la Bible en français. Budé, *De transitu* (sur la nécessité d'inclure les études païennes dans le christianisme). Calvin, *Institution de la religion chrestienne*, première version en latin.
1535-1536	Août à mai : à Rome pour le compte de Geoffroy d'Estissac. Il obtient par ailleurs du pape la régularisation de sa situation : il est autorisé à reprendre l'habit de bénédictin à l'abbaye de Saint-Maur-des-Fossés.
1537	Marot, Budé, Macrin, Rabelais, à un dîner en l'honneur d'Étienne Dolet à Paris. Mai : licence et doctorat en médecine à Montpellier. Cours sur Hippocrate. Été : dissection publique à Lyon.

| 1538 | Rencontre de François Iᵉʳ et Charles Quint. Juillet : Rabelais appartient à la Maison du roi François Iᵉʳ lors de la rencontre avec le pape à Aigues-Mortes. Son troisième enfant naît à Lyon. |

1538 | Rencontre de François Iᵉʳ et Charles Quint.
Juillet : Rabelais appartient à la Maison du roi François Iᵉʳ lors de la rencontre avec le pape à Aigues-Mortes. Son troisième enfant naît à Lyon.

1540-1543 | Médecin de Guillaume de Langey, frère du cardinal Du Bellay, et, avec lui, séjours en Savoie et au Piémont. Ses enfants sont légitimés par le pape.

1541 | *Les Psaumes*, traduits par Marot.

1542 | Édition remaniée de ses deux premiers ouvrages.

1543 | Mort de Guillaume de Langey.
Copernic, *De revolutionibus.*

1543-1544 | *Pantagruel* et *Gargantua* figurent sur la liste des livres censurés par la Sorbonne, en bonne compagnie d'ailleurs avec Calvin, Érasme, et les traductions de livres saints en français.

1544 | Scève, *Délie.*
Calvin, *Contre les libertins spirituels.*
Traité de Crépy : le roi et l'empereur unissent leurs efforts contre l'hérésie, dorénavant durement pourchassée.

1545 | Bénéficiaire de la cure de Saint-Christophe-de-Jambet.

1546 | Parution avec privilège et nom d'auteur du *Tiers Livre*, aussitôt condamné, mais qui a trois éditions immédiates.
Rabelais est nommé conseiller à Metz où il est en contact avec les princes protestants allemands.
Ouverture du Concile de Trente, le roi se laisse entraîner vers la réaction religieuse.
Condamnation et exécution d'Étienne Dolet pour hérésie.

1547 | Mars : mort de François Iᵉʳ, Henri II devient roi.
Avril : Charles Quint écrase les princes protestants à Mühlberg.
Du Fail, *Propos rustiques.*

sept. 1547-sept. 1549 | Rabelais à Rome avec le cardinal Du Bellay.

1548   Henri II crée la Chambre ardente pour chasser
            l'hérésie protestante.
            En l'absence de Rabelais, 11 chapitres du *Quart
            Livre* sont publiés à Lyon.

1549   Du Bellay, *Défense et illustration de la langue
            française.*
            Rabelais décrit la *Sciomachie*, fête donnée à
            Rome pour la naissance du second fils d'Henri II.

1550   Les attaques se multiplient contre lui et son
            « libertinage » ou son épicurisme : Calvin, dans
            le *De Scandalis*, le met au nombre des athées
            hypocrites ; d'autres voient en lui un de ces
            imposteurs de Genève qui ont commencé par la
            Réforme et terminent par l'athéisme. Mais il
            obtient un privilège pour publier *Le Quart Livre*,
            grâce à l'aide du cardinal de Châtillon.
            Ronsard, *Odes.*

1551   Bénéficiaire de deux cures dont Meudon.

1552   Janvier : publication intégrale du *Quart Livre*,
            qui est d'ailleurs une pièce importante dans la
            campagne d'opinion que lance la monarchie sur
            ses affaires italiennes et contre la papauté.
            Ronsard, *Les Amours.*

1553   Un document d'avril 1553 dit qu'il vient de mou-
            rir, âgé de 70 ans : il meurt vraisemblablement
            à Paris la première semaine de mars.
            Exécution de Servet à Genève.

1555   Paix d'Augsbourg qui consacre le partage reli-
            gieux de l'Allemagne.

1556   Charles Quint abdique.

1557-1558   Banqueroutes successives de l'Espagne et de la
            France : la crise financière correspond au ren-
            versement des tendances économiques : la
            seconde moitié du siècle est difficile.

1559   Mort d'Henri II. Premier synode protestant en
            France.
            Marguerite de Navarre, l'*Heptaméron* (pos-
            thume).

1561   Colloque de Poissy : Catherine de Médicis, reine régente, essaie de faire s'accorder les deux religions. Après l'échec du Colloque, les guerres s'ensuivent de 1562 à 1598.

1562   *L'Isle sonante*, suite du *Quart Livre*, est publiée sous son nom, 16 chapitres très anticléricaux. Ronsard, *Discours des misères de ce temps*.

1563   Fin du Concile de Trente qui organise une Contre-Réforme qui est aussi une Réforme catholique.

1564   *Le Cinquiesme Livre*, qui reprend et augmente *L'Isle sonante*, paraît toujours sous son nom et sans lieu d'édition. On a beaucoup débattu de son authenticité : il semble qu'il soit composé de brouillons de Rabelais réutilisés. Le livre termine la quête entreprise par les héros depuis *Le Tiers Livre*.

AUX ORIGINES DU *PANTAGRUEL*

Nul mystère sur la filiation entre Pantagruel *et les* Chroniques de Gargantua *: Rabelais en pose l'évidence dès son Prologue. Nous ne reviendrons pas sur ces chroniques, longuement présentées dans le dossier de* Gargantua, *où l'on trouvera leur liste, leur canevas et quelques passages.*

Pantagruel *reprend au canevas la scène d'imposition du nom par calembour, les aventures à propos de cloches, la grande jument qui pisse, les réalisations géographiques, les ennemis prisonniers dans ses chausses, l'exploration de la bouche du géant, le combat final entre bons et mauvais géants. Tout le contexte arthurien est effacé au profit d'une modernité temporelle (après 1502) qui n'empêche pas les invraisemblances, mais attache le récit au monde contemporain des lecteurs.*

Que lire ?

Chroniques Gargantuines, pub. par C. Lauvergnat *et alii*, STFM, Nizet, 1988.

En dehors des Chroniques, *Gargantua laisse des traces dans la tradition folklorique. Pantagruel, fils géant de son père géant, ne participe pourtant pas du même fonds folklorique, même si Rabelais lui a prêté généreusement quelques créations mineures (traces de ses constructions dans le dolmen de Poitiers, écuelles et chaînes dispersées dans les villes). La mythologie pantagruélienne consiste d'abord à promouvoir en héros un diablotin de second rang, et à organiser le texte pour lui donner une fonction mythologique : celle du dieu de la Soif, du maître de la Canicule, né un vendredi de fin Juillet (rappelons que Gargantua hérite quant à lui de mythes anciens rassemblés autour du dieu Belenos et de saint Blaise,*

signifiés par sa naissance le 3 février, fête de saint Blaise).
Par une sorte d'héritage dévié, Pantagruel est un dieu de la
gorge comme son père, mais au lieu de régir le souffle de vie,
il règne sur la soif, la chaleur desséchante, le feu, le sel, la
voix étranglée, presque l'inverse. À eux deux, ils organisent
la vie, le rythme des calendriers. Ce sont là grands mystères,
et résultats de la dérive à travers le temps, et l'imaginaire de
Rabelais aussi, de très anciens thèmes remodelés.

Que lire ?

Claude GAIGNEBET, *À plus hault sens, l'ésotérisme de*
    Rabelais, Maisonneuve et Larose, 1986.

Hors de ce champ d'imaginaire qui n'est guère repérable
à notre époque sinon par recherche patiente et croisements
précis très érudits, Rabelais peut compter que ses lecteurs
connaissent le diablotin, que le théâtre a déjà mis en scène
(voir Abel Lefranc, « Les plus anciennes mentions de Pan-
tagruel », Revue des Études rabelaisiennes, 1905, p. 217).

Voici une version de la naissance de Pantagruel, telle que
la montre sur scène le Mystère des Apôtres, *mis en scène à*
Bourges, et imprimé en 1536, très proche donc de notre récit.
Il est l'œuvre de Simon Greban, docteur en théologie.

(La scène se passe pendant la Pentecôte, les Apôtres se sont
retirés dans le Cénacle, Lucifer assemble ses diables :)

LUCIFER

Appollyon plein d'œuvre exterminante
Tout vif esprit montre-toi promptement,
Viens Mammona rempli d'enchantement
Qui tous effets conduis méchantement.
Ascalphus, chat-huant au laid visage
Vous diableteaulx saillez apertement,
Pantagruel, Phyton semblablement,
Venez-moi tous enchaîner, car j'enrage.

(Arrivent les grands diables, puis Proserpine, mère des diables, qui accouche.)

Ici sortent les 4 petits diables des côtés de Proserpine en furie de feu, et dit

PANTAGRUEL petit diable

Mais que à gripper ma rapine je voie,
Plus léger suis que n'est oiseau de proie
Pour traverser les régions marines ;
S'il est besoin qu'au pourchas je m'emploie
Et que mes griffes et ailes je déploie,
Tantôt serai ès îles barbarines.

DAGON petit diable

Pour découvrir les côtes tartarines
Et les rochers pleins d'eaux sulfurines,
Et faire sauts par la terre et par l'air,
Pour voltiger aux Molucques férines
Aux antipodes et marches sousterrines
J'en suis le chef, à moi convient parler.

ARYOT petit diable

Mieux que le vent Vulturne sais voler
Et que pensée de femme tôt aller
Au clin de l'œil je passe tout le monde
Faisant au fond d'enfer tout dévaler
Les malheureux pour leur faire avaler
L'ire de Dieu pour leur malfait immonde.

PHYTON petit diable

Je suis Phyton, aspic auquel abonde
Venin mortel qui plus tost que l'hironde
Mes ailes fais voler pour étendards,
Soufflant le feu, brandissant croc et fronde
À celle fin que quelque méchant fonde
Dessous mes griffes trop plus poignants que dards.

(Après s'être fait gronder d'avoir laissé échapper le bon larron, les diables partent à leur tâche de persécution avec une bonne petite rafale de tonnerre sur le groin comme bénédiction paternelle.)

D'autres versions précisent la fonction assoiffante :

LUCIFER

Huchez-moi mes deux diablotins
Phyton avec Pantagruel
Qui de nuit vient jeter le sel
En attendant d'autres besognes
Dedans la gorge des Yvrognes
Mieux que deux vieux diables chenus.

(*Actes des Apôtres*, BN, Mss. Fr. 24331 f°)

ou, dans la Vie de Saint Louis *par personnages :*

PANTAGRUEL

Je viens de la grande cité
De Paris où ai été
Toute la nuit. Onc' tel peine n'eut
À ces galants qui avaient bu
Hier au soir jusqu'à *Hebreos*
(jeu de mots avec « ébriété »)
Tandis qu'ils étaient au repos,
Je leur ai par subtile touche
Bouté du sel dedans la bouche
Doucement sans les éveiller
Mais par ma foi au réveiller
Ils ont eu plus soif la moitié
Que devant.

*Ayant donc déniché son héros dans le théâtre religieux,
Rabelais va lui faire parcourir une série de rencontres,
d'épisodes, de plaisanteries, pour lesquels il va puiser chez
les autres les bonnes techniques. Nous ne reviendrons pas ici
sur les sources dans la littérature humaniste, elle aussi religieuse et philosophique. Nous en donnons quelques exemples
dans notre* Gargantua, *et nous limitons à redire que la philosophie érasmienne, les textes de l'*Éloge de la folie, *l'utilisa-
tion des* Adages *et des* Colloques *sont fondamentaux. Deux
éditions traduites s'offrent maintenant à nous, dont on pourrait recopier maintes pages :*

ÉRASME, *Œuvres choisies*, prés. et trad. J. Chomarat, Livre
    de Poche classique, 1991.
ÉRASME, *Œuvres choisies*, prés. et trad. C. Blum, J.-C.
    Margolin, A. Godin, D. Ménager, coll. « Bouquins »,
    1992.

*Quand un auteur est capable d'écrire à un autre les lignes
qui suivent :*

« Dans ces conditions, si, de ce que je suis et de ce que
je vaux, je ne me reconnaissais redevable à vous seul, je serais
le plus ingrat de tous les hommes qui sont ou qui seront à
jamais. C'est pourquoi je vous adresse et vous réitère mes
salutations, père très affectueux, père et gloire de la patrie,
défenseur et protecteur des lettres, champion invincible de
la vérité »,

cela vaut l'enquête et la lecture, non ?

*Développons le reste, pour lequel il n'y a pas toujours de
commodité éditoriale.*

L'héritage du théâtre

*Soulignons la parenté immédiate entre l'ouvrage naissant
et le théâtre, bon nombre des situations hilarantes reposant
sur le dialogue, entendu ou mal entendu.*

LA FARCE

*La farce, genre théâtral comique, est, comme les autres,
matière carnavalesque. Le théâtre est une activité très soli-
dement installée dans les villes. Il n'y a pas d'acteurs perma-
nents, ni de salle permanente, mais des associations de cita-
dins chargés des représentations minimes ou grandioses (fêtes
liturgiques, entrées royales). Nous conservons près de
deux cents textes rassemblés dans des recueils manuscrits (voir
Recueils de farces (1450-1550), éd. par André Tissier, Genève,
Droz, depuis 1986. On en est au tome IX).*

*Certes le genre n'a pas de dignité littéraire revendiquée,
et même pas la consécration du passage à l'imprimé (en 1612
seulement paraît un Recueil de plusieurs farces, Paris, Rous-
set), mais le public va leur garder une longue affection.*

La Farce de Maître Pathelin *(1470 ?)* est un grand succès : *jouée, imprimée, réimprimée, elle continue à séduire son public même à la fin du XVIᵉ siècle, lorsque les érudits auront condamné la farce pour sa trivialité. Elle contient, pour réaliser les ruses et tromperies qui sont la base du genre farcesque, plusieurs scènes de* nonsense *que Rabelais emprunte. Pathelin, qui ne veut pas payer le prix de son drap, feint d'être en délire polyglotte (ceci sert à la scène de rencontre avec Panurge) ; le drapier, en procès avec son berger, reconnaît Pathelin dans l'avocat du berger ; il en mélange les deux affaires (cela prépare la scène du procès Baisecul-Humevesne) ; le berger, sur le conseil de Pathelin, ne répond que « béé !... » à toutes les questions du juge, puis ne répond que « béé !... » à toutes les demandes de rétribution de son avocat...*

GUILLEMETTE

Saincte Marie,
De quoy cuidez-vous que je rie ?
Il n'y a si dolent en la feste.
Il s'en va ! oncques telle tempeste
Ne ouystes, ne tel frenaisie.
Il est encor en resverie :
Il resve, il chante, il fatrouille
Tant de langaiges, et barbouille.
Il ne vivra pas demie heure.
Par cette âme, je ris et pleure
Ensemble.

LE DRAPIER

Je ne scay quel rire
Ne quel pleurer. À bref vous dire,
Il fault que je soye payé.

GUILLEMETTE

Dequoy ? Estes-vous desvoyé ?
Recommancez-vous vostre verve ?

LE DRAPIER

Je n'ay point aprins qu'on me serve
De telz motz en mon drap vendant.

Me voulez-vous faire entendant
De vecies que ce sont lanternes ?

PATHELIN

Sus, tost ! La royne des guiternes *(guitares)*,
Accoup, qu'elle me soit approuchée !
Je scay bien qu'elle est accouchée
De vingt et quatre guiterneaux,
Enfans à l'abbé d'Yverneaux.
Il me faut être son compère.

GUILLEMETTE

Hélas ! Pensez à Dieu le père,
Mon amy, non pas en guiterne. [...]

PATHELIN

Mere de Dieu la coronade,
Par fye, y m'en vuol anar *(aller)*,
Or regne biou, oultre la mar.
Ventre de Diou, z'en dit gigone *(flûte !)* :
Çastuy carrible et res ne done
(À ce terrible, et ne donne rien).
Ne carrilaine, fuy ta none
(Ne carillonne pas, dors) !
Que de l'argent il ne me sone !
Avez entendu, beau cousin ?

GUILLEMETTE

Il eust un oncle limosin,
Qui fut frère de sa belle ante.
C'est ce qui le fait, je me vante,
Gergonner en limosinois.

LE DRAPIER

Dea ! il s'en vint en tapinois
À tout mon drap soubz son esselle.

PATHELIN

Venez ens, doulce damiselle.
Et que veult ceste crapaudaille ?
Alez arriere, merdaille !

Sa, tost ! je vueil devenir prestre.
Or sa ! que le diable y puist estre,
En chelle vielle prestrerie !
Et faut-il que le prestre rie
Quand il deust chanter sa messe ?

GUILLEMETTE

Hélas, hélas, l'heure s'appresse
Qu'il fault son dernier sacrement.

LE DRAPIER

Mais comment parle-il proprement
Picart ? Dont vient tel cocardie ?

GUILLEMETTE

Sa mere fut de Picardie
Pour ce le parle il maintenant.

PATHELIN

Dont viens tu, caresme prenant ?
Vuacarme, liefe gode man ;
(Hélas cher brave homme)
Et belic beq igluhe golan.
(Je connais plus d'un livre.)
Henrien, Henrien, conselapen !
(Viens dormir)
Ich salgneb nede que maignien,
(Je vais être bien armé)
Grile grile, scohehonden
(Trouvez des bâtons !)
Zilop, zilop en mon que bouden.
(Course, course : une nonne ligotée !)
Disticien unen desen versen,
(Des distiques garnissent ces vers)
Mat groet festal ou truit denhersen,
(Mais grande fête épanouit le cœur)
En vuacte vuile, comme trie !
(Attendez, il y a une tournée)
Cha ! a dringuer ! je vous en prie.
(À boire, je vous prie)
Quoy act seurigot yaue,
(Regarde ce don de Dieu)

Et qu'on m'y mette un peu d'eau !
Vuste vuille, à cause du frimas.
(Attendez un moment)
etc.

(Suivent après le flamand, du normand, du breton, du lorrain, du latin de cuisine.)

Que lire ?

Pathelin, dans les *Farces*, éd. par André TISSIER, Droz, 1993, tome 7, et en Livre de Poche.
Théâtre comique du Moyen Âge, éd. 10/18 (en traduction).

LE THÉÂTRE PARODIQUE DES FÊTES

Le fait surprenant pour nous est que des institutions reconnues puissent avoir pour mission d'organiser le rire et même le désordre. C'est un métier pour les joueurs de farces, c'est une mission temporaire pour les membres de basoches et autres Cornards.

Les Cornards, Conards, Fous, Mère Sotte, Les Enfants sans soucy (créés sous Charles VIII) sont autant de noms de confréries bourgeoises d'adultes, complétées par les abbayes de Jeunesse, abbaye de Maulgouvert (de mauvais gouvernement). Ils ont leurs princes ou leurs évêques, et « règnent » en Carnaval (1541, Les Triomphes de l'Abbaye des Conards de Rouen*).*

La basoche est une institution des juristes, une confrérie fondée par privilège royal en 1303 et réunit à l'origine les clercs des procureurs parisiens, ensuite l'ensemble du personnel des chambres parisiennes, puis provinciales. Ils jouent la farce et la sottie à la fête des Rois, aux fêtes de mai et à la Grande Monstre (revue) de juillet.

Ils sont les premiers à inaugurer les faits de censure : en 1442 le premier arrêt du Parlement contre la basoche censure leur production, il est renouvelé en 1473, 1474, 1475, et la basoche est interdite de 1476 à 1497. Louis XII est plus conciliant et leur accorde même de jouer sur la grande table de marbre du palais de justice de Paris. Il s'en distrait et l'utilise contre le pape Jules II en particulier. François Ier, lui, est assez répressif : les arrêts de 1515, 1523, 1525, 1533, 1536, 1538, 1540, montrent qu'il entend maîtriser l'expression satirique, et l'arrêt de 1540 interdit les basochiens « sous peine de la hart ».

Or que joue la basoche ? des parodies de jugement avec le même rituel du cri (appel à siéger), l'arrivée du plaignant, comparution des accusés et plaidoiries, verdict de mère Sotte (la grande folie universelle). On prend pour prétexte parfois un fait contemporain (d'où les aspects satiriques, revendicatifs, qui y surgissent, contre les grands, contre les gens de justice de haut rang, contre le clergé). Plusieurs auteurs sont connus : Jean du Pont Alais, Prince des Sots (Les Contredits de Songecreux), André de La Vigne, Pierre Gringore, le plus important parce qu'il est notoirement employé par Louis XII pour écrire contre le pape Jules II. Marot dans sa jeunesse est lié à la basoche.

Spécialités de ces textes : l'équivoque. Non seulement par plaisir les bonnes obscénités, mais les ambivalences lexicales, pour que le soupçon pèse sur l'ensemble du discours.

Les fêtes des collèges sont en liaison avec le carnaval et la basoche. Là aussi la censure royale a l'œil. Les parodies de discours universitaire, le débat et la soutenance de thèse constituent le discours de base des représentations burlesques. Le Testament *de Villon est de la même farine.*

De cet ensemble de producteurs de textes farcesques et délirants, qui ne sont pas forcément si « populaires » que cela, Bakhtine a tiré son François Rabelais et la culture populaire au Moyen Âge et sous la Renaissance.

Que lire ?

P. ZUMTHOR, *Le Masque et la Lumière, la poésie des grands rhétoriqueurs*, Paris, Seuil, 1978 (voir surtout « le monde inversé », pp. 125-143).

LE THÉÂTRE POLÉMIQUE

Les textes conservés sont assez rares. La censure exercée sur ces activités est-elle responsable de cette faiblesse ou est-ce un choix délibéré de n'en pas faire (comme l'Allemagne) un moyen de propagande forte ? Quelques textes restent

cependant marqués d'opinions religieuses évangéliques, enne-
mies de la Sorbonne et favorables aux réformateurs. Citons
la Farce des théologastres : *si elle n'est pas de Louis de*
*Berquin, ce docteur brûlé à Toulouse en 1529 (*Pantagruel,
chap. V) au moins le défend-elle.

(Foy a une crise de… colique dite « passion sophistique »,
et elle réclame des soins au Frère Fratrez et aux Théolo-
gastres.)

FOY

Frere Fratrez
Et nos Maistres Theologastres
C'est à vous grant presumption
Vous dire ma fondation
Sans avoir congnoissance pure
Du texte de saincte Escripture.
Qui congoissez vous ?

THEOLOGASTRES

Majoris,
Et Alexandre de Alis,
Durant, Albert, Egidius,
Et Petrus Reginaldetus,
Bricot, Angest et Tartaret,
Ricquart, Lombard avec Meffret,
Barlette et de Voraginé,
Gricq, Nider, *Dormi secure*,
Et *sermones Discipuli*
Avecques *Summa Angeli*,
Occam et Almain et Holcot.

FRATREZ

Je congnoy maistre Jehan Lescot
Sainct Thomas et de Urbellis.

FOY

Point ne veux de leurs ergotis.
Bien me bailleroit guerison
Le textuaire Jehan Gerson.
Car il me fault, c'est ma nature,
Le texte de Saincte Escripture,
Sans *ergo*, sans *quod*, ne *quia*.

THEOLOGASTRES

Maistre Jehan Gerson n'arés jà,
Car c'est un mauvais papaliste ;
Sa doctrine plus ne consiste
Sur les apostres de Sorbonne.

FOY

Chose ne querez qui soit bonne,
Il ne vous fault que des fatras.

(Texte se plaint à Raison d'être tout graffigné, déchiré, et défend les bons exégètes : Berquin, Érasme, Lefèvre d'Étaples, Mélanchthon ; et après un débat contre les théologastres, on appelle au secours le Mercure d'Allemagne.)

Que lire ?

Farce des théologastres, éd. Claude Longeon, Droz, 1989, p. 64.

Les théologiens et les ouvrages prônés par les théologastres sont nommément pris à partie par Rabelais dans l'éducation de Gargantua (ils le rendent « tout rêveux et rassoté »). Dans la bibliothèque de Saint-Victor, selon la première version, figurent en bonne place Pépin, Marmotret, Dorbellis, Ortuin (Hardouin de Graes), Nider (Formicarium), Bricot, Majoris, Beda, Sutor, et les Cas de conscience d'Angelus. Plus encore dans sa seconde version, où parmi d'autres, Rabelais ajoute :

• *les docteurs scolastiques déjà bien anciens mais qui font figure de symbole, en leur imputant :*

DUNS SCOT : Barbouilamenta Scoti.

Il est aussi visé par : Questio subtilissima, Utrum chimera, bombinans invacuo possit comedere secundas intentiones ? et fuit debatuta per decem hebdomadas in concilio Constantiensi, *qui se gausse de la philosophie scolastique qui distingue des « intentions secondes » (représentations de représentations), dont :*

GUILLAUME D'OCCAM : Les marmitons de Occam à simple tonsure.

BRÛLEFER : Poiltronismus rerum Italicarum authore magistro Brûlefer.

• *les docteurs qui ont été les adversaires de l'humaniste hébraï-sant Reuchlin en 1510 :*

> JACQUES HOCHSTRATEN (inquisiteur de Cologne) : Callibistratorium caffardis, autore M. Jacobo Hochstraten hereticometra.

> L'université de Cologne en général : Tarrabalationes doctorum Coloniensium adversus Reuchlin.

• *les docteurs qui sont les opposants directs à Luther :*

> SILVESTRE DE PRIERAS (dominicain) : De brodiorum usu et honestate chopinandi, per Silvestrem Prieratem, Jacospinum *(De l'usage des potages et de l'honnêteté à chopiner).*

> JEAN ECK (premier adversaire en dispute publique) : Maneries ramonandi fornellos par M. Eccium.

> THOMAS DE VIO, dit CAIETAN (cardinal) : Les Henilles de Caietan *(les béquilles ?).*

> *Par compensation et cri du cœur, il glisse le très authentique* GERSON, De Auferibilitate Papae ab Ecclesia *(Du fait que l'Église peut destituer le pape) en faveur des Conciles, une bible du gallicanisme.*

SOURCES NARRATIVES

Parodiées ou pastichées ? Grande question, qui engage celle de l'irrespect et du détournement (et c'est grave quand il s'agit de la généalogie du Christ) ou de l'accentuation de formules littéraires qu'on utilise ou dont on souligne les traits. Le débat s'est engagé sur ce point assez vivement à propos de la résurrection d'Épistémon par Panurge, où on peut invoquer la résurrection de la fille de Jaire par le Christ dont Panurge emprunte les paroles préliminaires (« Enfants ne pleurez pas ») ; mais aussi les romans connus (résurrection de Richard par Maugis avec le même vin blanc). Les débats du début du XVIe siècle sur l'histoire, ses sources et sa véridicité se heurtaient dans les anciens textes historiques à la présence de nombreux éléments fabuleux et miraculeux qui laissaient perplexe la conscience critique. Or depuis longtemps les romans qui ne prétendaient pas au statut de textes historiques ont fait

grand usage de ces moments miraculeux pour « ennoblir »
leurs héros (voir suite du dossier, p. 347).

   Pour la résurrection en question, Sainean cite Fierabras,
(le géant sarrasin transporte du baume dont le Christ fut
embaumé et cela guérit ses blessures), Ami et Amiles *(des*
enfants tués revivent), et surtout Les Quatre Fils Aymon :

   (Renaud pleure son frère :) « Hélas que feray-je quant j'ay
perdu mon chier frère Richard, le meilleur amy que j'eusse
au monde ! — Et quand il eut dit ces parolles, il cheut à terre
de dessus Bayard, tout pasmé. Et quant Alard et Guichard
virent ainsi leur frère Regnault qui estoit tombé, ilz commencerent à regretter Richard moult tendrement [...] Il commença
à faire le plus grand deuil du monde, entre luy, Alard et
Guichard, sur Richard, lequel gisoit à terre, ses boyaulx entre
les mains. »
   (Maugis fait promettre à Renaud de le venger de Charle-
magne, et commence :) « Adonc print une bouteille de vin
blanc. Si on lava la playe de Richard moult bien, et osta tout
le sang qui estoit entour. Ne vous esmayez point là où il
prenoit toutes les choses qui luy faisoient mestier, car c'estoit
le plus subtil nigromancien qui fut oncques au monde. Et
quand il eut ce fait, il print ses boyaux et les mit dedans son
corps, et print une agueille et cousit la playe moult gentement
sans luy faire sentir trop grant douleur ; et puis print un oignement dont il oignit toute la playe et si tost que ladicte playe
fut oingte, elle fut aussi saine come se jamais n'y eust eu mal.
Et quant il eut ce fait, il print d'ung breuvage qu'il avoit fait
et en donna à boire à Richard. Et quant Richard en eut beu,
il saillit en piedz, tout delivré de sa douleur, et dist à ses
frères : où est allé Ogier et tous ses gens nous sont-ils
eschappez ? »

   Pêle-mêle, à suivre l'intrigue de Pantagruel, *on peut pen-*
ser qu'il y a des ressemblances fortuites avec la généalogie
du Christ, et que les chameaux ont à voir avec les soixante-
dix chameaux qui viennent ravitailler dans son « désert » saint
Front de Périgueux qui souffre de famine avec ses soixante-
dix compagnons. La bataille contre l'ours rappelle les pre-
miers exploits d'Hercule étranglant dans son berceau les
serpents envoyés par Héra, et le poil bien velu du bébé évoque
les romans où figure un homme sauvage, tel Jean de l'ours.

*La création par le souffle-pet en rappelle plusieurs autres où
le souffle divin n'est pas seul en cause : l'épisode de Deucalion repeuplant la terre à partir des pierres et le nom même
des pygmées n'évoque-t-il pas Pygmalion le sculpteur ? Le
grand combat final contre les géants a des répondants dans
les gigantomachies antiques abondamment recopiées dans les
romans.*

*Mais nous voudrions insister sur deux auteurs, l'un antique,
l'autre moderne, Lucien de Samosate et Teofilo Folengo.*

SOURCES ANTIQUES

*Rabelais hérite d'un modèle antique de l'irrespect : les dia-
logues et récits de Lucien de Samosate sont saturés d'esprit
critique : contre les superstitions, contre les philosophes
bavards et inutiles, contre les mauvaises mœurs. La réputation de Lucien est de ne croire en rien tant il s'en laisse peu
conter. Son nom suspect tourne même à l'insulte : lucianique,
lucianesque, autant de façons de dire que l'insolence est mal
supportée.*

Que lire ?

C. LAUVERGNAT-GAGNIÈRE, *Lucien de Samosate*, Droz,
    chap. VI (Érasme) et chap. VII (Rabelais).
LUCIEN, *Œuvres complètes*, trad. E. Chambry, Garnier.

*1 - L'*Histoire vraie *est un récit fabuleux : a beau mentir
qui vient de loin, qui sait ce qu'on rencontre dans l'Autre
Monde ? L'invraisemblable est posé d'emblée comme une
norme. Mais Lucien ment moins que la plupart des voyageurs
et auteurs : il avoue son art de la fiction.*

Ceux qui s'adonnent à l'étude des lettres doivent, selon moi,
quand ils ont consacré de longues heures à des lectures sérieuses donner du relâche à leur esprit et lui rendre une vigueur
nouvelle pour le travail futur.

Ils se procureront le repos qui leur convient en se livrant
à des lectures qui n'auront pas seulement pour eux le simple
attrait des tableaux qui ne sont pas indignes des Muses, tels
qu'ils s'en trouveront, je l'espère, dans mon livre ; car ce

n'est pas seulement par la singularité du sujet, ni par l'agrément de l'idée qu'il leur plaira, ni même parce que j'y rapporte toute sorte de mensonges sous une forme qui les rend croyables et vraisemblables, mais encore parce que chaque trait de cette histoire est une allusion plaisante à de vieux poètes, historiens et philosophes qui ont mêlé à leurs écrits une foule de prodiges et de fables.

Et il les nomme... sous le patronage d'Ulysse le menteur.

En lisant tous ces auteurs, je ne leur ai pas fait un grand crime de leurs mensonges, car je voyais que c'était une pratique habituelle à ceux-mêmes qui professent la philosophie ; mais ce qui m'étonnait en eux, c'est qu'ils eussent cru que l'on ne s'apercevrait pas de la fausseté de leurs écrits. Aussi moi-même, poussé par la vaine gloire et jaloux de léguer quelque chose à la postérité, j'ai voulu profiter moi aussi de la liberté de feindre, et parce que je n'avais rien de vrai à raconter, n'ayant jamais eu d'aventure digne d'intérêt, je me suis rabattu sur le mensonge ; mais ma manière est bien plus honnête que la leur ; car il y a du moins un point où je serai véridique, c'est en avouant que je suis un menteur. Je pense ainsi échapper à la censure du monde en confessant moi-même que je ne dis rien de vrai. Je vais donc raconter des choses que je n'ai ni vues, ni éprouvées, ni entendues de la bouche d'autrui, des choses qui n'existent en aucune manière et ne peuvent absolument exister. Par conséquent mes lecteurs ne doivent y ajouter aucune foi.

Le titre sera donc : *Histoire vraie.*

Le Narrateur est emporté par une bourrasque sur la lune, il assiste à la guerre des habitants de la lune contre ceux du soleil (Cyrano s'en souviendra...). Puis, redescendu sur terre, il est avalé par une baleine.

Quand nous fûmes à l'intérieur, l'obscurité nous empêcha d'abord de rien distinguer ; mais ensuite le monstre ayant ouvert la gueule, nous vîmes une immense cavité, haute et plate en tous sens, qui aurait pu contenir une ville de dix mille habitants. De petits poissons gisaient sur le sol, ainsi que les débris de beaucoup d'autres animaux, des voiles de navires, des ancres, des ossements humains et des ballots de marchandises. Vers le milieu, il y avait une terre et des collines, formées, à ce qu'il me sembla, du limon que le monstre avait avalé ; en tout cas une forêt avait poussé dessus avec des arbres de toute espèce, des légumes y avaient germé et tout ressemblait à des terrains cultivés. Cette terre avait deux cent quarante stades de tour. On y voyait des oiseaux de mer, mouettes et alcyons, qui faisaient leurs nids dans les arbres.

[...]

Quand nous fûmes habitués à ce séjour, je pris sept de mes compagnons et je m'acheminai vers la forêt pour reconnaître les alentours. Je n'avais pas encore fait cinq stades complets que je trouvai un temple de Poséidon, comme le montrait l'inscription, et, un peu plus loin, plusieurs tombeaux surmontés de colonnes, et près de là une source d'eau limpide. En outre, nous entendîmes l'aboiement d'un chien, et de la fumée nous apparut dans le lointain, d'où nous conjecturâmes qu'il y avait là quelque métairie.

Nous avancions d'un pas pressé quand nous nous trouvâmes en présence d'un vieillard et d'un jeune garçon qui travaillaient avec beaucoup d'ardeur à cultiver une plate-bande et à y dériver l'eau de la source. Charmés et effrayés tout ensemble nous nous arrêtâmes ; de leur côté, animés sans doute des mêmes sentiments que nous, ils restaient là sans parole. Enfin le vieillard ouvrit la bouche : « Qui donc êtes-vous étrangers ? demanda-t-il. Êtes-vous des dieux marins ou d'infortunés mortels comme nous ? Nous étions hommes, nous avons été nourris sur terre et maintenant nous sommes devenus des êtres aquatiques et nous nageons avec ce monstre qui nous enferme, sans même savoir au juste quelle est notre condition ; car il nous semble que nous sommes morts, et nous croyons cependant être en vie. » Je lui répondis : « Nous aussi, père, nous sommes des hommes, des nouveaux venus, que la baleine a avalés avant-hier avec notre vaisseau. En ce moment nous allons en reconnaissance dans cette forêt qui nous a paru étendue et épaisse. C'est un Dieu, sans doute, qui nous a conduits pour te voir et apprendre que nous ne sommes pas seuls enfermés dans ce monstre. Mais conte-nous ton aventure, qui tu es et comment tu es entré ici. »

Le vieillard, un Chypriote, a aussi été avalé, et décrit le monde.

La forêt, comme vous pouvez voir, est étendue et contient même un grand nombre de vignes qui produisent d'excellent vin, et peut-être avez-vous aperçu la source qui donne une eau très claire et très fraîche. Nous nous faisons un lit de feuillage, nous allumons de bons feux, nous chassons les oiseaux qui pénètrent et nous pêchons des poissons vivants, que nous allons prendre dans les branchies du monstre, où nous nous baignons même, quand l'envie nous en vient. Il y a aussi non loin de là un étang salé de vingt stades de tour, qui contient des poissons de toute espèce ; nous y nageons et naviguons sur une petite barque que j'ai construite à notre usage. Voici la vingt-septième année qui s'écoule depuis notre engloutissement. Notre condition serait à la rigueur supportable ; mais nos voisins et limitrophes sont violemment querelleurs et déplaisants ; car ils sont insociables et sauvages. « Et quoi ! m'écriai-je, il y a d'autres habitants dans la baleine ? — Il y en a beaucoup, dit-il, et qui sont inhospitaliers et de forme étrange. À l'ouest de la forêt, c'est-à-dire vers la queue, habitent les Tarichanes (les Salés), gens aux yeux d'anguille, à la figure de homard, batailleurs, audacieux, qui ne mangent que de la chair crue. L'un des flancs, vers la droite, est occupé par les Tritonomendètes (Boucs-tritons), qui ressemblent aux hommes par le haut et aux épées (poissons) par le bas, mais qui sont moins méchants que les autres. Le flanc gauche est habité par les Carkinochires (Pinces de crabe) et les Thynnocéphales (Têtes de thon), liés ensemble par l'alliance et l'amitié. Le milieu des terres est le lot des Pagourides (Crabes) et des Psetteropodes (Pieds de plie), race belliqueuse et très légère à la course. Le côté de l'Orient, qui est près de la gueule même, est en grande partie désert, parce qu'il est inondé par la mer. C'est pourtant de ce côté que j'habite, moyennant un tribut annuel de cinq cents huîtres que je paye aux Psetteropodes. »

Ils se décident à attaquer les voisins, sont vainqueurs, et, par la gueule du monstre, assistent à une bataille navale d'îles et de monstres. Ils visitent ensuite l'île des Bienheureux, et diverses îles de monstres. Le Narrateur et ses amis descendent aussi aux Enfers, avec des péripéties mouvementées, mais ces enfers sont, si l'on peut dire, classiques.

2 - Icaroménippe *est un dialogue, plus ambitieux en philosophie. Icaroménique cherche à s'informer sur le ciel ; déçu des réponses des philosophes, il décide d'y aller voir, et se fait emporter par un aigle et un vautour. Vu de haut, le monde est bien différent, et tous les vices sont très visibles. Dans son ascension, il croise le philosophe Empédocle que la fumée de l'Etna fait monter jusque sur la lune. Puis il arrive près de Zeus qui l'invite au repas des dieux.*

En devisant ainsi, nous arrivons à l'endroit où il devait s'asseoir pour écouter les prières. Il y avait une rangée de trappes semblables à l'orifice des puits et fermées par un couvercle, et près de chacune un trône d'or. Zeus s'assit devant la première, retira le couvercle et donna audience à ceux qui le priaient. Or ces prières qui venaient de tous les coins de la terre étaient différentes et variées : car je m'étais penché moi aussi, et je prêtais l'oreille aux prières en même temps que Zeus. Voici à peu près ce qu'elles étaient : « Ô Zeus, faismoi parvenir à la royauté. Ô Zeus, fais pousser mes oignons et mes aulx. Ô dieux, faites que mon père meure bientôt. » [...] parmi les prières, il laissait monter par la trappe celles qui étaient justes, les prenait et les déposait à sa droite. Mais il renvoyait les demandes injustes sans leur donner aucun effet : il soufflait dessus, pour qu'elles ne puissent même pas approcher du ciel.

Le banquet est l'occasion d'une violente diatribe de Zeus contre les sectes de philosophes.

3 - Ménippe ou la nékyomancie, *autre dialogue, raconte un voyage aux Enfers, méditation sur les apparences et la justice posthume. C'est d'abord une traversée classique devant les grands condamnés légendaires. Mais voici le jugement réel.*

Après avoir traversé aussi le séjour de ces condamnés, nous arrivons dans la plaine de l'Achéron ; nous y trouvons les demi-dieux, les héroïnes, et toute la foule des morts répartis en nations et tribus ; les uns étaient anciens et moisis, et comme dit Homère, sans consistance, les autres encore récents, solides, notamment les morts égyptiens maintenus par l'embaumement. Cependant il n'était guère facile de reconnaître chacun d'eux ; car ils deviennent tous absolument pareils, quand les os sont dénudés ; néanmoins à force de les considérer, nous parvenions à les reconnaître. Ils gisaient les uns sur les autres, obscurs, indistincts, et ne gardaient rien de leur beauté terrestre. Comme les squelettes étaient entassés en grand nombre au même endroit, qu'ils étaient tous pareils avec leurs regards effrayants et vides et leurs dents nues en saillie, je me demandais à part moi comment je pourrais distinguer Thersite du beau Nirée, ou le mendiant Iros du roi des Phéaciens, ou le cuisinier Pyrrhias d'Agamemnon ; car il ne leur restait plus rien des marques qui les différenciaient autrefois ; leurs os étaient semblables, sans signes et sans titres, et personne ne pouvait plus les distinguer.

En considérant ce spectacle, je pensais que la vie humaine ressemble à une longue procession, conduite par la fortune, qui en ordonne les détails et assigne à ses figurants des costumes différents et variés. Prenant les gens au hasard, elle équipe celui-ci en roi, lui met une tiare sur la tête, lui donne des satellites et lui ceint le front d'un diadème ; elle affuble celui-là d'un costume de serviteur ; elle pare l'un de beauté, elle rend l'autre laid et ridicule ; car il faut, je pense, que le spectacle ait toute la variété possible. Souvent même, au milieu de la procession, on l'a vue changer les costumes de quelques-uns, et les empêcher d'aller au bout dans l'ordre où elle les avait rangés ; elle a ôté sa pourpre à Crésus et l'a forcé à revêtir l'accoutrement d'un serviteur et d'un prisonnier ; elle a revêtu de la tyrannie de Polycrate Maïnandrios qui jusqu'alors s'avançait au milieu des serviteurs et lui a permis de garder son costume quelque temps. Quand le temps de la procession est passé, alors chacun rend son équipement et dépouille son costume avec son corps et redevient tel qu'il était avant, absolument semblable à son voisin. Quelques-uns, par ignorance, se fâchent et s'indignent, quand la Fortune se présente pour réclamer leur équipement, comme si on leur ôtait des biens qui leur appartiennent, et ils ne veulent pas rendre ce qui ne leur a été prêté que pour un temps. Tu as vu souvent, je pense, parmi les gens de théâtre, ces acteurs tragiques qui, selon les besoins du drame, sont tantôt des Créons, tantôt des Priams ou des Agamemnons ; le même homme qui tout à l'heure imitait avec une auguste dignité le maintien de Cécrops ou d'Éréchtée, reparaît au besoin un instant après sur l'ordre du poète sous le costume d'un serviteur, et quand le drame est fini, chacun des acteurs dépouillant cet habit brodé d'or, déposant son masque et descendant de ses cothurnes, redevient un pauvre et humble particulier. Ce n'est plus Agamemnon, fils d'Atrée, ni Créon, fils de Ménaecée ; c'est, de son vrai nom, Polos fils de Chariclés de Sunion, ou Satyros, fils de Théogéiton de Marathon. Telle est la condition des hommes ; c'est l'idée que j'en pris en regardant les morts.

PHILONIDÈS

Dis-moi, Ménippe, ceux qui ont sur la terre ces tombeaux si somptueux et si élevés, avec des stèles, des images, des épitaphes, ne sont-ils pas plus considérés aux enfers que les morts du commun ?

MÉNIPPE

Tu radotes, l'ami. Si tu avais vu Mausolée lui-même, je veux dire le Carien, celui que son tombeau a rendu célèbre, je suis persuadé que tu n'aurais pas longtemps cessé de rire, tellement il est humble et à l'étroit à la place où on l'avait jeté, perdu dans le peuple des morts. Tout l'avantage qu'il retirait de son monument, c'est, à mon avis, qu'il était accablé de ce poids énorme qui l'écrasait. En effet, mon ami, lorsque Éaque a mesuré la place de chacun, et il ne donne pas plus d'un pied au maximum, il faut s'en contenter et rester couché, replié pour s'ajuster à la mesure. Mais je crois que tu aurais ri bien davantage encore en voyant les rois de ce monde et les satrapes réduits là-bas par la misère à mendier, à vendre des salaisons, à montrer à lire et insultés par le premier venu et souffletés comme les plus vils esclaves. J'ai vu, moi, Philippe de Macédoine, et je n'ai pu me tenir de rire ; car on me l'a montré qui recousait pour un salaire dans un petit coin des savates usées. On pouvait en voir aussi beaucoup d'autres qui mendiaient dans les carrefours, je veux dire des Xerxès, des Darius, des Polycrates.

PHILONIDÈS

Ce que tu racontes de la condition des rois est extraordinaire et presque incroyable. Mais que faisaient Socrate et Diogène, et les autres sages ?

MÉNIPPE

Là-bas Socrate se promène comme il le faisait ici, en

discutant avec tout le monde ; Palamèdes, Ulysse, Nestor et les autres morts babillards lui tiennent compagnie. Ses jambes sont encore enflées et gonflées du poison qu'il a bu. Quant au brave Diogène, il habite près de l'Assyrien Sardanapale, du Phrygien Midas et de certains hommes riches. Quand il les entend se lamenter et se remémorer leur félicité passée, il rit, il se gaudit, et souvent, couché sur le dos, il chante d'une voix si rauque et si rude qu'elle couvre leurs gémissements, et il les ennuie au point qu'ils cherchent un autre domicile ; car ils ne peuvent plus supporter Diogène.

PHILONIDÈS

Cela suffit. Mais quel était le décret porté contre les riches dont tu me parlais au début ?

MÉNIPPE

Tu as bien fait de me le rappeler [...] Comme ils étaient accusés d'un grand nombre de crimes, de violences, de fanfaronnerie, d'arrogance et d'injustice, à la fin un des démagogues se leva et lut le décret suivant :

(DÉCRET)

« Attendu que les riches pendant leur vie commettent une foule d'actions contraires aux lois, telles que rapines, violences, outrages de toutes sortes faites aux pauvres, plaise au Sénat et au peuple que leurs corps, quand ils mourront, soient châtiés comme ceux des autres criminels, et que leurs âmes renvoyées sur terre pénètrent dans les ânes et y restent pendant vingt-cinq myriades d'années, passant d'un âne à un autre, portant les fardeaux, et conduits à coup d'aiguillon par les pauvres, et qu'à partir de ce terme il leur soit permis de mourir. Telle est la proposition de Cranion, fils de Squeletion de Nékysie, de la tribu Alibantide. »

Ce décret lu, les autorités le mirent aux voix, le peuple le vota, et Brimo gronda et Cerbère aboya. C'est la forme par laquelle ils sanctionnent et ratifient les décrets.

Les Dialogues des morts*, et les* Dialogues des Dieux *sont également pleins de passages intéressants.*

LA NARRATION PARODIQUE

Teofilo Folengo (1491-1544) est un moine défroqué revenu tardivement de ses erreurs passées... Son œuvre principale qui connaît immédiatement un succès européen est une épopée parodique publiée en 1517 à Venise, puis en 1520, 1522, 1530 : L'Histoire macaronique de Merlin Coccaïe. *Rabelais cite nommément le pseudonyme du narrateur : Merlin Coccaïe, à la fin des livres de la bibliothèque de Saint-Victor. Le « macaronique » est comme son nom l'indique un langage de cuisine, mais pas tout à fait du latin de cuisine : il s'agit de mettre des finales latines sur des mots de la langue courante (comme le fera Molière dans le finale du* Malade imaginaire*). Langue étrange qu'aucune traduction ne peut refléter, comme on en jugera par les premiers vers, avec une versification rimée qui est toute moderne :*

> Phantasia mihi quaedam fantastica venit
> Historiam Baldi grossis cantare camenis
> Altisonam cujus famam nomenque gaiardum
> Terra tremit, baratrum metu se cagat ad ossum.
> At prius altorium vestrum chiamare bisognat,
> Ô Macaroneam, Musae, quae funditis artem.

> « Une fantaisie toute fantastique m'est venue d'écrire en termes rustiques l'histoire de Balde, dont la haute renommée et le nom gaillard font trembler la terre, et se conchier l'Enfer jusqu'à l'os. Mais avant de commencer il faut invoquer votre aide, ô Muses qui fondez l'art macaronique. »

Sujet étrange aussi, qui parodie le roman héroïque en racontant les prouesses d'un petit-fils de Renaud de Montauban (Les Quatre Fils Aymon)*, Balde, qui grandit inconnu parmi les paysans, et qui part ensuite dans des aventures exotiques où il retrouvera son père, devenu ermite, ira jusqu'aux sources du Nil et enfin aux Enfers.*

Nous citons la version française de 1606 (par un anonyme qui a lu Rabelais), republiée par P. JACOB, avec des notes de G. Brunet, Paris, A. Delahays, 1859.

Dans sa prime jeunesse, Balde est aidé par deux acolytes,
Fracasse le géant, et Cingar l'astucieux.

Le premier estoit le grand Fracasse, descendu des anciens
geans ; la haulteur duquel, sans mentir, estoit de quarante
brasses, et d'une belle proportion. Sa teste estoit grosse à
l'equipolent ; un mouton entier fust bien entré en sa bouche,
et eussiez peu jouer aux detz sur son front. Il avoit les espaules
amples, et l'eschine large, les cuisses grosses, et les bras, et
un fessier gros et rebondi. Il n'y avoit point au monde cheval aucun qui le peut porter : il crevoit tous ceux sur lesquels
il montoit. Il prenoit un grand taureau par les cornes, et le
tournoit fort facilement à l'entour de sa teste, comme l'autru-
che se joue d'un petit oiseau. Pour son desjeuner il mangeoit
un veau ; quatre-vingts pains à grand peine pouvoyent rem-
plir ses tripes : telles murailles qu'on luy eut monstrées, il les
esbranloit de ses mains et les jettoit par terre. Il brisoit avec
ses doigts les vieux chesnes, comme les paysans l'ail vert et
les porreaux ; il marchoit avec un si grand bruit et d'une telle
pesanteur, que la terre trembloit sous ses pieds. Son bouclier
estoit le fond d'une grande chaudière en laquelle on brasse
la bière, ou on fait bouillir le vin. Son baston estoit plus grand
qu'un mast de navire. Ses ayeux estoient descendus de Morgant, qui pour massue souloit porter un batail de cloche.

L'autre compagnon de Balde estoit Cingart, Cingart l'affi-
neur, le subtil, et la vraye sausse du diable, un larron tres-
accord, tousjours prest à tromper. Il avoit la face déliée, le
reste du corps en bon poinct, prompt à marcher, prompt à
parler, et prompt à faire : ayant tousjours la teste nue et
rasée : expert à donner soufflets, nasardes : à faire tromperies ; tournant sa face en mille sortes, et faisant diverses mines
avec ses yeux bigles. Peu souvent disoit verité, et servoit de
mauvais guide sur les chemins aux passants ; car quand on
luy demandoit le droict chemin, il enseignoit tout le rebours,
et faisoit tomber les passans entre les griffes de ses compagnons. Il portoit tousjours une certaine escarcelle pleine de
crochets et limes sourdes, avec lesquels il entroit de nuict ès
boutiques des marchands, fournissant à ses compagnons des
bonnes et riches marchandises. Il depouille les autels des
églises et entre dedans la sacristie et vestiaire, et de là emporte
le meilleur. Ô qu'il sçavoit bien crocheter le tronc que le
prestre montroit au peuple pour y faire ses offrandes, en

l'intention d'aider à parachever le bastiment de l'Église, ou plustost pour acheter une bonne robe à sa chambrière ! Par trois fois il avoit desjà monté à l'eschelle ; et le bourreau estant prest de luy donner le saut, avoit tousjours esté secouru de Balde accompagné de sa suitte, et tiré par force d'entre tous ces sergens embastonnez et armez. Mais pour cela il ne laissoit de retourner aussitost à son premier mestier et estant prins par le Prevost, et mené en la ville lié et garrotté de cordons, entre mille paysans armez de hallebardes rouillées et de pertuisanes, et estant envisagé de tout le peuple, les marchands des boutiques crioient après luy : « Voici ce diable, qui ne donne de repos à personne : il a volé, le larron, l'Église des Cordeliers. Ha ! le bourreau, il porte sur son dos mille excommuniements ! Il a desrobé aux moynes de S. Crestophle les deux chandeliers et une boette pleine de carolus ! Il ne laisse aucun fruict aux vergiers, ny aucuns choux aux jardins, ny aux poulailliers aucune poule ou chappon. Il a donné sur la tonsure du prestre et l'a laissé quasi mort, battu à coups de poing, et emmené sa jument. » Voilà les beaux cris du peuple après Cingart ; mais il ne se soucie gueres de tels reproches, ny de telles clameurs. Or pendant qu'on luy prepare une potence, pour y estre le lendemain matin pendu, il lime la nuict les barreaux, il rompt les pierres, perce la prison, sort dehors, et va crocheter d'autres boutiques. Balde l'aimait pardessus tous ses autres compagnons parce qu'il estoit descendu de la race de Margut.

(Livre IV)

C'est Cingar qui réalise une belle résurrection à l'aide du couteau « qui a servi à écorcher saint Barthelemy » : il est vrai que la morte était vivante, que le curé était complice, et que l'objectif était de vendre très cher le couteau à l'idiot de tout le récit, Zambelle, qui voudrait s'en servir pour ressusciter sa vache (et ne réussira qu'à tuer sa femme). C'est aussi Cingar qui noie tout un troupeau de moutons pour se venger d'un marchand ; Cingar qui pleure lâchement pendant une horrible tempête, et se cache pendant le combat contre un monstre marin, tous épisodes qui figurent au Quart Livre *de Rabelais...*

*Au livre XIX, un grand combat s'engage contre les légions
de diables.*

Balde, se voyant en repos de Malebosse, remet son épée
au fourreau, et prend Belzebuth avec les deux mains par les
deux jambes pour s'en servir de massue. Tous donc (ô la belle
fête et le plaisant jeu) s'efforcent de mettre bas ce capitaine
des diables avec leurs cornes, leurs fourgons, leurs crochets
et le déchirer à belles dents. [...] Les diables s'étripent entre
eux [...]. Balde s'estoit retiré un peu à part, aucun ne lui donnant empeschement, ny par fourches ny par bales ; car toute
ceste querelle s'estoit divisée en deux autres parts. Il ne tenoit
plus rien en main ; son espée se reposoit et ne vouloit plus
sortir de sa gaine, et s'estant servi une heure de Belzebuth
au lieu de massue, il l'avoit mis en cent septante mille
morceaux, ne luy estant resté en la main que le pied d'oye
seulement, et tous ses membres estoyent demeurés en partie
pendus à des arbres, comme la ratte, le cœur, les boyaux :
partie avoient esté rompus et brisez par la force de Balde,
aspergeant la face noire de chaque diable de sanie et sang
d'iceux, d'où le misérable alloit çà et là cherchant les
morceaux de ses membres. Certainement il avoit assez d'occasion de pleurer sa perte ; mais quels membres a-t-il pour faire
telles plaintes ? il n'a point d'yeux qui puissent baigner sa
face de larmes pitoyables ; il n'a point de langue, qui avec
grands cris puisse proferer haa ; il n'a point de mains,
avec lesquelles il puisse, en gémissant, frapper sa poitrine.
Cingar, avec ses compagnons, se retirent près de Balde et se
tiennent tous ensemble serrez, contemplans cette obscure
bataille.

Comme quand vous apprester le souper à des païsans affa-
mez, on emplist un chaudron de favottes de Cremone ou
quand on emplist un grand bassin de febves le jour des morts,
et que le feu est allumé dessous, lors se voit un grand brouil-
lement de ces favottes et de ces febves, tournans, virants sans
cesse sens dessus dessous, les unes sur les autres. Ainsi l'enfer
estant ouvert, durant ce combat diabolique, on voit une semblable meslée : comme si estoient ensemble pesle mesle des
renards sans queue, des ours avec des cornes, des mastins à
trois pieds, des pourceaux et truies à deux cornes, des toreaux
à quatre cornes, des loups ayant leurs gueules fichées derrière les épaules, des moutons et chèvres maigres, des guenons,

des tartarins, des sagouins, des civetes, des barbazanes, des chathuans avec des bras de grenouilles, des asnes ayant des cornes de boucs soubs les oreilles. Tous ces monstres de diables estoient embrouillez par semblable meslange, et font entre eux un tel son et retentissement que peut-estre ne s'en est ouï le pareil par le passé, à présent, et ne s'en verra à l'avenir, et de six mille voix ne s'en fait qu'une ; et, si le Roy d'Enfer et ce grand Monarque infernal n'y venoit bientôt, pour, par sa présence, par sa Majesté et sa splendeur imperiale amortir ce feu, ce serait fait de luy et des siens ; sa Cour prendroit fin et son empire, et la chose publique s'en iroit en ruine. Voicy donc venir ce grand, ce haut de quarante mille pieds, cet horrible, ce sale et rude Lucifer, qui fait courir la poste à sa mule, et huit des principaux seigneurs de sa Cour galopent après luy.

Etc. C'est une belle diablerie. Nous passons sur le palais souterrain du dieu du Nil, les antres de sorciers, les créatures hybrides, les magiciennes enjôleuses, et le parcours des Enfers (où les Furies s'avèrent les inspiratrices directes de la papauté), le royaume de Fantaisie (où les termes de philosophie scolastique les assaillent comme des mouches) et mille autres merveilles.

ÉCRITURE :
UNE STRATÉGIE DE L'AMBIGUÏTÉ

UNE STRUCTURE COMPLEXE

PANTAGRUEL : construction en alternance

I et II : origine, généalogie

                                    III : naissance, rire et pleurs

IV et V : voyage vers Paris
           (tournée des universités,
           écolier limousin,
           Paris, Saint-Victor)

                          VIII : lettre de Gargantua

IX à XV : Paris
           Panurge,
           procès,
           vie de Panurge,
           débat avec Thaumaste,
           amours de Panurge

XV à XVII : la guerre, exploits

                 XVIII : trophée ambivalent

XVIII et XIX : combat et victoire

                      XXI : Épistémon aux Enfers

XXI : la guerre, exploits de Pantagruel

XXIII : dans la gorge du géant

Par rapport au schéma de Gargantua *établi sur le même principe, on voit que les situations mixtes existent, qu'on ne peut classer ni dans le bon rire parodique ni dans l'exposé sérieux ; on voit aussi que les parties univoquement sérieuses se réduisent à la lettre de Gargantua, dont le caractère exceptionnel, presque une interpolation, doit faire l'objet d'une analyse.*

PANTAGRUEL : composition en inclusion (G. Demerson)

A II : fécondités surprenantes : la terre sue, des chariots de
    sel sortent du ventre de Badebec
  B I : le géant Hurtaly couvre l'arche
    C III : le père ne ressuscitera pas sa femme
      D VII et VIII : lettre du père qui contrecarre les
                lectures de Saint-Victor
        E X à XIII : procès absurde
          F XI : Panurge enseigne à construire les mu-
            railles de Paris
        E XVI à XX : différents débats de Panurge
      D XXI à XXIV : lettre de la Dame
    C XXX : Panurge ramène Épistémon des Enfers
  B XXXII : le géant protège l'armée avec sa langue
A XXXIII : la chaude-pisse de Pantagruel fait sortir les sources
    thermales

*On remarquera que ces rapprochements ne sont pas des
similitudes (thèmes répétés) mais souvent des thèmes corri-
gés, pris à l'inverse (mort et résurrection). Certains chapitres n'ont pas de correspondants (les voyages).*

Et une petite entourloupette inverse les chapitres I et II...

*Enfin, ultime venin : le centre du livre, son cœur, n'est pas
la lettre de Gargantua, ni le passage des études à la guerre,
mais la construction des murailles de Paris avec la ravissante
histoire obscène du lion, du renard et de la vieille...*

LES OBJECTIFS DE L'ŒUVRE
ET L'INTERPRÉTATION

Une version critique des manières dont on écrit l'histoire.

L'étude du duel de Pantagruel et de Loup-Garou a montré que Rabelais retient le trait caractéristique qui distingue
le combat de Ferragus et de Roland — finir par un coup de
pied dans le ventre —, et que pour le reste, il puise à pleines
mains dans la littérature qui, sérieuse ou plaisante, amplifie
le récit de Turpin. Il en va de même pour la résurrection
d'Épistémon : une fois retenue l'idée d'une guérison qui ne
peut pas ne pas faire songer au saint spécialiste des guérisons

difficiles, celle qu'opère Panurge se nourrit de détails que
Rabelais emprunte, on l'accorde volontiers, au livre des
Quatre Fils Aymon ou à d'autres récits du même genre.

Ce n'est pas simple concession. Si le projet de l'auteur est
bien ici de railler les méthodes d'une certaine historiographie,
il faut montrer que leurs résultats sont comparables à ceux
du roman, qu'entre les fruits de cette historiographie et les
romans il n'existe pas de différence fondamentale. Dès lors
comment ne pas demander mille détails aux romans ? Une
fois reconnu le dessein de Rabelais, ces emprunts se révèlent
nécessaires.

« Une parodie des romans de chevalerie », assurait
E. Besch. Mieux vaudrait dire, pour ce qui est de la séquence
ici étudiée : une parodie d'une certaine historiographie, pro-
fane et sacrée, qui est accusée de verser dans le roman. Une
parodie n'est pas un pastiche : une parodie doit être assez
semblable à l'original pour le laisser reconnaître, assez différente cependant pour que le lecteur voie que l'original est
tourné en dérision. C'est bien ainsi que procède Rabelais dans
nos deux épisodes. Et du moment que cette parodie relève
d'une intention critique et veut contester une historiographie
accusée de se prêter volontiers à la fiction, c'est à la fiction
que Rabelais demande les éléments qui désigneront comme
une parodie son imitation des récits prétendument historiques.

Ce faisant, Rabelais participe à une entreprise d'autant plus
nécessaire qu'il écrit en un temps où le commun des lecteurs
ne distingue pas toujours clairement l'histoire de la fiction.
De là vient que les esprits éclairés qui aspirent à une nouvelle
historiographie ont, à l'égard des romans, une attitude bien
différente de la nôtre : les romanciers sont, à leurs yeux, des
faussaires qui, ayant dessein de tromper le candide lecteur,
soulèvent leur indignation.

Jean Céard, « L'Histoire écoutée aux portes
de la légende : Rabelais, les fables de Turpin
et les exemples de saint Nicolas »,
in *Études seiziémistes*,
Droz, 1980 pp. 106-107.

Dépasser les ambiguïtés, par un accord entre le scepticisme chrétien et la conviction profonde.

[*Pantagruel*] est, pour le critique, une étonnante manne, une inépuisable corne d'abondance. Ses largesses sont étonnantes. Elles tiennent bien évidemment à toutes ces particularités que les Rabelaisants d'éducation trop exclusivement classique lui ont souvent reprochées comme autant de défauts, sans suffisamment se rendre compte qu'ils possédaient justement en elles une chance unique de comprendre, d'appréhender, de pénétrer, ne serait-ce qu'un peu, les secrets d'une création qui partout ailleurs se dérobe, se refuse joyeusement à la prise. Car le *Pantagruel* a peut-être l'allure d'un ours mal léché, d'un géant grandi trop vite, d'un fagotage hâtif, « improvisé » et « primitif ». Et sa facture est sans doute à bien des égards, clairement inférieure, par exemple, à celle du *Gargantua*. Mais il possède en revanche l'indiscutable avantage — avantage que les textes postérieurs plus mûrs et plus maîtrisés, ne possèdent plus — de ramener son lecteur à l'année des grosses mesles, au double commencement, littéral et métaphorique, du monde et de la fiction, à ce moment capital entre tous, où l'esprit impose un ordre et un sens à la matière, où donc le Chaos devient Création ; d'offrir à la méditation, par conséquent, tout à la fois un texte écrit, et un texte toujours en train de s'écrire.

[...]

Quelle préférence aveugle ou quelle étroitesse de goût pourraient à cet égard nous faire, par exemple, oublier que l'édition princeps du *Pantagruel*, celle que Claude Nourry publie à Lyon, en toute vraisemblance pour la foire d'automne de 1532, comporte non pas un, mais deux chapitres IX ? Cette particularité, d'autant plus digne d'être remarquée qu'elle se retrouve dans certaines éditions postérieures jusqu'en 1537, m'a toujours fasciné. J'ai toujours senti qu'il y avait là bien davantage qu'une simple erreur de numérotation, qu'il s'était passé quelque chose d'important dont le texte avait, miraculeusement, gardé la trace, et qui donc méritait d'être interrogé. Pour tenter d'expliquer la présence de ce doublet insolite et l'incohérence sensible de l'agencement, j'ai à plusieurs reprises proposé une hypothèse. [...] Cette hypothèse revenait à dire que le premier chapitre IX était de composition postérieure au second ; qu'il avait été rajouté par Rabelais entre le chapitre VIII et le second chapitre IX — et après la rédaction, sinon totale, du moins partielle, de ce dernier ; que cette interpolation tactique était dictée à Rabelais par des considérations d'ordre tout à la fois narratif (nécessité d'étoffer la fiction) et idéologique (nécessité de donner à l'œuvre le pôle positif qui lui manquait) ; qu'elle avait pour but de libérer Pantagruel, de l'arracher à son passé sorbonnique, de lui permettre d'endosser l'habit du philosophe et de devenir le porte-parole de l'évangélisme érasmien ; que Panurge — Panurge le sophiste — introduit dans l'œuvre pour remplacer son Maître dans un rôle que celui-ci ne pouvait plus jouer, était l'agent de cette libération, et que par conséquent, loin d'être comme on l'a dit le fruit d'une création précipitée, ce doublet marquait au contraire pour Rabelais le moment, entre tous décisif, de la prise de possession de son œuvre et de la signification qu'il entendait lui donner.

Je sais bien qu'en tout, et particulièrement en matière de critique littéraire, il ne faut jurer de rien. Mais depuis que j'ai vu le présent confirmer le passé, Ulysse me conduire à Empédocle, et ce dernier me renvoyer à Démosthène, au topos humaniste de la vaine gloire ; depuis que j'ai pu ainsi vérifier une fois de plus, et sans l'avoir aucunement voulu, l'existence de ce glissement que j'avais cru pouvoir distinguer d'un personnage à l'autre, la réalité de cette véritable passation de pouvoirs, de ce transfert systématique de caractéristiques et de fonction qui, dans le texte s'opère subrepticement du maître au serviteur (le premier ne se dépouillant en l'occurrence de sa gloire que pour mieux en revêtir le second), je suis enclin à oublier toute prudence, à remercier ce texte qui abonde en mon sens, et à transformer en certitude mon hypothèse d'hier. Et la relation étroite qui, dans la rhétorique et l'esprit humanistes, unit Ulysse, exemple de la *conscupiscentia oculorum*, à Empédocle, exemple comme Démosthène, de l'*ambitio saeculi*, tout en me paraissant constituer une preuve supplémentaire de la profonde cohérence, de l'unité et de la fermeté de dessein de Pantagruel, me pousse plus que jamais à prêter à cette œuvre une nette dimension éthique et didactique, à voir en elle une sorte de parabole, de commentaire ironique, satirique et facétieux, sur l'insondable folie de la sagesse du monde, et sur la vanité, les dangers, mais aussi les attraits de ses concupiscences. Parabole d'esprit au fond fort proche de celui de l'*Encomium Moriae*, et que j'éclairerais volontiers à l'aide de cet exergue emprunté à la première épître de saint Jean : « Il ne faut pas aimer le monde, ni ce qui est au monde : parce que tout ce qui est en ce monde est concupiscence de la chair, et concupiscence des yeux et ambition mondaine. »

Gérard Defaux, *Le Curieux, le glorieux et la sagesse du monde dans la première moitié du XVIe siècle. L'exemple de Panurge (Ulysse, Démosthène, Empédocle)*, Lexington, French Forum Publishers, 1982, (pp. 12, puis 21-22).

Après tout, faire de Rabelais, ce chantre inspiré du plaisir de vivre, un disciple d'Érasme, de Jean et de la Sagesse de Dieu, n'est pas une entreprise si paradoxale. Car c'est sans doute dans l'Évangile, à cette source vive, « à cette céleste manne » que Rabelais a puisé, en bon moine franciscain, ce rire proprement « inexpuisible », cette « cornucopie de joyeuseté et raillerie », cette gaîté d'esprit confite en mespris des choses fortuites » qui, d'après lui, définit le vrai pantagruélisme.

UN PERSONNAGE EN ÉVOLUTION

Après Pantagruel *et* Gargantua, *l'œuvre de Rabelais évolue nettement hors des canevas des chroniques populaires : le centre narratif, sinon le héros — et pour cause, on le verra —, devient Panurge. C'est parce qu'il hésite à se marier après s'être ruiné que le groupe d'amis va entreprendre la série de consultations qui constitue* Le Tiers Livre *pour résoudre la question : Panurge sera-t-il cocu ? Parce qu'il n'est pas convaincu par l'abondance des réponses positives, le groupe part chercher le verdict ultime de l'oracle de la Dive Bouteille : les navigations à travers des îles étranges constituent* Le Quart Livre. Le Cinquième Livre, *où nos héros arrivent enfin à la Dive Bouteille, est écrit à partir de fragments de Rabelais et paraît dix ans après sa mort. Autour du prétexte que constituent les consultations, Rabelais nous convie à une réflexion suivie sur l'interprétation des signes et tous les moyens de signification, ainsi qu'à une grande revue des institutions et folies de ce monde.*

*Le personnage de Panurge subit une modification impor-
tante au fil des pages, dont nous ne donnerons ici que deux
moments.*
Au début du Tiers Livre, *il ressemble encore à ce qu'il fut :
un gaspilleur et un sophiste de premier ordre.*

COMMENT PANURGE FEUT FAICT CHASTELLAIN
DE SALMIGUONDIN EN DIPSODIE,
ET MANGEOIT SON BLED EN HERBE

Donnant Pantagruel ordre au gouvernement de toute
Dipsodie, assigna la chastellenie de Salmiguondin à Panurge,
valent par chacun an 6 789 106 789 Royaulx en deniers certains, non compris l'incertain revenu des hanetons et caquerolles, montant bon an mal an de 2 435 678 à 2 435 769 moutons à la grand laine. Quelques foys revenoit à 1 234 554 321
Seraph : quand estoit bonne année de caquerolles et hanetons de requeste. Mais ce n'estoit tous les ans. Et se gouverna
si bien et prudentement monsieur le nouveau chastellain,
qu'en moins de quatorze jours il dilapida le revenu certain
et incertain de sa chatellenie pour troys ans. Non proprement
dilapida, comme vous pourriez dire en fondations de monas-
teres, erections de temples, bastimens de colleges et hospi-
taulx, ou jectant son lard aux chiens. Mais despendit en mille
petits bancquetz et festins joyeulx, ouvers à tous venans, mesmement tous bons compaignons, jeunes fillettes et mignon-
nes gualoises. Abastant bois, bruslant les grosses souches pour
la vente des cendres, prenent argent d'avance, achaptant cher,
vendant à bon marché, et mangeant son bled en herbe. Pantagruel adverty de l'affaire, n'en feut aucunement indigné,
fasché, ne marry. Je vous ay jà dict, et encore rediz, que
c'estoit le meilleur petit et grand bonhomet, que oncques
ceignit espée. Toutes choses prenoit en bonne partie, tout acte
interpretoit à bien. Jamais ne se tourmentoit, jamais ne se
scandalizoit. Aussi eust il esté bien forissu du Deifique manoir
de raison, si aultrement se feust contristé ou altéré. Car tous
les biens que le Ciel couvre, et que la Terre contient en toutes
ces dimensions : haulteur, profondité, longitude, et latitude,
ne sont dignes d'esmouvoir nos affections, et troubler nos
sens et espritz.

Seulement tira Panurge à part, et doulcettement luy

remonstra, que si ainsi vouloit vivre, et n'estre aultrement
mesnagier : impossible seroit, ou pour le moins bien difficile, le faire jamais riche. « Riche, respondist Panurge. Aviez
vous là fermé vostre pensée ? aviez vous en soing pris me faire
riche en ce monde ? Pensez vivre joyeulx de par li bon dieu,
et li bons homs. Autre soing, autre soucy, ne soit receup on
sacrosaint domicile de vostre celeste cerveau. La sérénité
d'icelluy jamais ne soit troublée par nues quelconques de pensement passementé de meshaing et fascherie. Vous vivant
joyeux, gaillard, dehait, je ne seray riche que trop. Tout le
monde crie "mesnaige mesnaige !" Mais tel parle de mesnaige, qui ne sçait mie que c'est. C'est de moy que fault
conseil prendre. Et de moy pour ceste heure prendrez aver-
tissement, que ce qu'on me impute à vice, a esté imitation
des Université et Parlement de Paris : lieux es quelz consiste
la vraye source et vive Idée de Pantheologie, de toute justice
aussi. Haeretique qui en doubte, et fermement ne le croyt.
Ils toutefois en un jour mangent leur evesque, ou le revenu
de l'evesché (c'est tout un) pour une année entière, voyre pour
deux auculnes fois. Et n'y a lieu d'excuse, s'il ne vouloit estre
lapidé sus l'instant. A esté aussi actes des quatre vertus prin-
cipales. De Prudence en prenent argent d'avance. Car on ne
sçait qui mord, ne qui rue. Qui sçayt si le monde durera encores troys ans ? Et ores qu'il durast davantaige, est-il home
tant fol qui se ausast promettre vivre troys ans ?

> *Oncq'homme n'eut les dieux tant bien à main*
> *Qu'asceuré feust de vivre au lendemain.*

De Justice : commutative, en achaptant cher (je diz à credit)
vendant à bon marché (je diz argent comptant). Que dict
Caton en sa Mesnagerie sus ce propos ? Il fault (dict il) que
le perefamiles soit vendeur perpetuel. Par ce moyen est impossible qu'enfin riche ne devieigne, si tousjours dure l'apothec-
que. Distributive : donnant à repaistre aux bons (notez bons)
et gentilz compaignons : lesquelz Fortune avoit jecté comme
Ulyxes, sus le roc de bon appétit, sans provision de man-
geailles : et aux bonnes (notez bonnes) et jeunes gualoises
(notez jeunes : car selon la sentence de Hipocrates, jeunesse
est impatiente de faim mesmement si elle est vivace, alaigre,
brusque, movente, voltigeante). Lesquelles gualoises voluntiers et de bon hayt font plaisir à gens de bien : et sont Pla-
tonicques et Ciceronianes jusques là, qu'elles se reputent estre

on monde nées non pour soy seulement : ainsi de leurs propres personnes font part à leur patrie, part à leurs amis.

De force, en abastant les gros arbres, comme un second Milo : ruinant les obscures foretz, tesnieres de Loups, de sangliers, de renards : receptacles de briguans et meurtriers : taulpinieres de assassinateurs, officines de faulx monnoieurs, retraicte d'haereticques : et les complanissant en claires guarrigues et belles bruieres : jouant des haulx boys et praeparant des sieges pour la nuict du jugement.

De Temperance : mangeant mon bled en herbe, comme un hermite, vivent de sallades et racines : me emancipant des appetits sensuelz, et ainsi espargnant pour les estropiatz et souffreteux. Car ce faisant j'espargne les sercleurs qui gaignent argent : les mestiviers qui beuvent voluntiers et sans eau : les gleneurs, esquelz fault de la fouace : les basteurs, qui ne laissent ail, oignons ne eschalote es jardins par l'auctorité de Thestilis vergiliane : les meusniers, qui sont ordinairement larrons : et les boulangiers, qui ne valent gueres mieux. Est ce petite espargne ? Oultre la calamité des mulotz, le deschet des greniers, et la mangeaille des charrantons et Mourrins. De bled en herbe vous faictes belle saulce verte, de legere concoction : de facile digestion. Laquelle vous esbanoit le cerveau, esbaudist les espritz animaux, resjouit la veue, ouvre l'appetit, delecte le goust, asserre le cœur, chatouille la langue, faict le tainct clair, fortifie les muscles, tempere le sang, alliege le diaphragme, refraischit le foye, desoppile la ratelle, soulaige les roignons, assouplist les reins, desgourdist les spondyles, vuide les ureteres, dilate les vases spermaticques, abbrevie les cremasteres, expurge la vessie, enfle les genitoires, corrige le prepuce, incruste le balane, rectifie le membre : vous fait bon ventre, bien rotter, vessir, peder, fianter, uriner, esternuer, sangloutir, toussir, cracher, vomiter, baisler, muscher, halainer, inspirer, respirer, ronfler, suer, dresser le virolet, et mille autres rares advantaiges.

Le Tiers Livre, chap. II.

Suit le célèbre éloge des debiteurs et emprunteurs. Devenu anxieux et soupçonneux, Panurge manifeste la mélancolie de son caractère. Après l'embarquement pour atteindre la Dive Bouteille, il aura encore un moment de mauvaiseté, en noyant les moutons du marchand Dindenault. Mais le navire doit

affronter l'épreuve d'une tempête, durant laquelle Panurge
se déshonore (chap. XVIII à XXIV).

QUELLES CONTENANCES EURENT PANURGE
ET FRERE JAN DURANT LA TEMPESTE

Pantagruel, prealablement avoir imploré l'ayde du grand
Dieu Servateur et faicte l'oraison publique en fervente dévotion, par l'advis du pilot tenait l'arbre (le gouvernail) fort
et ferme. Frere Jan s'estoit mis en pourpoinct pour secourir
les nauchiers. Aussi estoient Epistemon, Ponocrates et les aultres. Panurge restoit de cul sus le tillac, pleurant et lamen-
tant. Frere Jan l'apperceut, passans sus la coursie, et luy dist :
« Par Dieu, Panurge le veau, Panurge le pleurart, Panurge
le criart, tu feroys beaucoup mieulx nous aydant icy que là
pleurant comme une vache, assis sus tes couillons comme un
magot.

— Be be be bous, bous, bous (respondit Panurge), frere
Jan, mon amy, mon bon pere, je naye, je naye, mon amy,
je naye ! C'est faict de moy, mon pere spirituel, mon amy,
c'en est faict ! Vostre bragmart ne m'en sauroit sauver !
Zalas, Zalas ! nous sommes au-dessus de éla, hors toute la
gamme. Bebe be bous bous ! Zalas ! à ceste heure sommes
nous au dessous de gamma ut ! je naye ! Ha mon pere, mon
oncle, mon tout ! L'eau est entree en mes souliers par le collet.
Bous bous bous, paisch, hu hu hu, ha ha ha ha ha. Je naye !
Zalas, zalas, hu hu hu hu hu hu ! Bebe bous, bous bobous,
bobous, ho ho ho ho ho ! Zalas, zalas ! A ceste heure foys
bien à poinct l'arbre fourchu, les pieds à mont, la teste en
bas. Pleust à Dieu que presentement je feusse dedans la orque
des bons et beatz peres concilipetes, lesquels ce matin nous
rencontrasmes, tant devotz, tant gras, tant joyeulx, tant dóuil-
letz et de bonne grâce. Holos, holos, holos ! Zalas, zalas !
ceste vague de tous les diables *(mea culpa, deus)*, je diz ceste
vague de Dieu enfondrera nostre nauf. Zalas ! Frere Jan mon
pere, mon amy, confession ! Me voyez vous cy à genoulx !
Confiteor ! Vostre saincte benediction !

— Viens, pendu au diable (dist frere Jan) icy nous ayder !
de par trente légions de diables, vien !... Viendra il ?

— Ne jurons poinct (dist Panurge), mon pere, mon amy,
pour ceste heure ! Demain tant que vous vouldrez. Holos,

holos ! Zalas, zalas ! je donne dix huict cent mille escuz de intrade à qui me mettra en terre tout foireux et tout breneux comme je suys, si oncques homme feut en ma patrie de bren. Confiteor ! Zalas ! un petit mot de testament, ou codicille pour le moins !

— Mille diables (dist frere Jan) saultent on corps de ce coqü ! vertus Dieu ! Parles tu de testament à ceste heure que nous sommes en dangier et qu'il nous convient evertuer ou jamais plus ! Viendras tu, ho diable ? Comite, mon mignon, ô le gentil algousan, deçà ! Gymnaste, icy sus l'estanterol ! Nous sommes, par la vertus Dieu, troussez à ce coup ! Voyla nostre phanal esteint. Cecy s'en va à tous les millions de diables.

— Zalas, zalas (dist Panurge) zalas ! bou, bou, bou, bou, bous ! Zalas, zalas ! Estoit ce icy que de perir nous estoit praedestiné ? Holos, bonnes gens, je naye, je meurs ! *Consommatum est.* C'est faict de moy !

— Magna, gna, gna (dist frere Jan). Fy ! qu'il est laid, le pleurart de merde ! Mousse, ho ! de par tous les diables, guarde l'escantoula ! t'es tu blessé ? Vertus Dieu, atache à l'un des bitous, icy, de là, de par le diable, hay ! Ainsi, mon enfant.

— Ha ! frere Jan (dist Panurge) ; mon pere spirituel, mon amy, ne jurons poinct. Vous péchez, Zalas, zalas ! bebebebous bous bous, je naye, je meurs, mes amys ! Je pardonne à tout le monde ! Adieu, *in manus* ! Bous bous bououououous. Sainct Michel d'Aure, sainct Nicolas, à ceste foys et jamais plus ! Je vous foys icy un bon vœu et à nostre Seigneur que si, à ce coup m'estez aydant, j'entends que me mettez en terre hors ce dangier icy, je vous edifieray une belle grande petite chappelle ou deux,

> *Entre Quande et Montsaureau,*
> *Et n'y paistra vache ne veau.*

Zalas ! zalas ! Il m'en est entré en la bouche plus de dix huict seillaux ou deux. Bous bous bous bous ! Qu'elle est amère et sallée !

— Par la vertus (dist frere Jan) du sang, de la chair, du ventre, de la teste ! si encores je te oy pioller, coqü au diable, je te gualleray en loup marin ! Vertus Dieu ! Que ne le jectons nous au fond de la mer ? Hespaillier, ho, gentil compagnon, ainsi, mon amy ! Tenez bien lassus ! Vrayement voicy bien esclairé et bien tonné. Je croy que tous les diables sont deschainez aujourd'huy ou que Proserpine est en travail d'enfant. Tous les diables dansent aux sonnettes.

Le Quart Livre, chap. XIX.

BIBLIOGRAPHIE

La bibliographie consacrée à Rabelais est monstrueuse. J'opte donc pour une sélection commentée, à destination de non-spécialistes. Les articles et ouvrages « pointus » ont été indiqués dans les notes ; les contextes de l'œuvre rabelaisienne ont fait l'objet d'une mini-bibliographie au fil des questions abordées par le dossier.

On aura une idée de la diversité des recherches en parcourant la série des *Études rabelaisiennes* publiées chez Droz depuis 1956, in-4°, et spécialement le numéro 21 (1988), « Rabelais en son demi-millénaire », qui est constitué des actes du dernier colloque Rabelais (Tours, 1984), bilan extrêmement riche.

Éditions de référence :

Le *Pantagruel* de 1532 par V.-L. SAULNIER, Genève, Droz, 1965.

Œuvres complètes, Gallimard, coll. Pléiade, par Mireille HUCHON, 1994.

La grande édition annotée par A. LEFRANC reste toujours la plus complète en informations érudites, mais elle date et n'a pas été terminée : effectuée de 1912 à 1955, elle s'arrête au milieu du *Quart Livre*.

Les *Œuvres* de Rabelais sont présentées avec une traduction intégrale, sous la direction de Guy DEMERSON, Seuil, coll. L'Intégrale, 1973.

Gargantua, en édition bilingue, avec une traduction de M.-M. Fragonard, se trouve dans la collection « Lire et voir les classiques », de Pocket, n° 6089.

Pour une initiation :

DEMERSON G., *Rabelais*, coll. Phares, Balland, 1987, largement repris dans *Rabelais*, Fayard, 1991, sert de transition initiatique vers l'ensemble de la bibliographie actuelle, expliquant excellemment les questions en cours de débat, et la transmission de l'interprétation des ouvrages à travers le temps, les adaptations et déformations.

On s'aidera de :

FRAGONARD Marie-Madeleine, *Les Dialogues du Prince et du poète*, coll. Découvertes, Gallimard, 1990.

FRAGONARD Marie-Madeleine et KOTLER Éliane, *Introduction à la langue du XVIe siècle*, coll. 128, Nathan, 1994.

LARMAT Jean, *Rabelais*, coll. Connaissance des Lettres, Hatier, 1973.

LAZARD M., *Rabelais et la Renaissance*, coll. Que sais-je ?, 1980.

MÉNAGER Daniel, *La Vie littéraire au XVIe siècle*, coll. Études, Bordas, 1968.

MÉNAGER Daniel, *Pantagruel, Gargantua*, coll. Profil d'une œuvre, Hatier, 1978.

Études générales :

ANTONIOLI Roland, *Rabelais et la médecine*, Droz, 1976.

ARONSON Nicole, *Les Idées politiques de Rabelais*, Nizet, 1973.

JEANNERET Michel, *Des mets et des mots*, Corti, 1987.

LARMAT Jean, *Le Moyen Âge dans l'œuvre de Rabelais*, Publications de l'Université de Nice, 1973.

LOTE Georges, *La Vie et l'œuvre de François Rabelais*, Paris, 1938, réédition Zlatikn, 1972.

MOREAU François, *Les Images dans l'œuvre de Rabelais*, SEDES, 1982.

« Rabelais », revue *Europe*, numéros spéciaux, nov. 1953 et nov. 1978.

Rabelais : le quatrième centenaire de sa mort, Droz, THR, 1953.

Rabelais Incomparable Book, Essays on His Art, Lexington, French Forum, 1986.

« Rabelais en son demi-millénaire », *Études rabelaisiennes*, n° 21, Droz, 1989.

SCREECH Michael, *Rabelais*, Duckworth, 1979, trad., Gallimard, 1992.

Pantagruel :

Pour ce premier livre, et s'inspirant de récits traditionnels, médiévaux ou modernes du reste, et de débats ambigus sur la folie du monde dont Érasme est le grand répondant (mais pas le seul), on ajoutera comme information spécifique :

DEFAUX Gérard, *Pantagruel et les sophistes, Contribution à l'histoire de l'humanisme chrétien au XVIᵉ siècle*, La Haye, Nijhoff, 1973.

DEFAUX Gérard, *Le Curieux, le Glorieux et la Sagesse du monde*, Lexington, French Forum, 1982.

SCHRADER Ludwig, *Panurge und Hermès*, Bonn, Romanisches Seminar der Universität, 1948.

Le grand débat du sens de l'œuvre :

BAKHTINE Mikhaïl, *L'Œuvre de François Rabelais et la culture populaire au Moyen Âge et sous la Renaissance*, trad. Gallimard, 1970 (problématique fondamentale et novatrice : relier Rabelais aux parodies médiévales, institutionnalisées dans les fêtes du Carnaval, moment d'inversion dans lequel l'auteur veut voir une libre expression populaire qui promeut l'éloge du « bas-corporel » contre la culture oppressive officielle. Point faible : la dissociation peuple/officiel : tous les auteurs connus de parodies sont des lettrés de la culture savante. Actuellement contesté, contestable, mais non réfuté, et sans doute irréfutable pour longtemps). À relier à :

MUCHEMBLED R., *Culture populaire, culture des élites*, Flammarion, 1978 (rééd. coll. Champs, 1990).

BUTOR Michel, *Rabelais, ou c'était pour rire*, Larousse, 1973.

FÈBVRE Lucien, *Le Problème de l'incroyance au XVIᵉ siècle : la religion de Rabelais*, Paris, 1942 ; rééd. Albin Michel, coll. L'Évolution de l'Humanité, 1968. À relier à :

GILSON E., *Rabelais franciscain*, Picard, 1924.

GAIGNEBET Claude, *À plus hault sens : l'ésotérisme de Rabelais*, 2. vol. in-4°, illustrations, Maisonneuve et Larose, 1986. (De la religion populaire comme mode de conservation altéré de traditions qui furent savantes et mêmes ésotériques, des géants comme héritiers des dieux païens et de l'astrologie spirituelle, réécrits par le christianisme. Très savant, difficile, fascinant.)

SCREECH Michael, « L'Évangélisme de Rabelais, aspects de la satire religieuse au XVIe siècle », *Études rabelaisiennes*, n° 2, Droz, 1959.

L'écriture et le rire :

DEMERSON Guy, *Humanisme et facétie. Quinze études sur Rabelais*, Caen, Paradigme, 1994.

GRAY Floyd, *Rabelais et l'écriture*, Nizet, 1974.

« Le comique verbal en France au XVIe siècle », *Cahiers de Varsovie*, n° 8, Varsovie, 1981.

HUCHON Mireille, *Rabelais grammairien. De l'histoire du texte aux problèmes d'authenticité*, Droz, 1981.

MÉNAGER Daniel, *La Renaissance et le Rire*, PUF, 1995.

PARIS Jean, *Rabelais au futur*, Seuil, 1970 (voit en Rabelais un ennemi du symbolisme du langage, attaché au contraire à montrer les capacités ludiques des mots).

RIGOLOT François, *Les Langages de Rabelais*, Genève, Droz, 1972 (une revue complète des formes rhétoriques et stylistiques).

SAINÉAN Lazare, *La Langue de Rabelais*, éd. de Boccard, 1922-1923 (irremplacé : Rabelais a le lexique le plus important du XVIe siècle, de toutes provenances, y compris les langues inventées). À relier à :

Concordance des Œuvres de Rabelais, publiée par DIXON J. et DAWSON J., Droz, 1992.

TETEL Marcel, *Étude sur le comique de Rabelais*, Florence, Olschki, 1964.

Le devenir de l'œuvre :

La réception de l'œuvre est décrite dans l'ouvrage cité de :
DEMERSON G., *Rabelais*, Fayard, 1991.

Les rééditions :
RAWLES S. et SCREECH M., « *A New Bibliography, Editions before 1626* », *Études rabelaisiennes*, n° 20, Droz, 1987.

SAINÉAN L.. *L'Influence et la réputation de Rabelais. Interprètes, lecteurs, imitateurs*, Paris, 1930.

GRÈVE (DE) M., *L'Interprétation de Rabelais au XVIe siècle*, Genève, Droz, 1961.

TABLE DES MATIÈRES

II - DOSSIER HISTORIQUE ET LITTÉRAIRE

Composition :
POINT ● TYPO ● GRAPH - 61290 BIZOU

Imprimé en France sur Presse Offset par

BRODARD & TAUPIN

GROUPE CPI

14795 – La Flèche (Sarthe), le 13-09-2002
Dépôt légal : mars 1997.

POCKET – 12, avenue d'Italie - 75627 Paris cedex 13
Tél. : 01.44.16.05.00

POCKET CLASSIQUES

collection dirigée par Claude AZIZA